保险
数字化转型

王海富 著

DIGITAL TRANSFORMATION OF
INSURANCE

图书在版编目（CIP）数据

保险数字化转型 / 王海富著 . —北京：机械工业出版社，2023.12
ISBN 978-7-111-74138-1

I. ①保⋯ II. ①王⋯ III. ①保险业 – 数字化 – 研究 IV. ① F840.3

中国国家版本馆 CIP 数据核字（2023）第 204029 号

机械工业出版社（北京市百万庄大街 22 号　邮政编码：100037）
策划编辑：杨福川　　　　　　　责任编辑：杨福川　　陈　洁
责任校对：张晓蓉　　彭　箫　　责任印制：常天培
北京铭成印刷有限公司印刷
2023 年 12 月第 1 版第 1 次印刷
170mm×230mm・17.75 印张・287 千字
标准书号：ISBN 978-7-111-74138-1
定价：99.00 元

电话服务　　　　　　　　　　　网络服务
客服电话：010-88361066　　机　工　官　网：www.cmpbook.com
　　　　　010-88379833　　机　工　官　博：weibo.com/cmp1952
　　　　　010-68326294　　金　书　网：www.golden-book.com
封底无防伪标均为盗版　　　　机工教育服务网：www.cmpedu.com

前言

为何写作本书

乘着国家改革开放和经济快速发展的东风，保险业实现了 40 年的快速增长。然而，在当前经济增速放缓、行业的历史积弊负担越发沉重的背景下，依赖空间增量的传统粗放型发展模式已经越来越不可持续。恰逢国家经济和社会数字化进程加速，保险业界人士普遍认为应该抓住机遇、主动变革，实现自身的转型发展。如今，各行业企业的数字化转型如火如荼，保险企业也应该与时俱进。

我从事保险信息化工作多年，一直致力于研究企业数字化转型。为此，我阅读了大量书籍和资料，并与咨询机构、同业公司和技术厂商进行了广泛的交流。在这个过程中我逐渐意识到：

1）不同行业的产品服务形态和企业运营模式都有差异，因此没有一种数字化转型模式或方法能够适用于所有行业。每个行业都应该有自己的转型方法和理论。

2）保险企业和保险业务的数字化转型，无论在学术界还是技术圈，都没有得到足够的关注。市场上有很多关于数字化转型的书籍，但与保险相关的内容十分稀少。

3）许多企业在理解数字化转型方面存在缺陷。有些企业过于强调宏观战略，例如商业模式的变化；而有些企业过于关注底层技术的实现，例如业务中台和数据中台的构建。

4）一些保险企业已经开始数字化转型，然而梳理这些企业的转型战略发现，大家对数字化转型的理解有很大的差异，并且多数局限于技术层面。

5）有必要将数字化转型的一般理论与保险实际结合，总结出一套贯穿战略、业务和技术并具有领域特色的保险数字化转型方法论。

经过长期的研究、实践以及对这些问题的思考，我逐渐形成了自己对保险企业和保险业务数字化转型的认知。出于对新事物探索的执着和对保险科技事业的热爱，我决定将个人的理解以书籍的形式展现出来，以期抛砖引玉，引发读者的共鸣，从而与更多的读者一起构建一套具有保险特色的数字化转型方法和理论。

本书主要内容

本书以保险企业数字化转型为核心，结合行业现状、发展趋势、业务特点，对数字化转型的原因、内容和实施进行了分析与归纳。同时，尝试将一些数字化转型的学术理论、最佳实践以及前沿技术理念引入保险数字化转型中。本书虽为技术书籍，但并不仅限于技术领域。相反，它融入了企业架构思想，将企业的发展战略、业务模式、技术支撑三者结合在一起，探讨数字化转型。本书的重点在于理论体系构建和实施方法总结，并没有过多地罗列技术细节，即便是没有技术基础的读者，也不会有阅读障碍。

本书共15章，分成三部分。第一部分（保险数字化转型趋势）包括第1～3章，第1章介绍保险行业、保险信息化发展历程及存在的问题，第2章论述科技能够推动保险转型升级，而数字化是必由之路，第3章站在企业视角分析数字化转型的内涵和方向。第二部分（业务转型的路径与策略）包括第4～9章，聚焦客户体验优化、产品和服务、获客营销、运营管理、产业链发展模式、风险管理6个转型主题，介绍保险企业进行业务转型的路径和策略。第三部分（技术转型的思路和方法）包括第10～15章，主要介绍保险企业如何进行技术转型，第10章介绍技术转型的底层逻辑，第11～15章分别从基础架构、核心系统、数据应用、前台系统、技术生态等方面介绍转型实施的思路和方法。

本书读者对象

本书适合保险企业管理者、业务人员、技术人员、营销人员，以及其他行业的数字化转型研究者和实践者阅读。

致谢

感谢我的领导王海泉、刘东城、郝天义，他们的信任和支持让我有机会参与人寿保险公司、车企保险板块、保险经纪公司、信息科技公司等的筹建。从零开始建设企业信息系统和搭建技术支持体系，这些经历对本书的写作至关重要。

感谢好友刘丹和蒋伟提供的案例素材与宝贵意见。

感谢家人的支持，特别是我的妻子白淼老师。正是在白老师的启发和鼓励下，我才萌生了写作的想法，并最终坚持写完本书。

王海富

2023 年 6 月

目录

前言

第一部分　保险数字化转型趋势

第 1 章　传统发展模式遇瓶颈　002
　　1.1　推动行业发展的因素　002
　　1.2　内部问题与外部挑战　004
　　　　1.2.1　内部问题　004
　　　　1.2.2　外部挑战　005
　　1.3　信息技术与保险的结合　007
　　　　1.3.1　保险信息化的历程　008
　　　　1.3.2　保险信息化的特点　010
　　1.4　保险企业的技术债　010

第 2 章　数字化助力保险转型升级　014
　　2.1　数字化时代即将到来　014
　　　　2.1.1　从信息化到数字化　015
　　　　2.1.2　数字化的主要特征　016
　　　　2.1.3　数字时代还有多远　018

2.2 科技打开保险新空间 … 018
2.2.1 科技如何改变保险 … 019
2.2.2 数字时代保险展望 … 020
2.3 保险需要数字化转型 … 022
2.3.1 什么是数字化转型 … 022
2.3.2 保险的数字化转型 … 024
2.4 转型的其他驱动因素 … 026

第 3 章 保险如何数字化转型 … 028
3.1 业务转型是核心 … 028
3.1.1 业务转型的内涵 … 029
3.1.2 重塑保险价值链 … 031
3.2 技术转型做支撑 … 034
3.2.1 发展技术硬实力 … 035
3.2.2 提升技术软实力 … 037
3.3 数字化转型案例 … 039
3.4 转型的 6 个目标 … 043

第二部分 业务转型的路径与策略

第 4 章 全旅程客户体验优化 … 048
4.1 客户旅程分析方法 … 048
4.2 优化保险客户体验 … 051
4.3 持续运营客户体验 … 056
4.4 围绕客户体验推动转型 … 059

第 5 章　个性化的产品和服务　060

5.1　如何理解个性化保险　060
5.1.1　保险产品组件化　061
5.1.2　灵活的保障方式　062
5.1.3　个性化保障方案　063

5.2　个性化依托数据实现　065
5.2.1　数据驱动产品开发　065
5.2.2　数据支撑按需保险　067
5.2.3　依托数据精准营销　069

5.3　产品开发数字化管理　071

第 6 章　数字化获客营销　073

6.1　如何理解数字化营销　073
6.1.1　保险营销信息化历程　074
6.1.2　重新定义数字化营销　076

6.2　保险营销渠道数字化　077
6.3　营销中的数字化运营　081
6.4　数字化营销工具体系　086

第 7 章　数字化运营管理　091

7.1　扩大信息化覆盖面　091
7.2　用数据辅助决策　096
7.2.1　深入理解数据辅助决策　096
7.2.2　保险企业如何落地实践　098

7.3　自动化与自助化　102
7.3.1　提高运营自动化水平　102

    7.3.2 提高业务自助化比例 107

  7.4 向流程驱动转变 109

第 8 章 产业链发展模式 114

  8.1 提供保险全景服务 114

  8.2 构建保险数字生态 120

  8.3 打造业务、场景和数字闭环 125

  8.4 主体间分工与协作 128

第 9 章 主动风险管理 134

  9.1 物联网与风险管理 135

  9.2 保险与物联网结合 137

  9.3 做风险管理集成商 140

第三部分 技术转型的思路和方法

第 10 章 技术转型的底层逻辑 146

  10.1 企业转型的技术要求 146

  10.2 技术转型的架构逻辑 150

  10.3 信息技术体系中台化 157

    10.3.1 什么是中台化 157

    10.3.2 如何实现中台化 160

  10.4 打造敏捷的技术组织 166

第 11 章 技术基础设施云化 172

  11.1 保险企业 IT 基础架构的发展 172

11.2	基础设施即服务	176
	11.2.1　云化的管理模式	177
	11.2.2　多点混合云架构	178
11.3	重新定义技术中台	182
11.4	研发与运维中台	186
	11.4.1　研发与运维工具体系	186
	11.4.2　中台建设的关键点	188

第 12 章　重塑核心业务系统　　190

12.1	核心系统架构演进	190
12.2	未来核心系统架构设想	199
12.3	产品管理平台	205
12.4	保单管理平台	209
12.5	客户管理平台	214
12.6	业务运营中台	218
12.7	销售管理中台	222
12.8	业财融合中台	226

第 13 章　构建企业数据中台　　231

13.1	保险企业数据应用场景	231
13.2	从系统报表到数据中台	233
13.3	技术服务商的解决方案	236
13.4	保险数据中台的建设思路	240

第 14 章　敏捷的前台系统　　245

14.1	保险前台系统介绍	245

14.2　如何重塑前台系统　　　　　　　　　　　　247
　　14.2.1　基于中台能力构建　　　　　　　　　247
　　14.2.2　面向用户整合　　　　　　　　　　　248
14.3　沉淀领域共享组件　　　　　　　　　　　　251
14.4　追求极致敏捷　　　　　　　　　　　　　　253

第 15 章　用技术连接保险生态　　　　　　　　　255

15.1　保险开放平台　　　　　　　　　　　　　　255
　　15.1.1　什么是开放平台　　　　　　　　　　256
　　15.1.2　保险开放平台缘起　　　　　　　　　257
　　15.1.3　向生态连接演进　　　　　　　　　　258
15.2　保险 SaaS 平台　　　　　　　　　　　　　 260
　　15.2.1　保险企业 SaaS 应用现状　　　　　　261
　　15.2.2　SaaS 应用的发展趋势　　　　　　　 263
　　15.2.3　SaaS 平台的设计要点　　　　　　　 264
15.3　数据流通　　　　　　　　　　　　　　　　266

第一部分　保险数字化转型趋势

　　数字化转型已经成为各行各业的共识和企业的必选题。要做好数字化转型，必须先理解它。要理解数字化转型，必须明确几个问题：什么是数字化？为什么要进行转型？转型的方向和内容是什么？带着这些问题去不同行业的企业调研，会发现除了对数字化的理解大家可能是一致的之外，关于其他问题会得到迥然不同的答案。不同的行业有不同的产品服务形态和企业运营模式，因此数字化转型的需求、内涵和方向不一样。

　　本部分首先介绍保险业和保险信息化的发展历程、存在的问题和面临的挑战，然后介绍数字化的概念和意义。最后转向企业视角，总结保险企业数字化转型的内涵和方向。

第 1 章
传统发展模式遇瓶颈

改革开放后,保险业虽然经过 40 年的高速发展,但业务和技术都留下了"后遗症"。同时,经济底盘降速、人口红利消失、客户代际交替、风险属性改变等外部环境的变化,也在为保险业的发展持续增加难度。在内外交困的情况下,以往追求市场增量和规模扩张、依赖人海战术和费用竞争的传统发展模式已经不可再持续。

1.1 推动行业发展的因素

1979 年国内恢复保险业务,1980 年恢复办理财产险业务,1982 年恢复办理人身险业务。重新启航的中国保险业筚路蓝缕、砥砺前行,经过 40 年的发展,从小到大,由弱到强。根据《中国保险年鉴》数据,1980 年,国内仅有 1 家保险公司,1998 年发展到 28 家,2007 年发展到 110 家,截至 2020 年已有近 200 家。保险专业中介机构亦从无到有,2000 年时仅仅有几家,到 2020 年已经发展到超过 2600 家。同时,还有数万家保险兼业代理机构、近千万的保险代理人。1980 年,国内保费收入仅有 4.6 亿元,1997 年突破千亿元,2009 年突破万亿元,到 2020 年已达 4.53 万亿元，40 年间增长近万倍。

保险行业的规模增速远超经济增速，究其原因包括以下几方面。

1. 收入和财产增加，安全需求持续释放

按照马斯洛需求层次理论，安全需求位于第二层级。第一层级的衣食住行等生理需求得到满足后，人们就会追求稳定、免除恐惧和焦虑的安全需求。保险作为一种风险转嫁和损失补偿的手段，能够从财务角度满足人们的大部分安全需求。

改革开放以来，中国经济快速发展，人们逐渐脱离贫困，可支配收入和财产不断增加，安全需求开始全面释放。以出行安全为例，1990 年全国民用汽车保有量仅为 554 万辆，到 2022 年末已经发展到 3.19 亿辆，相应的保险投资也持续增加，2022 年国内车险保费收入达到 8210 亿元。

2. 新事物红利：新险种、营销模式不断引入

20 世纪 50 年代末，国内停办了保险业务，中间沉寂 20 年。80 年代恢复业务后，"保险"对绝大多数人都是新鲜事物。相比之下，国外的保险业已经发展了数百年，相对成熟，只要不断地将国外的"新的"理念和方法，引入国内的"真空"市场，保险业就能维持增长。

以产品为例，观察国内保费收入增长曲线发现，2000 年、2006 年后分别出现了一次快速增长，这两次快速增长可能都与新型寿险产品（分红保险、投资连结保险、万能保险）的引入和推广有关。

以营销为例，保险复业之初，销售工作主要由保险公司员工在网点进行。1992 年引入了代理人机制，之后个人代理逐渐成为寿险销售的主渠道。2006 年引入了电话销售模式，电话销售收入一度占到车险保费收入的三成。

3. 人口红利：庞大的客户群体和代理人基数

人口数量决定了人身险发展的空间。中国人口基数庞大，为人身险的发展提供了充沛的客户资源和人力支持。自 1982 年重启人身险业务以来，国内年新增保单数量达 9 亿件。正是凭借这种数量优势，尽管寿险投保率远低于西方，却仍然跻身全球第二大保险市场。寿险营销一直依赖"人海战术"，自引入代理人机制以来，代理人的人均产能提升不大，业务增长还是主要靠增员。截至 2020 年，全行

业代理人规模超过 900 万。据统计，全国至少有 5000 万人曾做过保险代理人。

4. 国家的鼓励和支持政策

为了促进保险业的发展，我国在过去 40 年间出台了一系列政策举措，其中既有鼓励性和指导性的政策，又有直接的支持。例如著名的"保险业国十条"，无论是 2006 年的"国十条"还是 2014 年的"新国十条"，都为当时保险业的发展指明了方向，推动了数年的增长。交强险成为"法定保险"，机动车辆必须强制投保；农业保险成为"政策性保险"，财政补贴保费；部分险种给予企业和个人税收优惠等。这些举措不仅直接促进了相关业务的发展，也间接扩大了保险的普及面，提升了老百姓对保险的认知。

1.2 内部问题与外部挑战

自国内保险复业以来，其发展受美国和日本的影响较大。研究美国和日本的保险历史会发现：它们都经历了大约 40 年的快速增长期，之后增长放缓或停滞。中国保险业已经快速增长了 40 年，是否会遇到同样的情况呢？虽然年代不同、国情不同，不能简单进行类比，但当下国内保险业确实存在一些问题，并且面临着一些挑战。

1.2.1 内部问题

无论是个人、企业、行业还是国家，快速成长后往往会留下一些"后遗症"。保险业也不例外，在快速发展的同时也积累了一些问题。

1. 产品同质化严重

国内保险市场体量庞大，复业后又是从零开始，增量空间广阔。在这样的背景下，进入保险市场的企业往往把精力集中在市场空间大、经营难度小、风险比较低的业务上，长此以往就形成了业务同质化，最突出的表现是产品同质化。当市场增量空间足够时，同质化并不是问题。但是一旦增量空间不足，企业就会陷入过度竞争的漩涡。实力强的企业通过提供更好的服务和体验来脱颖而出，而大部分企业则通过抢夺资源和提高费用来竞争。

以寿险为例，产品同质化主要体现在几个方面：一是险种同质化，设计和运营相对简单的产品同质化严重；二是风险同质化，主流保险产品都是面向 20～50 岁人群，且偏爱标准体；三是责任同质化，为了容易扩大规模，产品聚焦于大众需求，责任也都大众化；四是费率同质化，各家模型相似、要素相同，费率很难有差异。

2. 社会形象偏负面

在引入代理人和电话销售机制的初期，由于治理跟进不及时，销售方式和考核手段往往简单粗暴。按号段呼出、熟人推荐、引导消费以及销售误导等不良现象屡见不鲜，保险逐渐被打上"骚扰""骗子"和"杀熟"的标签。

此外，保险条款通常较复杂，消费者很难有耐心将其读懂，若发生理赔就容易产生纠纷。久而久之，导致人们对保险产生了"保险无用""买易赔难"的印象。

3. 企业经营成本高

综合成本率是保险公司核算经营成本的核心数据。2020 年，国内财产险公司的综合成本率达到 100.9%，寿险公司的情况稍微好一些，但中小型寿险公司同样面临巨大的成本压力。保险公司经营成本高主要有以下几方面的原因：

首先，运营效率低下。有人曾经使用 2018 年前后的数据，从效率角度比较了国内与欧美保险业的情况。在财产险方面，国内的综合赔付率约为 55%，企业普遍亏损；而欧美的综合赔付率超过 70%，企业仍然盈利。在寿险方面，国内的寿险从业人员数量约为美国的 5 倍，但保费规模只有美国的一半。

其次，风控能力较弱。国内非标准体保险承保率并不高，但保险平均欺诈渗透率达 10%～15%，车险更是超过 20%。由于风控能力不足，保险公司不敢承保高风险的项目，对于本不应赔付的损失又难以有效控制。

最后，产品同质化严重。在产品和服务没有比较优势的情况下，提高中间商的费用是开拓市场最简单有效的方法。

1.2.2 外部挑战

保险经营环境正在发生深刻的变化，经济、社会、风险等各方面环境都在变化，同时面对的客户也在变化。

1. 增长的基础出现动摇

随着宏观环境的变化，曾经推动保险业快速增长的"红利"正在消失。

1）经济大盘降速，保险维持高增长困难。国内学者林宝清通过实证分析表明，在外部条件基本相近的情况下，保费收入与 GDP 正相关。在 30 年高速增长之后，GDP 增速自 2012 年起开始回落，经济呈现新常态，从高速增长转为中高速增长。保费增速虽然一直高于 GDP 增速，但在经济底盘降速的情况下，要独自维持高增长相当困难。

2）人口红利消失，人身险经营压力陡增。过去，人身险的增长主要依靠保单数量的增加。然而，在新客户数量减少甚至总量降低的情况下，要想维持增长，只能不断挖掘存量客户和提升"件均"保费。这对产品设计和市场营销都是不小的挑战。代理人规模的增长是寿险增长的关键因素，国内保险代理人队伍一直是大进大出，就像一个没有堵塞的浴缸。随着人口增长速度的放缓，未来将不得不面对入水量减少的情况。

3）学习时代结束，未来要独立摸索前行。在过去的 40 年中，保险业一直在借鉴外部经验，引入新产品和新的营销模式。如今，中国已经成为世界上保险产品类型和营销模式最丰富的市场之一。以营销为例，美国以专业代理为主，英国以保险经纪为主，法国以银行代理为主，日本以个人代理为主。而国内几乎集合了所有这些营销模式，专业代理与保险经纪并存，网点销售、电话销售、网络销售、个人代理全面发展，此外还有以银行、车商、航旅为代表的兼业大军。能够效仿或直接照搬外部经验的时代已经一去不复返，我们就像一个已经毕业的大学生，已经学完了课本知识，未来只能靠自己摸索。

2. 保险的风险发生变化

随着环境的变化，作为保险经营的核心，"风险"也在发生变化。

1）风险的可预测性逐渐提高。大部分保险理论书籍都会介绍风险与保险的关系，风险的客观性、单一风险的不确定性与总体风险的可测性、个体风险的不确定性与群体风险的可测性是保险理论构建的基础。然而，随着科技的进步和新技术的应用，原本不确定的单一风险、个体风险正在变得可预测和可干预。例如，基因检测能够在人们健康时预测患病风险，患病时指导精准用药；大数据技术使得天气预报越来越准确，预测时效越来越长；应用智能技术的汽车能够自动规避危险,通过数据分析能够精确评估驾驶人风险。未来,保险业必须深刻认识这些变化,只有比社会大众更了解风险,对风险预测、评估和管理的能力始终领先,才能持续维系自身的价值。

2)风险的类型、性质发生变化。随着社会发展和科技进步,人们面临的风险也在不断变化。有些风险降低了,有些风险升高了,还有新的风险在不断出现。例如,自动驾驶技术降低了车辆碰撞的风险,却引发了产品责任风险。传统车辆保险的需求会减少,而产品责任保险的需求会增加。随着互联网的普及,网络安全成为一种重要风险。2020年全球网络安全保险市场规模达到75亿美元,随着物联网的发展,这个规模还会进一步扩大。风险的转移导致原有业务萎缩,但也会带来新的业务机会。只有不断适应这些变化,才能持续发展。

3. 客户特点、习惯在改变

保险是一种慢决策的商品,选择过程缓慢,购买决策链条长。销售过程需要严谨的话术和详细的讲解,因此需要营销人员与客户进行多次接触。随着科技的发展和时代的进步,人们的生活节奏越来越快,时间也逐渐碎片化。如何抓住客户的碎片时间来营销慢决策的保险产品,对于从业者来说是一个新的挑战。

国际上有为人口划分代际的惯例,例如出生在20世纪末、21世纪成年的人称为"千禧一代",20世纪末至2010年出生的人称为"Z世代"。千禧一代伴随着计算机和互联网成长,喜欢通过网络解决问题,重视友情和家庭。Z世代受互联网、即时通信、智能手机和平板电脑的影响很大,更注重体验,喜欢挖掘价值和寻找最好的服务。随着千禧一代成为社会的中坚力量,Z世代渐渐离开校园、进入社会,保险消费者群体与之前40年相比发生了本质性的变化,保险业想要持续发展,就要不断适应这些变化。

1.3 信息技术与保险的结合

信息技术的应用是推动国内保险业快速发展的原因之一。如果不应用信息技术,仍然采用原始的档案管理和手工作业方式,如何能够管理数以亿计的客户、数百亿件保单?又如何保证业务的准确性和服务的时效性?

1.3.1 保险信息化的历程

国内保险信息化起点高、起步早。从引进国外计算机记录业务数据，到建设信息系统模拟业务运营，再到利用互联网连通分支机构、在线销售和在线服务，保险信息化一直紧跟业务发展和技术进步的步伐。国内保险信息化发展的历程，大致可分为4个阶段。

1. 从纯手工到自动化

保险复业之初，业务完全靠"手工完成"。随着业务快速发展，大量同质化业务激增，手工操作已经很难保证时效性和准确性。此时，国外商用计算机技术趋于成熟，为了提高工作效率、减少错误，一些保险公司省分机构开始引进国外计算机，将部分长期业务输入计算机进行管理。

20世纪90年代，随着业务快速扩张，保险公司开始应用信息系统模拟企业运营，以减轻增加人员和提升效率的压力。首先，建设了核心业务系统，对承保、核保、批改、理赔、再保等核心业务流程进行模拟；随后，陆续引入财务系统、办公自动化系统等管理软件，并在20世纪90年代末开始建设呼叫中心、营销管理等系统。至此，基本实现了信息系统对运营链条的全覆盖，保险运营完成了从纯手工到自动化的转变。

2. 从自动化到集中化

起初，保险公司的信息化建设由各个分支机构独立开展，系统建设缺乏整体规划，数据分散且标准不一，总公司难以对机构实施有效的管理。由于数据分散、互通困难，异地重复投保、重复理赔等现象时有发生，企业面临很大的经营风险。另外，数据不通还会影响服务，例如异地理赔实现困难、保单迁移烦琐，非常影响客户体验。

进入21世纪，互联网实现全国连通，国内主要银行率先完成了数据集中。保险公司也有了IT集中的技术基础和经验参考，于是纷纷开始进行集中化改造。集中化的基本思路是：建设一个统一的信息系统，部署在总公司的机房内，通过互联网供所有分支机构使用，实现分支机构数据的统一管理和风险的集中管控。在具体的实施方案上，历史悠久的大公司多数在国际知名IT公司的帮助下进行系统整合、数据整合和IT架构再造，而新成立的公司则直接采用集中化的方式来建设新系统。

3. 拥抱和利用互联网

互联网对保险的影响不仅仅是打通机构之间的连接。1997 年，中国保险信息网上线，之后保险公司相继建立自己的网站，用于企业宣传、产品推广和向大众普及保险知识。2003 年，随着以淘宝为代表的网购平台的崛起，国内进入了互联网购物时代。2005 年，《中华人民共和国电子签名法》实施，保险产品也具备了在互联网上形成销售闭环的条件，于是保险公司纷纷设立网销渠道，建设自营的电商平台，大量以保险中介和保险信息服务为定位的网站（如慧择网、向日葵网等）涌现，淘宝、京东等网购平台也开通保险频道，开始代理、销售保险产品。

随着智能手机的普及，互联网的覆盖面更加广泛，移动端成为消费者获取服务最便捷的途径。保险公司开始自建 App，除了用于品牌宣传和产品营销之外，还提供批改、理赔、客服等在线服务。随着微信的崛起，保险信息化开始进入微信端，企业纷纷开通官方微信公众号，通过微信渠道进行保险营销和服务。

4. 应用新技术和新模式

随着信息化和互联网保险的深入发展，云计算、大数据、人工智能、物联网等技术日趋成熟，人们逐渐认识到信息技术对于保险的意义已经不仅仅是模拟业务运转、提高运营效率，或者多一个营销、服务渠道这么简单。保险企业纷纷开始布局，探索利用新技术来推动业务创新，提高经营能力。互联网巨头发现自己的技术和流量在保险领域有很大的发挥空间，也纷纷跨界入局。科技公司也走向业务前台，试图通过将技术与保险业务创新性融合，寻找新的发展机遇。为了区别于传统保险业务和保险信息化，还诞生了一个新的标识词汇——保险科技。

目前，云计算和人工智能在保险领域的应用已比较成熟。国内商业云计算刚刚兴起时，就有保险企业将其互联网业务迁移到云上。2014 年，众安保险在云环境上搭建了保险核心业务系统"无界山"。自 2016 年以来，新成立的保险公司多数基于云环境构建自己的信息系统。在人工智能方面，智能语音、OCR、人脸识别技术在保险业务中的应用已经十分普遍。部分保险企业还涉足人工智能底层研究，甚至在某些技术细分领域已走在世界前列。

1.3.2 保险信息化的特点

随着保险和软件行业的发展，保险信息化也逐渐成熟，并形成了自己的特点。

1. 系统渐进式建设

国内保险业复业后，信息化建设几乎同时起步。在这个过程中，业务和技术都是新事物，需要边实践边摸索。此外，由于信息技术快速发展，技术和工具不断演进，信息化很难自顶向下进行长期规划，因此只能跟随业务和技术的发展被动应对。信息系统也是渐进式建设、逐步增加的。

保险企业的技术投入以业务为导向。企业发展的早期只建设了基本的信息系统，但随着业务的发展，产品条线和营销渠道不断增加，新的系统也陆续建设起来以支持业务。保险监管经历了从粗放到精细的过程。新的监管政策往往伴随新的系统建设，非现场审计、统信报送、保单登记、偿付能力报送等系统就是这样逐步建设起来的。

2. 软件国产化率高

在保险信息化建设初始阶段，国内软件企业就参与了一些信息系统的开发。由于国外软件二次开发困难、系统和数据集中、保险主体大量增加等，国内软件企业抓住了机遇，逐渐占据了国内保险软件市场的主导地位。此外，一些保险企业重视科技发展，开展自主研发，开发的系统不仅供自己使用，还向行业输出，这进一步增加了国产软件供给。目前，除了个别保险公司的核心系统、投资系统仍使用国外软件、财务系统还普遍使用国外 ERP 产品外，国产软件已经基本实现了全覆盖。

3. 供应商集中度高

国内保险技术服务市场供应相对集中。2020 年，在中国保险 IT 解决方案市场中，中科软的份额占比为 40%，超过第二至第十名份额之和。2019 年，全球保险软件市场的前十家软件供应商份额占比约 45.4%，而国内保险软件市场的前十家软件供应商份额占比约 70%。

1.4 保险企业的技术债

保险信息化自诞生起就开始了快速发展。一方面，随着业务的快速发展，信息化建设必须及时跟进；另一方面，保险信息化与国内软件产业的发展几乎同步，可直接借鉴的经验和获得的帮助较少。就像保险在复业后快速增长留下了"后遗症"一样，保险信息化在快速发展的同时也积累了大量问题，主要体现在"技术债"上。

"技术债"一词是Wiki创始人沃德·坎宁安在1992年提出的。为了解决短期的资金压力，企业向银行借款产生债务，代价是要为债务支付额外的利息。软件开发也是如此，为了加速开发、尽快上线，在应该采用最佳方案时进行了妥协，改用短期内能加快进度的方法，从而在未来给自己带来了额外的开发负担，就像欠债还利息一样。

1. 技术债的积累原因

保险企业积累技术债有多方面的原因，包括系统设计、编码、测试等微观层面的原因，以及规划、管理等宏观层面的原因。前者可以通过人员培训、技术规范和工具应用等方法避免，而后者则较为复杂，这里进行重点介绍。

1）业务缺少统筹和规划。在企业中，技术必须跟随业务，服务于业务。如果业务横向割裂、统筹不足，系统就会形成一个个孤岛。如果业务缺少长期规划，技术也很难长远布局，为系统做出前瞻性设计。当业务需要调整时，技术只能迭代。

2）企业IT团队定位偏差。大部分保险企业的技术团队规模较小，系统建设以结果为导向，自己只做项目管理和需求衔接，系统设计、开发、测试等工作外包给技术服务商。这样做会造成两个问题：一是宏观的架构设计不足，系统间往往不能以最优的方式组合衔接；二是微观的技术把控缺失，系统设计、编码和测试的质量完全依赖于服务商的责任感与人员素质。

3）以采购为主的建设模式。保险企业信息系统建设以采购为主，供应商在自有产品的基础上根据需求进行二次开发。这些产品多数经历了多家企业的开发沉淀，除了积累经验还聚集了许多企业的技术债。这些债务通过系统采购和实施在企业间流转、积累。国内主要保险软件供应商都有自己独立的技术体系和产品体系，不能完全兼容。如果使用多个供应商的产品，则会面临维护异构系统和多套技术体系的问题。

2. 技术债的表现形式

保险企业的技术债主要有以下3种表现形式。

1）烟囱式信息系统。保险企业信息系统采用垂直的业务条线结构和以业务为导向的系统建设模式，在渐进式的建设过程中形成了典型的烟囱式结构。每个系统都是一个垂直的体系，拥有独立的服务器和数据库，以及相似的技术底层和基础功能。由于系统间无法共享资源或相互访问，每个系统都成为一个信息孤岛和资源孤岛。

2）繁杂的技术体系。许多企业需要同时维护多个技术体系。虽然后端开发主要使用Java语言，但是一些企业仍在使用VB、VF或C语言。前端开发使用的技术包括JSP、VUE等。软件架构既有CS也有BS，既有单体式也有分布式。不同的技术团队，甚至不同的项目组都可能有自己独立的技术栈和构件集合。

3）失控的代码和缺失的文档。保险企业IT项目的普遍情况是：只有需求规格说明书和系统操作手册这两种文档受到重视，但也无法保证对它们及时更新。软件设计、开发和测试文档的编写视项目情况而定，如果时间充裕就详细一些，如果时间紧张就简单处理或直接忽略。虽然项目都有编码规范，但能够做得详尽且严格执行的较少。

3. 技术债的影响

技术债与其他债务一样，是一种透支行为，以牺牲未来来满足当前的一些需求。与其他债务一样，技术债也有利息，并随着时间"利滚利"。技术债的显性影响是不断降低开发效率，从而影响业务进度和市场反馈。隐性影响是系统开发和运维成本不断增加，企业的IT投入和运营成本也增加。

1）IT性价比越来越低。许多保险企业的管理者会有这样的感受：IT投入逐年增多，但好像做的事情并没有增加；系统初建时成本并不高，但上线后迭代需求成本却越来越高。其实，这里有技术债的因素。随着时间的推移，系统积累的技术债越来越多，开发一个需求时需要偿还的债务利息也就越来越多。

以某保险公司为例，根据监管要求，该公司需要调整一些业务规则。该公司有多套核心系统和多套前端营销服务系统，这些系统是烟囱式的，业务规则散落其中，因此调整必须在多个系统中同时进行。其中一个系统是20世纪引进，架构非常古老，不仅开发效率低，而且只有少数资深技术人员能够处理。有几个系统文档缺失，代码也很混乱。技术团队经历了几轮更替，大家对调整可能产生的影响都心有余悸。为了确保调整不出问题，只好在调整前花费大量时间来评估，调整后也要花费大量时间进行回归测试。

2）导致业务逐渐僵化。保险业务与信息系统密不可分，任何业务调整和创新都需要进行系统开发。然而，由于系统技术债的积累，新需求的开发变得越来越缓慢、成本越来越高。逐渐地，业务就开始僵化。当必须进行调整时，才发现不仅需要偿还技术债，还要偿还一堆业务债。

3）技术债绑架企业。技术债大量积累之后，系统开发和运维效率越来越低。但是，业务不能没有系统，重新建设短期成本太高且有风险。对于企业来说，即使投入低效、成本越来越高，也只能继续下去。某些系统债务缠身，里面充满了地雷和陷阱，只有特定的厂商能够进行二次开发，只有特定的人员能够维持系统运转。因此，企业只能选择依赖这些厂商和人员。

第 2 章
数字化助力保险转型升级

上一章分析了保险行业存在的问题和面临的挑战,接下来我们要寻找解决办法。实际上,早在几年前,行业内学者和企业管理者就开始思考第二增长曲线。有人认为产品创新是第二增长曲线,有人认为老龄化催生的健康和养老市场是第二增长曲线,还有人认为数字化创新是第二增长曲线。这些观点都无可厚非,第二增长曲线一定是来自某些领域的突破创新,或对保险价值链重点环节的重塑和再造。笔者认为,无论第二增长曲线是什么,数字化都将有助于打开这个空间。

2.1 数字化时代即将到来

人们常说的数字化有以下 4 层含义。
- 代表一种技术方法,即数字化转换。它指的是利用计算机软件、传感器、机器视觉等技术,将物理世界中的信息、知识引入计算机内部,形成可识别、可存储、可计算的数据。
- 代表一类技术应用,即数字化应用。它指的是利用物联网、5G 通信、区块链等技术增强数字化转换,促进数据流动,并运用云计算、大数据、人工智能等技术挖掘数据价值，以赋能物理世界。
- 代表一轮组织变革，即数字化变革。它指的是通过数字化应用，在企业或政府等组织的战略、管理、运营、生产和营销等各个层面进行全面系统的变革。
- 代表一个历史时期，即数字时代。它是相对于农业时代、工业时代、信息时代而言的概念，对应着农业化、工业化和信息化。

简单来说，第一层是将业务数据化，第二层是将数据业务化，这两者统称为数字化技术。第三层是数字化转型，当大部分组织完成数字化转型时，数字时代就来了。从这4层含义可以看出，数字化是信息化的承接，每一层都与信息化有对应关系。

2.1.1　从信息化到数字化

信息化的概念是日本学者梅棹忠夫在20世纪60年代提出的。信息化是指充分利用信息技术，开发、利用信息资源，促进信息交流和知识共享，提高经济增长质量，推动经济社会发展转型的历史进程。它以现代通信、网络、数据库技术为基础，将所研究对象的各个要素汇总至数据库，旨在优化特定人群的生活、工作、学习、决策等行为，提高各种社会行为的效率，并且降低成本。具体而言，信息系统模拟现实业务，将业务过程转化为数据描述，再通过数据处理，并充分利用计算机高效运算的特性来提高业务效率。

下面举例说明。保险的核心业务系统将保险运营的业务流和资金流映射成数据流，如投保单数据、保单数据、收付数据等。然后通过数据处理模拟实际操作，提高业务效率。例如，计算机通过数据分析自动核保的效率显然比人工判断更高，系统查询一条保单数据的速度要比到档案室找到实物更快，使用系统计算保费和赔款的效率也要比使用算盘或计算器更高。

可以看出，信息化有两个重要环节：一是将物理对象、现实行为映射成数字信息，二是通过处理数字信息反向赋能现实行为。信息化建设就是在不断提高这两个环节的覆盖范围和转化效率，就像人类不断发展科技来提高能量转化效率一样。蒸汽机通过煤烧水、水变蒸汽、蒸汽推动活塞产生动力，内燃机通过燃油产生气体、气体膨胀推动活塞产生动力，无论是内燃机替代蒸汽机，还是内燃机技术改进，都是在不断提高能量转化效率。

随着信息化的深入，越来越多的业务过程和业务场景实现了数字化模拟，甚至达到了全域数字化。随着物联网、虚拟现实等技术的发展，空间状态和活动、个体状态和行为也将实现数字模拟。越来越多的现实事物被映射成数字信息，未来将出现一个与物理世界完全对应的数字世界，这两个世界之间将通过软件和手机、眼镜、家电、汽车等设备进行连接。

云计算打破了计算机单机性能的局限，为数据处理提供强大的底层算力。大数据让人们可依托数据进行科学预测。机器学习将沉淀的经验数据转化为智能，机器开始拥有像人一样的判断能力。随着云计算、大数据、人工智能等技术逐渐成熟，人们运用数据解决现实问题的能力将得到飞跃式提升。

未来几年，随着这些技术进入规模化应用，信息化两个环节的覆盖范围和转化效率都将大幅度提升。回顾几次技术革命，从蒸汽机到内燃机再到核能，虽然都是矿物能源向电能和机械能的转化，但由于转化效率差异巨大，每一次演进都开创了一个时代。同样，信息转化效率的跃升也将打开一个新局面，这个过程就是"数字化"。

2.1.2 数字化的主要特征

读者可能仍有疑惑：既然数字化和信息化一脉相承，只是应用新技术提升了信息转化效率，为什么不叫作"进一步信息化"或"深度信息化"呢？毕竟，在过去的几十年里，通过不断的信息化建设，信息转化效率是一直在提升的。

几年前，学术界开始讨论一个新概念——"技术奇点"。这个概念中的"奇点"一词来自宇宙学中的黑洞——质量被无限压缩至一个没有大小的点，平滑的时空在这一点断裂，奇点中现有的物理规律不再有效。技术奇点的含义是，技术的进步可能由量变产生突然的质变，在极短的时间内彻底改变人类世界的状态。

信息化发展已经数十年，一直处于线性轨迹，始终没有脱离"模拟"。随着几项具有颠覆性的技术进入应用，信息化也将从量变走向质变，而数字化就是信息化的"奇点"。为了更深入地理解数字化和信息化之间的差异，我们需要了解数字化相对于信息化的不同特征。

1. 物理世界和数字世界融合

信息化是以线下的流程化思维设计信息系统，将线下行为映射为线上流程的处理过程，但是，它仍然以线下物理世界为主。信息化只是将部分固化、高频的行为搬到线上，物理世界仅有一些零散的点实现了数字模拟，还没有形成对应的数字世界。

数字化将物理世界完全重构并建模到数字世界中。人类的大部分活动和交互都在数字世界中进行，只有极少数的决策和控制回到物理世界的软件和设备上完成。物理世界通过决策和指令来控制数字世界的运转，而数字世界则通过算法来模拟和调度物理世界的运行。

O2O（Online to Offline，线上线下一体化）是物理世界和数字世界融合的一个缩影。以出行和外卖为例，车辆、店铺和客户等实体都搬到了线上，客户通过线上下单，系统派发任务、规划路线和计算时间。大部分过程在线上进行，人们只需按照系统指示执行即可。

2. 更加精准、智能、高效

信息化能够提高行为的效率和准确性，但是这种提高是有局限的。首先，只有已经在信息系统中实现了模拟的标准行为才能受益；其次，只适用于具有数据要素积累的对象，针对当前或过去的行为；最后，复杂的判断和实务性操作仍然依赖人工完成。

数字化将突破这些局限。随着物联网设备的不断增加，产业互联网平台、消费互联网平台、政务互联网平台的建设如火如荼，整个物理世界将被数字化。通过数字世界的建模，对物理世界的对象或行为进行归纳，就可以预测陌生对象的潜在行为。在人工智能的支持下，机器可以做出更复杂的判断，甚至代替人类完成大部分线下工作。

网络购物是一个典型的例子。系统对成千上万的购物行为进行归纳，分析出某个消费者可能需要的商品，某段时间内某个商品在某个地区的需求，仓库可以提前备货，物流也可以提前准备。在物流环节，每件快递都打上数字标识，由系统规划路线和时间，利用机器人分拣和终端配送，每个环节都极其精准和高效。

3. 重塑组织、商业和生态

在信息化过程中，技术的定位是工具。信息系统为支持业务而存在，数据只是信息系统的副产品。信息化的重点在于如何提高业务效率，最大价值也体现在提高效率上。

2020年，国务院发布了《关于构建更加完善的要素市场化配置体制机制的意见》，其中明确指出技术和数据是与土地、劳动力和资本并列的生产要素。作为重要生产力和主要生产资料，技术的发展和数据的积累必将影响和改变生产关系。

数字化让世界更加智能，社会行为更加精准。这种改变带来的影响不仅体现在业务上，还体现在效率上。就像生产关系会向着适应生产力的方向发展一样，未来的组织结构、商业模式和社会生态也会因数字化而重塑。

2.1.3　数字时代还有多远

从蒸汽化到电气化再到信息化，人类经历了三次技术革命。三次技术革命分别是三个里程碑，即标志性技术的诞生、技术取得突破性进展和技术进入成熟应用。显然，技术进入成熟应用才会产生广泛的影响，改变生产关系，开创新的时代。

数字化的标志性技术包括云计算、大数据、人工智能和物联网。要评估离数字化有多远，就要看这些技术何时进入成熟应用。关于技术成熟度，业界有一个普遍认同的标准，即"Gartner技术成熟度曲线"（简称成熟度曲线）。

成熟度曲线是指新技术、新概念在媒体上的曝光度随时间变化的曲线。它主要用于描述创新技术的典型发展过程，即从萌芽期、过热发展期到幻想破灭期，再经历复苏期到技术的进步与人们的期望重合，技术开始成熟应用于市场。

笔者查阅了2011—2020年十年的成熟度曲线，并做了简单的归纳。在2015年之前，云计算的公有云技术已经进入成熟应用阶段，而到了2020年，混合云计算也进入了成熟期。大数据、人工智能和物联网已经有多个技术分支进入成熟应用阶段，几乎每年都有新的分支进入成熟期。

综上可知，我们已经走在数字化的道路上，一只脚迈入了数字时代的大门。

2.2　科技打开保险新空间

数字化技术正在加速与保险业务融合，为传统保险赋予新渠道、新模式和新业态。在技术的驱动下，保险的产品形态、服务方式、运营管理等各个方面都在发生巨大变化。技术改变了客户的交互方式，重塑了产业链的竞争与合作关系。客户黏性和体验、领域跨界与融合、场景和生态建设等，为保险创造了无限的发展空间。

2.2.1 科技如何改变保险

笔者认为，数字化技术对保险产业的影响主要体现在三个方面：一是提高为客户创造价值的能力，提升客户体验；二是提高企业的精细化运营和服务能力，实现降本增效；三是促进产业链资源整合，提高协作和一体化服务水平。

1. 云计算提高企业灵活性

云计算可以助力企业轻资产运营。公有云提供按需付费的服务，可以根据实际需要动态增减用量，使IT基础设施的投资从固定资本转变为可变的运营支出。基础设施日常可以保持最低规模运营，在需要时可快速进行扩展。另外，利用云计算的弹性来做灾备可以大幅降低成本。

云计算提高了技术和业务的灵活性。它减少了资源的空置和浪费，简化了系统维护和升级。云服务使技术普惠，企业能够以低成本享受最新的技术成果。使用云计算之后，企业无论是开辟新渠道、上线新系统或新产品，还是应对短时流量冲击，都更游刃有余。

2. 大数据让保险更加精准

大数据赋能保险全业务链条，每个环节都更加精准。相较于传统基于静态数据的样本统计，通过大数据技术分析全量、动态的数据，产品定价更加精准，甚至可以对不同群体乃至不同个体进行差异化定价。通过大数据构建客户画像，可以准确捕捉客户需求和评估开发潜力。同时，可以深入了解客户的兴趣偏好，制定差异化的营销策略。通过分析客户价值，可以引导营销资源进行精准投入。

利用企业内外部数据，可以建立风险预测模型和反欺诈数据库。投保时评估客户风险，提高核保准确性；承保后动态感知标的风险，主动干预降低出险可能；理赔时利用数据风控，避免造成欺诈损失。

3. 人工智能帮助降本增效

人工智能有两个特点：一是通过大量经验的积累，能够深入洞察微小细节；二是由电力、数据和算法驱动，永不疲惫。保险领域主要利用人工智能的这两个特点来实现业务洞察和自动化。

在营销和投保环节，人工智能可以通过有限的信息洞察客户需求，准确识别客户身份和资料的有效性；在核保和核赔环节，人工智能可以从更多的维度和细节中评估风险，提高欺诈识别和判断能力。人工智能可以简化投保和理赔申请过程，实现自动化的核保和核赔。智能机器人将取代客服人员和初级营销人员，代理人在智能助理的辅助下将变成"超级战士"。

4. 物联网增强触达和感知

物联网几乎具备无限的触达能力，与客户的交互不再局限于面谈、电话或即时通信工具，宣传和服务触达客户的方式将更加丰富多彩。

随着物联网的规模化应用，动态感知风险和主动干预风险成为可能。物联网可以准确、全面、实时地收集数据和反馈信息，结合大数据和人工智能技术，风险管控的可靠性和效率将大幅提升。同时，主动风险管理增加了与客户之间的互动，进而增强了客户黏性。

物联网带来了大量实时数据，推动了大数据和人工智能技术的发展与应用，使得数据驱动的产品精准开发、精准营销，以及个性化服务、细粒度风控更早变成现实。

2.2.2 数字时代保险展望

数字时代即将到来，技术将会改变保险。

1. 无处不在的保险

风险无处不在，但将风险转化为保险是有条件的：必须是可保的风险，并且要有足够的数据来支持风险概率的评估。目前，在财产险领域，涉车的保险做得最好，主要原因是有足够的数据支持产品设计。随着数字化的发展，各种物理对象和现实行为不断数字化，它们的风险也变得可量化和可统计。未来，大部分现实中的风险都将可以被保险覆盖。

理想的服务是无形的，不受时间和空间的限制。未来，保险企业将依托数字化技术延伸服务触角，通过多种数字媒介与客户立体式交互，业务过程自动化，智能机器人24小时待命，客户可以随时随地通过各种方式购买保险和获得服务。

2. 按需使用的保险

数字化技术让保险企业更了解客户，能够根据客户的风险类型和需求特点定制个性化的产品。此外，利用数字化技术实现保险产品的精准定价和实时风控后，可以根据客户的需要定制有效期限和生效条件。未来，即时生效、自定义有效期限的保险产品将大量出现。

无论是云计算还是共享经济下的单车、公寓等，都是基于使用情况收费的。在技术的赋能下，保险也将朝这个方向发展。保险机构利用数字化技术能够实时监控标的状态、评估风险状况，从而动态收取、灵活调整保险费用。UBI（Usage-Based Insurance，基于使用量而定保费的保险）车险和基于可穿戴技术的重疾险都是这个发展方向的例子。

3. 保险与场景融合

随着互联网的蓬勃发展，保险企业依托互联网推出了许多创新的场景化产品，如退货运费险、航班延误险等。实际上，传统的保险产品是由线下场景衍生出来的，但线上场景更容易与保险融为一体。在数字化时代，大部分线下场景都将迁移到线上，传统的保险产品也将能够实现场景化，并与场景融合在一起。

当业务员向客户推介保险产品时，话术中经常会出现大量"如果……"的句子，这些句子实际上就是在描述场景。随着物联网和虚拟现实技术的发展，这种语言的场景描述可以被立体的场景渲染取代，从而更具有沉浸感和感染力。

4. 保险与服务结合

将保险与服务结合起来可以拉长保险价值链，提升客户体验，并且使企业与客户进行更高频率的互动。"保险+服务"模式是保险创新发展的一种思路，但在实际落地过程中存在不少困难。例如：保险和服务由不同的组织提供，衔接效率低下；保险机构在服务流程外，难以有效地管理服务质量等。

如果保险机构和服务机构都实现了数字化，这些问题就容易解决了。它们都实现了线上与线下的融合，线上联动就能带动线下的衔接。服务过程被数字化，拉近了与客户的距离，保险机构将有更丰富的手段来保证服务质量，不同服务主体之间的衔接也会更加紧密。

5. 精准、高效的服务

物联网实现动态感知，大数据实现有效预测，人工智能让业务过程更加自动化。在技术的加持下，未来的保险服务将更加精准、高效。

例如，未来所有的汽车都将联网，在发生事故时，我们就能知道哪个部件必须更换，哪个部件只需要修理。事故发生的那一刻，理赔就已经完成，车子还没到维修店，需要更换的零件就已经送达。

6. 综合的风险管理

保险本质上是一种财务手段，用于转移当风险发生时带来的经济损失，但无法解决风险本身导致的问题。因此，我们需要主动预防和规避，降低风险发生的可能。由于涉及社会责任和经济利益，保险机构有帮助客户降低风险的意愿和动力。

前文提到，随着大数据、人工智能和物联网技术的应用，动态感知风险和主动干预风险成为可能。再加上保险与服务的结合，保险将演变为综合性的风险管理服务。以健康风险为例，通过物联网设备收集数据，应用大数据和人工智能技术进行分析和洞察，可及早发现健康隐患。健康管理可以及时干预，避免小疾变成大病。出险后，保险不仅给予经济补偿，还提供诊疗协助服务。

2.3 保险需要数字化转型

无论是顺应数字化趋势、解决现实问题，还是朝着理想状态发展，保险都需要进行数字化转型。

2.3.1 什么是数字化转型

数字化转型是一个热门的概念，企业都在讨论数字化转型，但什么是数字化转型呢？无论是学术界还是业界，都没有统一的理解，也没有标准的定义。

1. 数字化转型的概念

百度百科的定义是：数字化转型是一种高层次的转型，建立在数字化转换和数字化升级的基础上，进一步触及公司核心业务，以新建一种商业模式为目标。它通过开发数字化技术及支持能力，打造一个富有活力的数字化商业模式。

维基百科的定义是：数字化转型是数字化的总体和整体社会效应。数字化转型促进了数字化进程，为转变和改变现有的商业模式、消费模式、社会经济结构、法律和政策措施、组织模式等提供了更强大的机会。

知乎的定义是：数字化转型是从信息化到数字化要经历的一个发展过程。数字化代表着比信息化更高的生产力形式，也必然要求更高的生产关系形式。数字化转型就是组织主动拥抱数字化，构建与数字化生产力相匹配的生产关系，并实现转型发展的过程。

信通院的定义是：数字化转型是指产业与数字技术全面融合，提升效率的经济转型过程。各产业利用数字技术，将各要素和各环节全部数字化。通过对数字世界的模拟、设计优化等，推动技术、人才、资本等资源的配置优化，以及推动业务流程和生产方式的重组变革，从而提高产业效率。

这些定义没有对错之分，只是关注的角度不同。提炼这4种定义的要点，结合前文介绍的数字化的4层含义，就可以得到一个比较完整的数字化转型概念：

第一，数字化转型的对象通常指组织，特别是企业。

第二，数字化转型的目标是推动组织的战略、管理、运营、生产、营销、人才、文化等方面向适应数字化生产力的方向发展，以适应数字社会、融入数字经济，实现组织的长久生存和转型发展。

第三，数字化转型的基础是数字化技术。通过数字化转换，将业务数据化。再通过数字世界的模拟，推动现实中的业务和组织优化。

2. 两个误区

咨询机构和IT服务商是传播数字化转型理论的主要群体。咨询机构一般侧重于战略规划，IT服务商则侧重于技术实现。因此，企业在理解数字化转型时容易进入两个误区。

误区一：数字化转型是一项战略问题，主要涉及商业模式的变革。在讲述数字化转型理论时，通常会列举商业模式变革的例子，如美团等。然而，商业模式变革只是数字化转型的一种方式，甚至只是衍生品。随着国内互联网产业的迅速发展，互联网公司已经尝试了各种商业模式的变革和创新。如果企业只考虑通过商业模式变革来实现数字化转型目标，则实现难度非常大。

误区二：数字化转型是一个技术问题，重点在于加强对数据的应用。虽然技术在数字化转型过程中起着非常重要的作用，但这并不能说明企业只要技术用好、数据用好，就可以实现数字化转型。技术是生产工具，数据是生产资料，转型的核心还是战略、业务、组织等生产关系的进化。数字化是帮助企业达成转型目标的手段，如果仅关注技术和数据，转型很难有大的成果。

3. 不同行业的转型需求不同

各企业在进行数字化转型时，除了适应数字社会和融入数字经济等抽象需求是一致的以外，由于不同行业的产品服务形态、企业运营模式、发展趋势和面临的问题各不相同，因此其现实需求有很大的差异。

以汽车行业为例。汽车行业正在向电动化、智能化、网联化、共享化4个方向发展。这4个方向都与信息技术相关，需要数字化能力的支持。汽车已基本实现普及，市场增量逐渐放缓。因此，汽车企业要想生存和发展，只能在个性化需求上继续挖掘空间，或者向出行服务商转型，由依托新车销售转为持续运营存量。这些转变也需要数字化能力的支持。因此，汽车企业纷纷推进数字化转型，希望借助数字化实现产品设计制造和运营管理模式的转型。

再来说一说银行。随着现金支付的消费场景越来越少，货币的数字化使得数字化的服务能力对银行越来越重要。互联网企业凭借技术优势在支付、信用贷款等领域对银行造成了很大的冲击，区块链技术甚至可能颠覆传统银行业。为了避免被互联网跨界、被新技术革命，银行只能拥抱数字化，数字化转型是唯一的途径。

2.3.2 保险的数字化转型

为什么保险需要数字化转型呢？首先，数字化技术有助于解决当前的问题；其次，随着国内保险市场逐渐成熟和社会经济环境的变化，保险企业需要更加灵活和精细化的经营来实现持续发展，而数字化是必不可少的支撑；最后，无论从哪个角度看，未来保险的实现都离不开数字化技术。因此，保险数字化转型的现实需求是：发展数字化技术能力，利用技术解决当前存在的问题，提升保险企业的灵活性，催生未来保险的落地，通过数字化抹平技术债。

1. 用技术手段解决当前问题

产品同质化、形象偏负面、经营成本高等问题的根源在于保险企业经营粗放，管理不够精细。要解决这些问题，需要双管齐下。一方面，监管机构可以利用技术手段对保险企业的市场行为进行细粒度监控；另一方面，保险企业通过数字化转型，利用数字化技术提升自身的精细化运营能力。

随着保单登记、服务评价、中介信息化、销售可回溯等举措的推出，以及配套的信息平台和应用系统的上线，监管机构开始有条件地对保险企业的业务运营、销售行为和服务行为进行细粒度监控。这也促使保险企业加强合规经营，对销售过程和服务过程进行精细化管理。随着保险企业的数字化转型，未来能够数字化的行为越来越多，监管机构也将有更多的数据抓手来进行更细粒度的管控。

精细化的产品开发、风险控制和营销管理并不难，难的是如何在精细化的同时保持低成本和高效率。例如，每一位健康险被保险人都进行深度体检，每一次生存金发放都进行生存调查，复盘每一次销售和服务过程，这样的精细化管理可以减少问题，但成本和效率显然不可接受。数字化转型的目的是利用数字化技术，在不影响成本和效率的情况下尽可能提高精细化水平。

2. 提升企业应对变化的能力

随着风险环境、人口结构和客户特点的变化，以及数字化的发展，保险企业面临许多不可预知的变化。因此，提升自身应对变化的能力才是根本。只有拥有灵活应变能力的企业，才能够游刃有余地应对各种转型。

提到数字化，最容易想到的就是"数字化部队"。数字化部队的特点在于采取模块化的战斗编组，可以根据作战任务灵活地组合。数字系统的使用可以实现地空作战力量一体化，并对各种战斗、支援及保障力量进行统一精确的指挥。同样，企业也需要通过数字化转型，成为灵活的数字化企业。保险企业要抓住这个机会，通过数字化转型提高自身的灵活性。

3. 面向未来发展数字化能力

要成为数字化企业，就必须具备支持数字化的技术能力。然而，这种能力的形成不是一蹴而就的，它涉及信息系统建设、技术积累、人才培养和工作模式的转变，是一个长期的过程。

在保险企业中，技术一直处于从属地位，只需要满足业务即可。技术部门主要关注项目管理和需求转化，自主的技术积累和沉淀较少。前文提到，保险企业长期积累了技术债，IT反应慢、投入低效，这样的状况显然不能满足数字化的要求。因此，保险企业需要借助数字化转型，统筹规划布局，面向未来发展自己的数字化技术能力。

4. 数字化催生未来保险落地

保险科技的发展已经证明，将云计算、大数据、人工智能等技术综合运用到企业运营和保险业务中，能够给保险带来巨大的改变。随着社会的数字化和企业数字化能力的提升，相信前文展望的未来保险一定能够实现，而数字化技术就是培育的土壤。

保险企业需要通过数字化转型，利用数字化技术推动未来保险的实现：一方面要加强数字化技术的应用，特别是创新应用；另一方面要转变传统的经营观念，调整战略、组织和业务模式，以适应数字化的发展。

2.4 转型的其他驱动因素

除了前文提到的转型需求，新冠疫情的催化、政策的引导与支持也是推动保险数字化转型的重要因素。

1. 新冠疫情加速数字化进程

由于新冠疫情，公共活动减少了。为了在保持社交距离的情况下尽可能地继续工作、生活和学习，许多以前必须现场参与的活动转移到了线上。一些对网络不敏感的人也开始习惯参与线上活动，通过网络来解决问题。

在疫情防控方面，大数据应用的价值得到了充分的展现。行程码和健康码可以准确反映每个人的风险状况，通过数据分析可以快速跟踪疫情的传播轨迹，帮助制定精准的防控策略。疫情让更多的人直观地感受到了大数据的价值和力量。

新冠疫情加速了保险企业的数字化进程。一方面，疫情客观上要求保险提供线上的销售与服务通道；另一方面，经营压力迫使保险企业加快数字化办公建设。

2. 政策鼓励企业数字化转型

在《中华人民共和国国民经济和社会发展第十四个五年规划和2035年远景

目标纲要》中,"加快数字化发展,建设数字中国"作为独立篇章,将打造数字经济新优势、加快数字社会建设步伐、营造良好数字生态列为"十四五"时期的目标任务之一。

2020年上半年,国家发展和改革委员会官网发布了"数字化转型伙伴行动"倡议。该倡议提出,政府和社会各界应联合起来,共同构建"政府引导、平台赋能、龙头引领、机构支撑、多元服务"的联合推进机制,以带动中小微企业的数字化转型。

2020年下半年,国务院国资委印发《关于加快推进国有企业数字化转型工作的通知》,全面部署推动国有企业数字化转型。该通知明确了国有企业数字化转型的基础、方向、重点和举措,吹响了国有企业数字化转型的号角。

2022年1月26日,中国银保监会发布了《关于银行业保险业数字化转型的指导意见》。该意见强调,银行保险机构要加强顶层设计和统筹规划,科学制定数字化转型战略,统筹推进工作。要大力推进业务经营管理数字化转型,积极发展产业数字金融,推进个人金融服务数字化转型,加强金融市场业务数字化建设,全面深入推进数字化场景运营体系建设,构建安全高效、合作共赢的金融服务生态,强化数字化风控能力建设。

第 3 章
保险如何数字化转型

保险行业由监管机构、行业协会和各类企业构成,其中企业包括保险公司、再保险公司、保险资产管理公司、保险中介机构等。保险公司和保险中介机构位于产业链中心,直面终端市场,数量庞大。要解决历史积弊,实现转型发展,保险公司和保险中介机构的数字化转型至关重要。本章以保险公司为转型主体,解读转型的内容和方向。保险中介机构只具备保险公司营销端的部分职能,数字化转型方面可以参考保险公司。

3.1 业务转型是核心

2019 年,胶片时代的王者"柯达"递交了破产申请。对于柯达的惨败,外界普遍认为是柯达错过了数字技术革命,是数码相机的普及导致了柯达胶片的过时。这种解读有一定道理,但并非完全正确。其实,作为数码相机的先驱,柯达早在 1975 年就生产出了第一部数码相机。

柯达的失败并非源于缺乏技术或没有看清形势,而是在技术迭代、环境变化时未能及时转型自己的业务。企业数字化转型也是如此,虽然源于技术发展,但核心在于业务转型。技术、管理、组织和文化的转型都是为了服务于业务转型。

3.1.1 业务转型的内涵

先来分享一个案例。Netflix（网飞）成立于 1997 年，从事 DVD 租赁业务。当时，DVD 租赁是线下门店按次付费，逾期有很高的罚金。网飞不同于其他租赁商，客户只需每月缴纳固定的会员费，在其网站上预订影片，网飞就会免费将影片邮寄至客户家中，并允许无限期续租。这种模式让网飞迅速崛起，成为全美最大的网上光盘租赁公司。

在 DVD 租赁业务如日中天之际，网飞开始转型做流媒体业务。随着带宽资源增长和点播技术的进步，线上视频受到追捧，网飞摇身一变，成为全美最大的在线视频服务商。流媒体只是内容的搬运工，网飞意识到内容的重要性后，开始向内容生产商转型。2013 年，网飞推出了首部自制剧《纸牌屋》，该剧很快在美国及其他 40 多个国家受到欢迎。

我们不是要学习网飞的转型模式，而是要通过分析案例总结转型的一般规律。这里所说的转型并不是指跨领域的业务转型，比如从做手机转型到做汽车，而是在同一个领域内的业务转型发展。从网飞的案例中可以看出，成功的业务转型通常具备以下 3 个特征。

1. 聚焦于为客户创造价值

客户价值是企业为客户提供的价值，即客户从其角度感知企业提供产品和服务的价值。企业是商业实体，客户价值是企业存在的意义，价值越大的企业越具有竞争力。企业转型的出发点是发展和利润，但其落脚点必须围绕客户价值，真正解决客户痛点并提升客户体验。

网飞的转型始终聚焦于客户价值。早期，它抓住了租赁店滞纳金昂贵和客户违约成本高的痛点，同时邮寄的方式还能节约客户的时间。之后转型流媒体，解决了 DVD 邮寄"高延迟"的问题，还允许客户同期观看更多的影片。如今，网飞掌握了海量的观影数据，能够根据客户的偏好选择主题和演员，创作出更符合客户口味的影片。

2. 重构领域内业务价值链

价值链概念由迈克尔·波特提出。波特认为，企业的每项生产经营活动都是其创造价值的经济活动。所有这些不相同又相互关联的活动构成了创造价值的一个动态过程,即价值链。波特提到的价值链是企业内部价值链。随着价值链研究的深入,价值链的概念逐渐扩展,出现了客户价值链和产业价值链。

客户价值链是从消费者角度对购前、购买、使用、售后等过程的描述。消费者获取价值的过程通过这些活动反映在客户价值链上。在这个过程中,消费者与企业联系的各个环节都对客户价值的最终结果产生不同程度的影响。当价值链理论的分析对象由一个特定的企业转向整个产业时,就形成了产业价值链。产业价值链将产业链内企业的价值活动有机地串联在一起,每个企业都处在一个或多个产业价值链之中。

业务转型的具体表现就是重构业务领域内的价值链。在客户价值链层面,锁定某些价值活动,提升活动中客户的价值获取。在企业价值链层面,面向客户价值兑现,改造企业相关的业务环节。在产业价值链层面,面向价值兑现整合产业力量,影响产业伙伴,加强相互协作,或者直接向上下游延伸业务。

初创时期,网飞就改变了传统的 DVD 租赁业务交易模式,将门店选片和线下交易变为线上交易和邮寄送达。第一次转型进一步简化了交易链条,省去了邮寄影片环节,客户直接通过网络获取内容。第二次转型将企业价值链拉长,从内容分发延伸到上游的内容生产。同时,网飞还运用大数据技术进一步改造了内容生产领域的价值链。

3. 顺应时代,拥抱新技术

技术始终在推动社会发展,改变人们的工作、生活方式,乃至改变人们的消费习惯。企业的产品或服务也要紧跟时代步伐,不停变换自己的面貌。随着宽带资源增长和点播技术进步,在线观看视频的方式得以普及,相比租赁 DVD,绝大部分人会向这种消费模式转变。网飞转型流媒体业务,企业持续快速增长。而它的竞争对手——之前最大的 DVD 公司百仕达因为没有转型,业务急剧下滑,直到 2012 年宣布破产。

成熟的业务已经在客户价值与企业利益、价值链活动衔接以及竞争合作关系方面建立了平衡,要想打破这种平衡相当困难。新技术的出现往往带来新的能力和想象空间,为打破平衡、重构价值链创造契机。网飞就是利用互联网、流媒体技术和大数据技术打破了原有的平衡,实现了业务转型发展。

3.1.2 重塑保险价值链

互联网打破了空间的限制,大数据可以精准评估个体风险,物联网技术可以实时感知和管理风险等。这些技术带来的新能力正在挑战当前的保险制度和传统的保险运营模式。未来,保险业务的整个价值链都有可能被技术重塑。

1. 保险业务价值链

保险行业研究和应用价值链理论已经有很长的历史。第一波研究热潮出现在保费规模接近万亿时,主要是保险公司应用价值链分析法,优化企业战略,评估企业竞争力。近几年,随着保险科技的发展,研究的重点开始转向科技应用对保险价值链的影响。接下来,重点将是如何应用价值链理论指导保险业务转型,研究的范围将不再局限于保险企业内部价值链,而是向客户价值链和产业价值链延伸。

不考虑再保险和投资部分,我们将焦点集中在业务交易和服务链条上,并将企业价值链、客户价值链及产业价值链整合起来,这样就得到了一幅保险业务价值链的全景图,如图3-1所示。

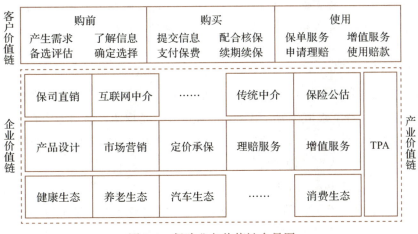

图 3-1　保险业务价值链全景图

保险的客户价值链包括3个主要环节:购前、购买和使用。每个环节都由一系列的活动组成。在购前环节,客户首先需要意识到自己有保险需求,然后去了解相关信息,在大量评估和比较后确定要购买的保险产品。在购买环节,客户需要提交投保信息，根据保险机构的要求配合核保和支付保费，在完成交易后获得保险合同。购买完成后，客户可以享受保全或批改等保单服务和附带的增值服务。如果出险，客户可以申请理赔、获得赔款，最后使用理赔金修车、就医、养老等。

根据波特的价值链思想，企业的经营活动可分为两类：核心活动和支持活动。对于保险公司而言，核心活动包括产品设计、市场营销、定价承保、保单服务、理赔服务、再保险和资产管理等业务活动，而支持活动则包括财务管理、人力资源、内控合规和IT服务等职能活动。随着健康保险、养老保险、车辆保险等与服务结合，增值服务管理逐渐成为保险公司的核心活动。此外，随着企业数字化转型，IT服务也将变为核心活动。

保险产业的价值链以保险公司为核心。虽然不同险种和不同渠道在某些环节上会有差异，但是从主体协作的角度来看，价值链的宏观结构是相似的。保险销售端除了保险公司的直营渠道（如电销和代理人）外，还包括专业代理、兼业代理、保险经纪等中介机构。在保险风控环节，公估机构和体检机构是保险公司之外的主要参与者。在服务环节，保险公司的理赔和增值服务与若干条服务生态链相关，如健康险与健康医疗生态链、车险与汽车后市场生态链等。TPA作为第三方专业服务机构，几乎参与产业价值链的所有环节。

2. 以客户为中心

无论是数字化咨询与服务企业，还是正在实施转型的企业，都在强调"以客户为中心"。普华永道认为，数字化企业的核心是构建以客户为中心的能力体系；德勤认为，要让客户成为数字化转型工作的中心；华为提出，数字化转型要回归业务本质，为客户创造价值。

传统保险企业的经营是以产品为中心的，代表了典型的"我有产品要卖给你"的卖方思维。然而，随着社会的信息化，网络消除了信息不对称，人们更加注重自我需求和自我感知，保险已经成为彻底的买方市场。保险企业的经营也在向以客户为中心转变，因此，业务转型也应以客户为中心。例如：如何自然地唤起客户需求，无违和感地推介；如何用通俗易懂的方式让客户理解并提供最适合他们的产品；如何让客户便捷地购买产品和获得服务，节省时间和精力；保险是一种商业慈善，如何让客户感受到保险的温度等。

3. 运用第一性原理

所谓第一性原理，就是打破一切知识的藩篱，回归到事物本源去思考基础性的问题。它从物质世界的最本源出发，不参照经验或其他情况思考事物系统。我们大多数时候都是类比思考问题，也就是模仿别人做的事情，但当你想要创造一些新的东西时，必须运用第一性原理来思考。由于面向数字化的业务转型对全世界的保险企业来说都是第一次尝试，没有现成的经验可以参考，因此需要运用第一性原理。

（1）回归保险本源

转型需要遵循正确的业务定位和方向，不能逆潮流而行。2020年1月，银保监会发布了《关于推动银行业和保险业高质量发展的指导意见》，明确了各种金融机构的定位。其中，指出保险机构要强化风险保障功能，回归风险保障本源，发挥经济"减震器"和社会"稳定器"作用，更好地为经济社会发展提供风险保障和长期稳定资金。

保险是金融服务行业，其核心价值在于服务，而产品和保单只是服务的载体。服务的本质是形成企业与客户之间良好的交互关系，实现双向价值增值。企业通过服务获取利润，客户通过服务获取收益。

（2）探究需求本质

保险企业应该关注客户的心理期望和真实需要，而不仅仅是表象的需求。例如：客户需要的是养老、医疗和免除风险的恐惧，而保险的经济补偿只是一种需求。对于客户来说，保险可能不仅仅是一份保障，还是对家庭和人生的规划，是尊严、爱和责任。在交易和服务的过程中，省钱、省时、省心、省力和心情愉悦对客户来说也很重要。

（3）打破固有思维

特斯拉的成功离不开第一性原理。当马斯克创业做电动汽车时，很多人认为电动汽车不可能普及，因为电池成本无法降低。马斯克回归物理的本质，发现电池就是由铁、镍、铝等金属构成的，除了这些金属的购买成本无法降低之外，其余成本都是人类合作过程中产生的，都有优化的空间。结果，特斯拉真的将电池成本从600美元/（kW·h）降到了约100美元/（kW·h）。

笔者曾两次参与保险公司的筹建。在筹建过程中，大家将过去的经验集合在一起。然而，在面向数字化的业务转型道路上，这种经验模式已经行不通了。

我们必须抛弃经验包袱，运用第一性原理将业务和技术能力分解成小碎片，分析每个碎片的本质，然后根据保险的本源和需求的本质来重新组合与重构。

4. 重塑业务价值链

业务转型需要重塑业务价值链。以前文描述的保险业务价值链为蓝本，以客户为中心，运用第一性原理，重塑业务价值链的一般逻辑是：首先，梳理客户价值链，分析每一项价值活动，从需求和体验两个层面挖掘客户的实际需要，针对不同的价值活动及客户需求，制定提升客户价值的目标；然后，梳理企业价值链，根据企业自身的客户定位、细分市场、业务特长和资源禀赋，确定要重点突破的环节，从能力、效率等角度制定提升目标；最后，以目标为引领，重构相关的产业价值链。

保险企业只覆盖了保险业务价值链中的部分环节。虽然有个别公司覆盖了多种主体，但还没有一家公司能够只依靠自己完成全部业务闭环。无论是提升客户价值还是企业自身价值，都需要从产业价值链整体去考虑。

按照第一性原理回归物理本源的思路进行分析，产业价值链由许多环节构成，每个环节由一系列活动组成，每个活动又可以进一步分解为流程、行为、动作等，逐级分解，直到最后一级。我们总结出每一项所需的资源和能力，以及项与项之间的关系，这样就能形成一张产业价值网，每个节点都对应着资源和能力。

根据客户价值目标和企业价值目标，明确产业价值网中需要优化的环节和节点，以及资源获取和能力提升的目标。确定哪些任务需要自己完成、哪些需要合作伙伴完成，并明确对合作伙伴的要求。同时，要探讨如何高效协作和相互赋能等问题。

3.2 技术转型做支撑

数字化转型源于技术发展，技术能力是支撑转型的基础，分为硬实力和软实力。目前，除了少数互联网公司，大部分企业并不具备这样的技术能力，尤其是在技术方面相对保守的保险企业。因此，保险企业的数字化转型要以技术为先导，聚焦于能力建设开始技术转型。

3.2.1 发展技术硬实力

考虑到当前信息化建设的积累情况以及数字化对技术的需求，笔者认为保险企业的技术转型至少应在4个方面布局，以打造自己的技术硬实力。

1. 全域数字化构建

前文提到，将现实事物映射成数字信息，实现现实世界向数字世界的迁移，是实现数字化的重要基础。随着信息化建设和互联网保险的发展，保险企业在这方面已经有了一定基础，但距离数字化的目标还有很大差距。

首先，数据转换参差不齐。信息系统在企业价值链的各个活动中的渗透程度不同。业务运营相关的承保、理赔、保单服务以及互联网销售的系统化程度最高，财务和客服的系统化程度次之，而非互联网业务和销售管理的系统化程度在各个渠道之间存在较大差异，产品设计、投资以及其他职能活动的系统化程度相对较低。保险企业记录的主要是保单信息和理赔信息等静态数据，缺乏更细粒度、动态的行为数据，也缺乏客户、产品及交易背后的情景数据。

其次，数据没有有效融合。保险企业的信息系统是分阶段建设的，各系统之间缺乏数据整合。保险业务流程复杂，数据断点严重。同时，数据仍然局限于企业内部，缺少生态级别的数据融合，特别是缺少与外部数据源的交叉验证和相互补充。

技术转型的第一个目标是实现全域数字化。首先，从系统建设入手，将企业的经营活动全部用系统覆盖，尽可能将各类现实行为转化为数字信息。不仅是结果数据和重要的过程数据，而是能捕捉的数据都要尽量记录下来，特别是过去不太关注的场景行为数据。其次，建设企业级数据平台，不分系统和渠道，围绕客户做全局的数据整合和拉通，形成与业务闭环对应的数据闭环。除了保险企业自身可用的数据外，在合法、合规的前提下，通过构建和维护良好的生态合作，实现多方数据最大化相互融合。

2. 广泛的技术链接

如前所述，保险企业在业务转型中应以客户为中心，从产业价值链整体出发考虑。这就需要企业与客户、产业链生态伙伴之间建立广泛的联系。然而，保险企业原有的信息化系统大多是在互联网尚未高度发展的时期建立的，由于缺乏企业与客户之间、各企业之间，以及企业内部各业务之间的联系，直接导致了业务协作效率低、成本高、面向客户的接触点少且构建困难等问题。传统的核心业务系统就是一个典型例子，这个系统在设计之初并没有太多的对接需求，也没有充分考虑系统间大量对接、与企业外部系统连接以及与互联网业务融合的情况。

技术转型的第二个目标是与客户、生态伙伴建立广泛的技术链接，将大家编织到一张虚拟的数字化网络中。首先，要围绕客户构建全方位的技术接触点，只要能够满足客户需求且能够接触到客户，就具有价值。接触点必须是立体的，可以是电话、视频、微信、App或未来的某些物联网设备，以便客户随时随地与企业进行互动。此外，还要建立面向生态伙伴的技术接触点，通过这些接触点与合作伙伴快速连接，协同业务或交互数据。接触点的形式可以是通过开放平台，彼此融合技术和业务；也可以是面向IT能力弱的伙伴，单纯提供SaaS服务；还可以是推动多方共建平台，促进数据要素流通。

3. 新技术创新应用

云计算、大数据、人工智能、物联网等新一代信息技术正日趋成熟，也是推动企业数字化转型的重要因素。企业运用新技术一般分3类：第一类是涉足底层研发，推动技术本身的创新，从而获得先发优势；第二类是将新技术与领域业务结合，在应用上做创新；第三类是直接引入领域技术解决方案，套用到自己的业务上。

以保险企业运用人工智能技术为例。中国平安涉足人工智能底层研究，在机器阅读理解和深度学习平台方面屡屡获奖，成果已应用到金融、医疗等诸多领域；太平洋保险将百度领先的智能技术与太保产险丰富的理赔大数据及行业落地经验结合，开发出车辆智能定损产品，能够模拟人工定损流程，精准输出定损方案及维修金额；还有的保险企业则直接引入领域智能解决方案，嵌入自己的业务环节中。

第一类难度大、成本高，第三类没有任何竞争优势和壁垒。显然，保险企业的技术转型要发展第二类能力，做新技术的创新应用。

云计算让新技术更加普惠，保险企业无须进行底层研究就能享受技术进步的成果。但是，它们仍需要深入学习和掌握应用方法，及时跟踪技术的发展动态，不断积累和总结数据与经验。只有当技术的发展、数据的积累和应用场景相互契合时，才能擦出创新应用的火花。

4. 面向未来架构重塑

无论是全域数字化构建、广泛的技术链接还是新技术创新应用，都需要企业的信息系统架构足够开放、灵活。众所周知，保险企业的信息系统主要采用单体式架构。这种架构的开放性和灵活性较差，系统组合松散，缺乏整体性设计，系统间的业务联动和数据流通都很困难。这样的架构基础显然无法满足数字化转型的需求，保险企业必须面向数字化**重塑**企业的 IT 架构体系。

首先，架构重塑需要具备全局性和整体性。采用企业架构设计方法，即从企业战略到业务架构再到数据架构和应用架构，这样可以保证 IT 架构具备自身的完整性，同时与业务紧密结合。

其次，随着技术的不断发展，架构模式也不断演进，从 CS 到 BS，从单体到 SOA，再到微服务和云原生。在进行架构重塑时，我们可以直接采用最新的技术和设计理念，如分布式、中台模式、云原生等。读者可能会担心，技术和设计理念更新这么快，重构后是否很快就会过时？在回答这个问题之前，我们需要先了解解耦的概念。在传统的单体架构中，各种模块和技术都耦合在一起，很难进行局部升级或重构，只能一直使用，直到新系统完全取代旧系统。新的架构设计理念（如中台和云原生）都在解决解耦的问题。云计算将系统与底层环境解耦，实现平滑扩展；中台模式将技术与业务解耦，并将固定和变化解耦。当系统的某些部分过时或不能满足需求时，可以直接进行重构或引入新的模块替代。

3.2.2 提升技术软实力

讨论完硬实力之后，接下来再谈谈技术软实力。软实力的重要性并不比硬实力低，它直接影响硬实力的有效发挥以及实际效益。笔者认为，保险企业的技术软实力主要体现在 3 个方面：技术规划能力、技术与业务结合的能力以及技术是否敏捷。技术转型需要着力提升这三种软实力。

1. 技术规划能力

技术规划最重要的是长期和短期相结合。短期需要满足业务需求并支持公司运营，长期则需要避免技术债积累、平衡投入和产出、保证技术的整体性和先进性。以往，保险企业对技术层面的规划关注不够。虽然 IT 部门也有规划，但多数是管理层面的规划，如预算、制度、项目计划和横向协调等。在保险企业中，技术部门仍然处于从属地位，业务需要什么就做什么，普遍缺乏一条自己的主线。近年来，保险企业开始重视架构师岗位，但真正能够从技术层面做宏观规划和布局的架构师仍然非常缺乏。

以前，保险企业强调技术支持，但随着技术服务的重要性持续提升，后来开始强调技术赋能。随着保险科技的发展，人们发现技术能够在某些领域带动业务突破，因此开始强调技术引领。数字化转型之后，大部分企业都将成为科技属性企业，技术必然会走向前台，真正引领发展。因此，保险企业需要通过技术转型培养一批有技术规划能力的架构型人才，让他们成为未来的引领者。

2. 技术与业务结合的能力

除了少数专注于纯基础研发的公司外，大部分企业的技术都需要与业务结合。业务的发展依赖于技术支持，而技术的价值则通过业务得以体现。保险公司是一种业务型企业，因此，无论技术多么先进，都必须与业务结合才能体现价值。特别是在保险和信息技术这两个专业性很强的领域中，往往业务人员不太了解技术，而技术人员也不太了解业务。

有的读者可能会有不同的观点。保险企业 IT 部门的需求分析人员非常了解业务，业务部门的人员也对系统非常了解。笔者认为，这里所说的"非常了解"是指长期接触和使用系统后，大家对系统非常了解，并不是对彼此的专业领域非常了解。以前的信息系统主要是模拟业务流程，技术上没有出现大规模的更新，因此这种了解程度足以应付工作。但是，随着企业进行数字化转型，信息系统需要重构，架构体系需要重塑，并且需要在业务的各个环节应用新的技术，之前的了解程度显然无法满足需求。未来，保险企业需要通过技术转型来培养技术和业务交叉型人才，以提升技术和业务的创新性融合能力。

3. 技术是否敏捷

数字化转型可以提升组织应对变化的能力，而技术的敏捷性是实现这一目标的基础。然而，在保险企业中，技术的敏捷性并不高，原因有多个方面：首先，积累的技术债使得开发系统需求的效率和效益都很低；其次，系统开发采用传统的瀑布式管理方法，从需求提出到上线转化周期较长；最后，技术团队和业务团队之间界限分明，开发工作主要由技术服务商完成，因此，一个系统需求需要 3 个团队协作，中间的沟通、确认成本较高，也很难落地敏捷流程和管理方法。

保险企业在技术转型时需要采取一些技术敏捷方面的措施：第一，需要清理技术债并建立避免技术债积累的机制；第二，需要优化业务部门、技术部门和技术供应商之间的协作机制，促进相互融合；第三，需要应用一些能够促进敏捷的方法、技术和工具，如敏捷项目管理、DevOps 模式和低代码技术等。

3.3 数字化转型案例

在 2017 年前后，企业数字化转型的概念还没有流行之前，一些保险企业就已经开始积极融入数字化浪潮，并提出了自己的数字化战略。虽然没有冠以"数字化转型"之名，但实际上已经在进行数字化转型相关的工作。下面将介绍 3 个案例，它们均为传统保险企业向数字化方向转型的案例，主要介绍它们的转型战略和落地思路。

1. 中国平安保险

2017 年，中国平安确立了未来十年深化"金融 + 科技"、探索"金融 + 生态"的战略规划。马明哲概括了实现的 3 个步骤：科技赋能金融、科技赋能生态、生态赋能金融。其中，第一步是利用科技手段，使金融核心业务更具竞争力；第二步是以科技赋能生态圈，通过建立生态圈融入到客户服务中；第三步是在生态圈建立完毕后，通过生态圈赋能金融。

1）打造科技核心能力。中国平安持续深耕新一代信息技术的底层研发。截至 2019 年年底，它已设立了 8 个研究院和 57 个实验室，拥有超过 10 万名科技从业人员，过去 10 年共投入了 500 亿元用于科技研发。此外，在人工智能、区块链和云计算 3 个领域中，中国平安都取得了不俗的成绩。在人工智能方面，中国平安多次在权威国际比赛中表现出色；在区块链方面，中国平安拥有业内最强的零知识验证算法库；在云计算方面，平安云是国内最高级别认证的金融云。

2）科技赋能保险业务。以寿险为例，2019 年 9 月，平安人寿宣布开启全面数据化经营转型，具体措施包括：通过 AI 面试、线上培训、智能辅助等，提高代理人产能；通过构建 AI 智能模型和建立全领域因子库，实现高效的风险预测，主动进行风险管理；通过智能化核保核赔和线上化服务，实现核保与理赔的自动化。

3）构建四大生态圈，即金融服务生态圈、医疗健康生态圈、汽车生态圈和城市生态圈。对于金融服务生态圈，中国平安的构想是提供各类金融服务，实现各类金融消费场景的无缝衔接和闭环交易。对于医疗健康生态圈，中国平安的构想是涵盖客户端、服务商、支付端三类客户；以平安好医生作为重要流量入口，打通客户与平安寿险、平安养老险、平安健康险等公司服务的连接；向监管部门、医疗服务提供方等服务方，以及医保局、商保公司等支付方输出技术。对于汽车生态圈，中国平安的构想是覆盖"看车、买车、用车"的全流程，服务对象涵盖车主、制造商、经销商、修理厂等。对于城市生态圈，中国平安的构想是以科技推动城市发展，面向政府和企业输出技术。

4）保险与生态融合。中国平安一直倡导一个客户、一个账户多个产品、一站式服务。具体来说，就是以金融业务为核心，协同医疗、汽车等多个场景，为客户提供多维度、有温度的生活服务。其中，保险服务与生态服务的结合是重中之重。例如，中国平安推出"平安臻享 RUN"服务体系，这套体系覆盖健康、亚健康、医疗、慢病、大病等场景，为购买重疾产品的客户提供全周期、伴随式的服务。中国平安还推出了高端康养产品"颐年城"，通过金融、医疗、康养结合的方式，将平安的医疗生态服务与客户的金融产品紧密结合，用高频的康养管理服务连接低频的保险服务。同时，平安财险的平安好车主 App 将保险与汽车生态结合，提供汽车保养、汽车服务、汽车生活、停车缴费、车辆保险、违章查询处理等用车全周期服务。

2. 中国太平洋保险

2017 年，中国太平洋保险提出了"数字太保"战略，旨在以"创新数字体验、优化数字供给、共享数字生态"为目标，用数字化重新定义企业操作系统。2018 年，中国太平洋保险全面启动了"转型 2.0"战略，新一轮转型升级围绕"人才、数字、协同、管控、布局"5 个关键词展开，数字化仍然是其中的重要发展思路。

1）构建数字化算力基础。作为转型 2.0 战略的重要组成部分，"太保云"是计算能力建设的核心和关键。太保云的构想是按照私有云的方式建设，但在建设模式上保留公有云对接能力,形成以私有云为主、公有云为补充的混合云结构。太保云不仅能以灵活、高效的云架构承载自身业务需求,还计划将公司 20 多年沉淀的经验打造成若干 SaaS 应用,帮助更多的中小型金融企业上云。

2)丰富数字化应用矩阵。"阿尔法保险"是中国太平洋保险原创的智能保险顾问,是业内在该领域的首次尝试。"太慧赔"智能医疗调解平台打通了与医院、第三方平台的联系,实现客户就诊数据从医院到理赔端的实时传输。此外,还有灵犀、听风者、保险箱、贝塔机器人、太好管、太好赔、神行太保等一系列数字化应用。

3)建设客户端统一门户。2018 年 11 月,中国太平洋保险推出了一站式保险服务应用平台"太平洋保险 App",旨在统一客户交互门户。该 App 整合了中国太平洋保险集团所有子公司的线上服务,将原来的太保寿险、太保产险、太保安联、长江养老等移动端进行深度整合。用户只需要下载一个 App 便可办理买保险、查保单、赔款等全流程业务,此外,医疗健康、养老、理财等增值服务也涵盖在内。

4)打造科技生态合作圈。与中国平安自建完整的科技体系不同,中国太平洋保险选择与华为、阿里、腾讯、浪潮、商汤等头部科技企业建立合作伙伴关系,打造科技生态合作圈。例如:2017 年 9 月与华为签署战略合作备忘录,深化在企业云建设、大数据、人工智能与数字化安全等领域的创新合作;2020 年 12 月与阿里签署战略合作协议,依托阿里云的技术平台,进一步探索云应用、新一代数据中心建设和核心业务构建;2021 年 4 月与腾讯合作,共同推动技术与业务的数字化转型。

5)布局健康、养老生态。中国太平洋保险积极布局大健康生态,推进互联网医疗、线下实体医疗、专业健康险公司和健康产业基金 4 个平台项目,构建健康管理、保险产品、医疗服务三位一体的医疗健康生态圈。例如:2019 年参与投资健康科技公司"妙健康",提前布局健康管理领域;2020 年年初,"太平洋保险—加拿大健康中心"门店在杭州、郑州两地投入运营,为客户提供覆盖生命健康各阶段的服务;2020 年 9 月与瑞金医院签署协议,携手建设广慈太保互联网医院,打造与保险业务相结合的全周期健康管理模式。此外,中国太平洋保险还积极打造大养老生态,在全国各地建设太保家园养老社区,建立颐养、康养、乐养三位一体和全龄覆盖的产品体系。

3. 中国大地保险

2017年，中国大地保险为响应集团"一三五"战略，提出了"三新三聚焦"战略，即新模式聚焦客户、新业态聚焦布局、新系统聚焦科技。该战略旨在适应数字时代的客户及行业变化，结合公司自身的科技转型目标，打造科技驱动的客户综合经营体系。2019年，中国大地保险启动了线上化、数字化、智能化"三化"建设工程。该工程旨在从客户、科技、生态3个重点领域实现突破，达成公司在平台、数据、科技、生态4个领域领先的目标。

1）信息系统架构重塑。中国大地保险建立了技术中台和数据中台，将公司的技术基础服务和数据应用服务打包封装，使应用系统能够共享。同时，建立面向客户的应用平台，将App、公众号、小程序等整合，打造成为综合的应用平台，作为公司客户线上化的统一入口。2019年7月，新一代核心系统"筋斗云"上线，该系统运行在私有云平台上，采用微服务架构并开放了API，可以快速扩展，与合作伙伴灵活对接。其打造的"产品工厂"将产品生产组件化、参数化，能够支持新产品的灵活组装和快速上线。

2）数据驱动客户运营。中国大地保险与百度、阿里、腾讯等互联网公司合作，通过联合实验室等方式对客户进行画像，全面了解客户，以数据为基础为客户提供精准服务。例如，中国大地保险拥有大量的车险客户，过去不知道这些客户还需要什么样的保险保障，只能通过盲目推荐的方式进行，成功率比较低，客户满意度也不高。通过大数据建模，根据客户对某些活动的关注，可以对客户进行行为推测，精准地推荐产品。通过这种方式，健康险的交叉销售成功率大幅提高。

3）用新技术赋能业务。将人工智能、大数据、物联网、虚拟现实等技术应用到业务中，从而提高效率、降低成本。具体应用包括：在财务、人力和再保险等领域应用RPA机器人，大幅提高流程自动化水平；在新单回访、客户咨询等场景应用智能技术，节省大量的坐席；在录单时应用OCR识别，在宠物保险等领域应用生物识别技术，提高效率和精准度；建立神经网络反欺诈系统，实现欺诈案件实时预警；建立社会网络反欺诈模型，通过社交网络识别团伙欺诈风险；使用外置车联网设备为商用车提供安全驾驶服务，纠正危险驾驶行为；将虚拟现实技术用于员工培训等。

4）从消费互联网到生态。在生态建设方面，中国大地保险的构想是：在消费互联网生态打造上,紧密结合客户的高频需求,将服务植入民众生活的各个场景中,与合作伙伴共建"居住、出行、健康、养老、游玩"等方面的"生活保险大平台",从而提供综合性的保险体验。

3.4 转型的 6 个目标

要解决问题,必须先找到主线,才能使复杂的事情变得简单。数字化转型是一个系统工程,落地也需要先找到主线。结合前文对数字化保险的展望以及先行保险企业转型案例的总结,笔者认为从宏观的战略视角来看,保险企业的数字化转型可以归纳为 6 个主题,或者说是 6 个目标。对于不同的主题,业务转型和技术转型的重点都不同。

1. 优质的客户体验

随着互联网的迅猛发展,互联网企业之间的竞争推动了一场以需求和感知为核心的"客户体验革命",培育了以自我需求为导向、注重自我感知的大众消费群体。尤其是"Z 世代"受到互联网、即时通信、智能手机、平板电脑的很大影响,更加关注自我体验,而这一代将是未来几十年的主力消费人群。在这样的市场环境下,无论哪个行业,不重视客户体验的企业都将失去市场竞争力。因此,保险企业数字化转型的第一个主题或目标是为客户提供优质的客户体验。

什么是保险的客户体验?首先,低廉的价格带来最直接的体验。另外,保险是一种虚拟的、低频的商品,只有在购买和服务的过程中才会有体验。如何提升这种过程的体验呢?笔者认为可以从 4 个方面入手:让客户自然地产生需求,提供适宜而清晰的产品,提供简易而便捷的购买过程,提供可方便获得的优质服务。显然,数字化技术有助于提高保险客户体验。但是,无论是降低保险成本还是提升过程体验,都需要保险企业在业务和技术方面同时做出改变,共同推进转型。

2. 个性化的产品和服务

保险业有两个重要的命题,一个是解决产品同质化的问题,另一个是将企业运营从以产品为中心转向以客户为中心。实际上,这两个命题可以归结为一个问题,即如何为消费者提供个性化的产品和服务。以客户为中心就意味着要聚焦客户的需求，而不同的客户保险保障需求各不相同。首先需要准确识别客户需求，然后才能够生产出个性化的产品和提供个性化的服务。此外，如果成功解决了个性化产品的生产问题，产品同质化问题也就迎刃而解了。因此，保险企业数字化转型的第二个主题或目标是准确识别客户需求，为客户提供个性化的产品和服务。

过去，保险企业普遍采取"设计产品卖出去"的经营思路。它们的组织架构、业务流程和信息系统都是面向运营设计的，并且已经沉淀、固化。如果要转变为以客户为中心，企业的业务、技术和组织都需要进行转型。特别是技术转型，因为客户需求识别、产品差异化设计和定价等方面都需要大数据技术的支持。然而，目前大部分企业显然并不具备这样的技术能力。

3. 数字化获客营销

保险企业一直非常注重营销能力的建设，销售费用一直占据着经营成本的较大比重。在新冠疫情的影响下，传统面对面的线下销售方式加速向非接触、线上化转变。随着社会数字化的发展，网络原住民逐渐成为消费的主力，未来所有的营销活动都将与网络有关。互联网企业凭借先天的优势正在跨界，保险企业也应该积极布局，抢占营销数字化的制高点。因此，保险企业数字化转型的第三个主题或目标是加强数字技术在营销环节的应用，发展数字化获客营销的能力。

随着技术的发展，新的营销模式不断涌现，触达客户的媒介也越来越丰富。从自建网站到第三方网络平台，从内容营销到直播带货，从公域流量推广到私域流量运营，从网站到App、公众号和小程序，再到物联网设备和车机等，新的事物层出不穷。保险企业必须通过数字化来使组织、业务和技术更加敏捷，才能跟上这些不断涌现的新事物。同时，保险企业也需要用数字技术武装传统渠道，将传统渠道数字化，提高战斗力和效率。

4. 高效益运营管理

如果应用第一性原理分析，则可以发现目前保险企业经营的各个环节都有提升的空间。随着数字化技术的广泛应用，可以基于大数据进行分析和决策，在价值链的各个环节引入人工智能技术，将机械的重复性工作和决策过程自动化，从而提高运营能力和效率，降低运营成本。因此，保险企业数字化转型的第四个主题或目标是将数字化技术应用到企业价值链的各个环节，提高效率、降低成本，实现高效益运营。

在这里，我们强调高效益而非高效率，是因为不惜成本的效率是没有意义的。企业需要在成本和效率之间寻找平衡，以实现综合效益最大化。例如，增加人员可以提升业务处理效率，但也会增加成本；引入新技术可以提升某项工作的效率，但也需要进行技术成本投入。因此，保险企业的数字化转型需要从业务、技术和组织3个层面寻找平衡，同时考虑技术投资效益的长期性，以实现效益的最大化。

5. 产业链生态整合

从前文归纳的先行保险企业的数字化案例中可以发现，虽然不同企业的转型思路各有不同，但在业务上都不约而同地向产业链下游延伸，围绕某些险类构建了生态圈。中国平安集团董事长马明哲曾经说过："企业小胜靠机遇，中胜靠人才，大胜靠平台，常胜靠生态。"未来随着产业互联网的不断发展，数字世界逐渐成形，每个企业都将处于若干个产业链数字生态圈中。市场竞争将是生态圈与生态圈的竞争，那些没有融入生态圈的企业将会面临降维打击。对于企业而言，要么去构建、整合生态，要么融入别人的生态。保险企业有资金方面的优势，又是多个下游产业的重要支付方，构建生态圈有着得天独厚的条件。因此，保险企业数字化转型的第五个主题或目标是向上下游产业链延伸，构建和整合领域生态圈。

保险企业要以主导者的身份构建生态圈，自身必须具备极强的技术能力，能够搭建平台、连接各方、为弱势者提供支持，并不断利用技术提高生态运转效率。同时，还需要具备业务上的跨界能力，从全局角度考虑打通业务流程，跨领域衔接和整合资源。此外，还需要具备较强的组织能力，跨组织整合资源、管理项目，能够让各方信服等。

6. 主动的风险管理

一般而言，保险只是从财务角度来分散风险，收取保费，并在出险时支付理赔金。但实际上，防灾减损和风险管理也是保险的重要职能。保险企业很不希望客户发生风险，但事前防控风险的实施难度比较大，成本也比较高，因此很少有保险企业采取这种方法。现在，随着技术的发展，以较低的成本实时地识别和干预风险成为可能。除了事后的财务补偿外，保险企业还可以通过技术手段进行事前的风险管控，主动帮助客户化解风险，实现真正的"保险"。因此，保险企业数字化转型的第六个主题或目标是从被动的风险承保者向主动的风险管理者转变，成为一个全面的风险管理者。

数字化技术可以帮助保险企业更好地管理风险，但实现主动风险管理仍有许多挑战：在技术层面，需要提高设备的覆盖范围，建立精准的风险模型，提供强大的算力支持，并具备汇聚和处理海量数据的能力；在业务层面，需要深入了解每一类风险的本质，制定个性化的防控措施，整合各方面资源以建立立体的风险处置机制。同时，还需要与政府部门、科研机构、设备企业、客户等高效协作，并在产品、服务、营销、运营等方面进行创新。

第二部分　业务转型的路径与策略

前文已经介绍了数字化转型的概念、业务转型的内涵以及保险业务转型的一般逻辑，内容理论性较强，缺乏如何将理论落地的指导性。接下来，我们将继续探讨业务转型的话题，着重围绕保险企业业务转型，结合前文介绍的 6 个转型目标，阐述业务转型落地的路径和策略。

第 4 章
全旅程客户体验优化

提供优质的客户体验是保险企业数字化转型的重要目标。然而，客户体验是一种主观感受，抽象且难以量化。保险是一种虚拟商品，看不见摸不着，且与人们厌恶的风险相关。对于如何管理客户体验，没有一种清晰的方法。因此，尽管保险企业都知道客户体验很重要，并有优化客户体验的需求，但实际上真正落实这项工作的企业却很少。

本章旨在总结一套实用的方法，指导保险企业系统地优化和管理客户体验。首先，通过客户旅程来解释什么是客户体验。接着，总结保险企业优化客户体验的方法，包括使用哪些手段和如何分步骤实施。之后，强调客户体验运营的重要性，提出要持续地优化客户体验，而不是将其作为一个阶段性的工作。最后，介绍如何以客户体验为抓手，推动企业进行整体的业务转型。

4.1 客户旅程分析方法

了解什么是客户体验，并总结一套企业管理客户体验的方法，这样保险企业就可以依据总结的方法推动自己的客户体验优化和管理工作。

1. 客户体验与客户旅程

客户体验是客户在与企业交互过程中形成的总体感受。这里有 3 个关键词：客户、交互和感受。客户是指企业产品和服务针对的对象，也是产品的直接购买者和使用者。交互不仅仅是交易，客户与企业之间的任何交流、互动都是一种交互，所有企业与客户之间的接触点都有可能发生交互。感受包括意识上和情绪上的，是一种纯主观的认知、情感和精神反应。

客户体验有点虚无缥缈，难以把握。要清楚地认识客户体验，必须能够描述和分析它。这需要借助专门的理论工具，比如常用的"客户旅程分析"。

客户旅程是指客户与企业互动的全过程，从客户首次接触到下单并享受产品或服务。它涵盖了客户与企业之间所有的交互。客户旅程地图是一种将客户旅程具象化的方法，通过时间轴等方式直观展现客户与企业的互动过程。客户旅程分析包括梳理客户旅程、绘制客户旅程地图以及在每个接触点分析客户的反应，以关注客户的感受。

所谓优化客户体验，就是在交互过程中让客户有更好的感受。企业在优化客户体验时，通常可以找到改善点。通过优化这些改善点，确实可以在一定程度上提升客户体验。但是，这种方法也存在一些问题，因为优化通常只针对一些零散的点，难以衡量是否有效。应用客户旅程分析可以避免这些问题，至少能让优化的体验更具整体性，优化的措施更具针对性。

2. 旅程分析的 4 个步骤

客户旅程分析通常分为 4 个步骤。首先，明确要分析的客户是谁；接着，针对不同类型的客户，梳理与企业的接触点；然后，分析在这些接触点上客户的体验和期望；最后，根据分析结果制定体验优化的策略。

1）确定客户画像。收集并分析与目标客户相关的所有可用数据，对客户进行分类和描述。分类标准可以是年龄、行为等。例如，年轻客户和年老客户之间存在差异，需要长时间市场调研的客户和能够快速下单的客户之间也存在不同之处。基于这些数据，为每类客户建立画像，并尽可能多地找出与企业产品和服务相关的属性或要素。

2）梳理客户接触点。首先，根据行业特点将客户旅程划分为不同的阶段，然后梳理企业在每个阶段与客户的接触点。这些接触点应尽可能多地被识别，甚至一些看似不相关的点也要列出来。具体的展现方式可以按照时间、类型或周期来进行，如按照传播触点、渠道触点、人员触点和品牌触点4种类型，或者按照寻找过程、理解过程、购买过程和服务过程4个周期。

3）收集接触点体验。需要收集客户在上一步骤中梳理的接触点体验，包括正面的和负面的。虽然有很多学者研究了客户体验度量指标，但很遗憾目前尚未找到一个适用于所有行业的指标体系。因此，不同行业需要根据自身的特点进行设定。例如，可以从客户调查（如客户满意度问卷、NPS等）中获取接触点体验的指标分析信息，也可以从与客户有直接交互的系统的数据埋点中获取。

4）制定优化策略。经过长期的信息搜集和验证分析，通常可以反映出客观的体验情况。根据这些素材可以评估每个客户的接触点，分析这些接触点的体验对客户全旅程的影响。再根据影响程度，从全局的角度做出优先级排序，形成整体优化策略。

3. 体验优化的7种方法

关于如何通过接触点分析进行体验优化的具体方法，人们总结了以下7种。

方法1：优化未及预期的部分。在每个接触点上，客户与企业的互动都伴随着期望。有时，客户期望与实际情况相差较大，我们需要识别这些痛点，找到导致问题的原因，解决预期与现实之间的差距。

方法2：删除无效接触和交互。简化一些不必要的接触点或交互，以优化流程并删除不必要的步骤，从而降低总体交互成本。

方法3：找出旅程的低谷部分。当回顾整个旅程时，应该能够清楚地看到客户在哪些方面经历了最多的痛苦或遇到了最大的阻碍，将其识别出来并放入优化列表中。

方法4：定位渠道转换的痛点。许多交互过程通常涉及不同的设备或渠道，当客户更换渠道时，旅程的体验常常会中断。应该发现并解决这些转换痛点，帮助客户轻松实现目标，而不是强迫客户做无用功或花费更多精力。

方法5：找到费时费力的地方。评估客户完成每个步骤所需的时间，思考这些时间花费得是否合理。找出整个过程中时间花费和精力消耗过高或不合理的地方，并想办法提高效率或让客户更轻松地完成任务。

方法6：寻找旅程中的关键时刻。在旅程中，有时会遇到一些关键时刻。这些时刻可能涉及不同情绪的交织，或不同客户选择的路径之间产生强烈分歧的地方。如果这些关键时刻能够顺利进行，则可以提升整个旅程的体验。

方法 7：找出超过预期的地方。尝试寻找客户满意的环节或交互，即客户表现出积极情绪的地方，并在体验旅程中强调它们，或将它们复制到其他类似的位置。

4. 体验优化的 3 个阶段

优化客户体验不是一蹴而就的事情，可以分 3 个阶段实施。

第 1 阶段：全流程关键接触点优化。通常情况下，提升客户体验需要从关键接触点着手。通过分析运营数据和客户调研结果，找出客户在体验过程中遇到的"痛点"，并按照优先级来改善这些问题。同时，还需要在客户旅程中创造一个或多个"尖叫点"，以提高客户的满意度。例如，理赔是保险客户旅程中至关重要的环节之一。客户在此时会有多种情绪，包括出险之后的低落、购买保险的庆幸、对赔付的期待和对理赔过程的担忧等，因此，好的体验和坏的体验都会被放大。保险企业可以针对这类环节重点进行改善，解决客户的痛点并制造尖叫点。

第 2 阶段：跨渠道业务无缝融合。随着智能手机的普及和移动终端的快速发展，企业与客户的接触点不断增加，并呈现碎片化趋势。客户期望在任何时间、任何地点都能实现线上和线下无缝融合的产品和服务体验。无论是从线上到线下还是从线下到线上，客户的旅程都可以从任何数字渠道或传统渠道中的任意环节开始，并获得相关的产品和服务。企业需要打破现有不同营销渠道和服务团队之间的障碍，并根据客户的需求来考虑每个接触点上不同渠道或团队的合作，而不是仅从企业的运营和管理角度出发。

第 3 阶段：价值驱动的生态体验。在这个阶段，企业不能仅仅从提供领域内产品和服务的角度思考问题。相反，企业要关注客户的实际需要，延伸客户的价值。例如，对于保险企业而言，客户的表象需求是在出险后获得理赔，但客户实际需要的是不发生风险或者得到更好的医疗服务。因此，保险企业需要扩展旅程布局，创新地为客户提供生态级服务。

4.2 优化保险客户体验

前文介绍了基于客户旅程优化客户体验的一般方法。接下来，我们具体探讨如何应用这些方法来优化保险企业的客户体验。

1. 保险企业客户旅程地图

客户旅程以旅程地图的形式呈现。具体来说，梳理客户旅程就是绘制旅程地图的过程。在进行客户体验分析和优化时，要围绕客户旅程地图进行。同样，保险企业优化客户体验也需要先梳理客户旅程并绘制旅程地图。旅程地图没有固定的画法，一般是分层次、分阶段、分客户、分渠道绘制。下面从宏观和微观两个视角，以保险企业客户旅程全景、个人营销渠道投保客户旅程地图为例介绍如何绘制客户旅程地图。

（1）保险企业客户旅程全景

随着保险科技的发展和数字化转型，保险企业的运营流程和交互方式正在发生变化。这里我们按照传统模式绘制，如图4-1所示。

绘制企业级客户旅程全景图至少要包含以下几方面信息：一是将旅程划分为几个阶段，基本上是按照售前、售中、售后来划分的，如果有特别的环节可以独立出来。以保险为例，可以将其分成售前了解咨询、售中产品购买、售后保单管理等阶段，理赔可以独立成一个阶段。二是总结不同阶段的主要行为，一定要站在客户的角度总结客户的行为，而不是企业的行为。三是梳理行为交互的载体，也就是接触点。这里的交互可以是导致行为产生的交互，也可以是行为本身的交互。四是梳理触达客户的媒介。客户旅程地图中通常没有这一部分，但随着数字技术的发展，客户与企业交互的媒介越来越多，客户对媒介的偏好、媒介的体验差异也越来越大，因此在研究客户体验时，应该将媒介作为一项关联因素加以考量。

（2）个人营销渠道投保客户旅程地图

进入微观视角，我们按照业务环节和营销渠道的方式来展开客户旅程全景图。通过了解咨询和产品购买环节，以及个人营销渠道来绘制客户旅程地图，如图4-2所示。

图4-2只是一个样例，实际绘制需要调研和数据分析，不同企业绘制出来的结果有所不同。我们的重点是了解客户旅程地图分解、细化的思路、地图框架和绘制方法，以帮助我们更好地了解客户的需求和行为。从图4-2中可以看出，客户旅程地图包含以下几方面信息：一是客户的行为，按照发生的顺序梳理出尽可能多的行为；二是客户与企业的接触点，总结与客户行为相对应的触点和

阶段	了解咨询	产品购买	保单管理	出险理赔
行为	唤起需求 了解产品 提供信息 产品对比 购买决策 ……	业务运营流程		
		提供信息 配合核保 支付保费 签收保单 进度进程 回执回访 ……	申请批改 申请保全 续期缴费 管理保单 查询进程 ……	报案 提供材料 配合调查 查询进程 使用赔款 ……
触点	广告 第三方平台 业务员推销 网络查询 客服咨询 ……	投保单 电商平台 电销平台 第三方网站 客服平台 ……	网络平台 客服平台 业务员 ……	网络平台 客服平台 调查人员 ……
媒介	业务员 手机	电脑 网页	微信 App	电话 ……

图 4-1 保险企业客户旅程全景图

	①	②	③	④	⑤	⑥	⑦	⑧
客户行为	接到客户经理的邀约	与客户经理第一次面谈	与客户经理第二次面谈	确定投保、提交信息	健康问卷、配合核保	邀缴或支付首期保费	确认并签收保单	接到保险公司电话回访
客户触点	电话 线上 客户经理							
客户期望	客户经理可别忽悠我 自己能掌握整个过程		买到最适合自己的产品 办理的过程不要太频繁		买到性价比最高的产品 提供的信息不要太复杂		保证个人信息安全 最常用的方式支付	
客户情感	😊 正面情绪 — 自己/家人多了一份保障，正会赠送服务和小礼物	客户经理的服务很贴心，回访亲切，声音好听		个人信息会不会泄露 条款里的词都看不懂	😞 负面情绪 — 推荐的方案其适合我吗 想横向对比找不着途径			
亮点/痛点	☀ 亮点 — 过程录音录像，放心多了 投保过程线上就能查进度		客户经理会全周期服务 可以自己选择回访时间		反复刷我要信息，麻烦 我给过资料客服还问询		痛点 — 咨询很长时间都不回复 录入信息多，录入频频	
改进机会	①打通内部数据，避免反复复让客户提供同一类材料、同样的信息		②简化投保流程和录入项，运用智能技术，辅助录入、辅助核保，提高效率		③条款通俗化，观地介绍，保证多种交互渠道的一致性		④针对每个客户的特点，提供个性化的服务，让客户感到被重视	

图 4-2 个人营销渠道投保客户旅程地图

媒介；三是客户在整个旅程中的心理期望，不必拘泥于与行为对应；四是客户实际的内心感受，包括正面和负面的情绪，一定与旅程有关；五是旅程体验的亮点和痛点，可以整体性总结，但需要落实到某些行为和触点上；六是基于前面的信息，特别是针对痛点和负面情绪，总结还有哪些改进的空间。

2. 如何收集客户体验信息

客户旅程分析需要用数据说话。实施者应该避免把自己的体验当成客户的体验，体验分析一定要来自客观的、多样本的数据。保险企业需要建立多元渠道，整体布局信息收集工作。

1）充分利用业务数据。当客户投保时，会提供性别、年龄、地域、职业、健康状况等个人信息，这些信息应充分利用。通过这些信息可对客户进行基本分类，以便梳理各类人群的业务分布和基本特性。此外，这些信息可指导样本的选择和分析目标的设定，从而让数据收集和分析工作更具有针对性。

2）接触点也是信息来源。每个与客户接触的点都是重要的信息源，应尽可能地在这些点上捕捉信息，以丰富客户画像并完善体验评价。例如，在信息系统的交互页面中可以埋点，记录停留时间、操作过程和跳转行为等；在销售和服务的过程中，不仅收集录入到系统中的业务数据，还要尽可能收集背景信息和客户的行为信息。

3）市场调研与服务评价。前面都是被动地收集信息，有一定局限性，而且属于客观数据，缺少客户的主观想法。保险企业通常会进行市场调研、服务评价等活动，如客服评价、客户经理评价、产品调研、净值推荐、客户满意度指数等，通过这种方式，企业可以收集客户的主观信息，同时弥补业务和接触点信息方面的不足。

4）借助外部数据和经验。如果产业链上下游企业都在进行客户体验管理，那么旅程分析可以相互融合，彼此借鉴数据和经验。此外，市场上有一些专门从事客户体验运营的公司，也可以考虑引入它们的数据和经验。随着客户体验越来越受到重视，咨询机构和行业组织经常会披露相关的数据和研究报告，保险企业可以关注并借鉴。

3. 体验优化的原则和方向

不同行业和产品对于"体验"的定义不同。例如，对于汽车来说，其体验取决于动力响应、操控性能和空间等因素。同时，对于同一级别和价位的汽车进行评价才能进行公正的比较。保险产品相对抽象，难以理解和区分，也不容易进行横向比较。此外，由于保险使用频率较低，一旦使用就意味着风险已经发生，因此保险的体验更加难以管理。为了优化客户体验，保险企业首先需要明确原则和方向。在客户旅程中的每个环节、每个接触点和每次交互中，都应该根据原则评估体验状况，设计优化策略，并将这些策略贯彻落实，以便整个工作顺利进行。

1）让客户简单、方便。有人说科技发展是由懒人所驱动的，这个观点可能有点偏颇，但随着科技的发展，确实一切都变得越来越简单。例如，汽车从手动挡到自动挡再到自动驾驶，电脑操作从鼠标键盘到触摸屏幕再到语音手势。因此，保险客户体验优化的第一个方向就是让客户简单、方便。例如，保险产品和条款的展示要尽量简单，投保和理赔的资料要尽量简单，业务办理的过程要尽量简单，甚至客服语音导航也要尽量简单；客户购买产品要尽可能方便，获取服务要尽可能方便，甚至投诉和建议也要尽可能方便。所谓让客户简单、方便，就是从内容、材料、步骤、操作和沟通等方面不断简化客户旅程的每一步。

2）让客户放心、暖心。保险建立在信任的基础之上。在现实中，客户的负面感受通常与不信任有关，例如：营销人员是否在欺骗；我的信息是否会被泄露；如果发生事故，我是否真的可以获得理赔等。保险的本质是互助，每个客户都是帮助别人或者被别人帮助的一方，保险企业有责任让客户感受到保险的温暖。因此，优化保险客户体验的第二个方向是让客户放心、暖心。这意味着保险企业工作人员需要专业、传达的信息清晰且各触点一致，提供周到的服务，提高信息的准确性和系统的稳定性。

3）为客户制造惊喜。在客户体验中，通常会出现"一笑遮百丑"的心理现象。即使在其他方面只能满足客户的基本需求，但如果能提供一个惊喜的体验，客户也可能会给出高度评价。在保险客户旅程中，需要适当地为客户制造"惊喜"。例如，利用新技术带来的互动性、新鲜感和趣味性，提供出险后的安慰、关怀和探访，为客户提供保险责任以外的帮助，还可以赠送小礼物或送上生日祝福等。

4.3 持续运营客户体验

运营是企业围绕某个事物建立起一套持续运转的体系的过程。过去保险企业主要关注保单运营，但近年来开始重视客户运营。实际上，客户体验也需要运营，否则很可能只是一时的效果，无法持续或者无法成为体系化的工作，导致最终落地的效果大打折扣。

1. 建立体验管理体系

客户体验具有实时性、波动性和全生命周期等特征。因此，在客户体验运营中，需要基于客户的整个生命周期进行客户体验监测、洞察和管理，从体验数据的收集、分析和管理到推动改进和修复，逐步建立一个完整的运营体系。

1）引入专业管理工具。通过使用 CEM 系统，企业能够高效地开展和落实客户体验管理工作，特别是那些没有客户体验管理经验的企业。一般来说，CEM 系统具有客户旅程、问卷调查、数据收集、数据分析、舆情管理等功能，可以帮助企业以数字化的方式管理客户体验。

2）建立客户体验团队。客户体验涉及线上和线下的各个业务环节，以及企业的多个不同部门。因此，需要有专业团队来跨越渠道和部门的界限，进行整体规划和管理。此外，越来越多的企业开始任命高级管理人员来领导跨渠道、跨职能的客户体验行动，并聘请外部专家从客户角度审视客户体验情况，不断提供反馈意见和建议。

3）构建客户体验画像。提到画像，最常见的就是客户画像了。通过客户画像全方位地描绘客户，企业能够更好地运营客户，根据每个客户的特点进行营销和服务。同样，如果有客户体验画像，企业也可以事半功倍地运营客户体验。虽然以前并没有客户体验画像的概念，但笔者认为可以借鉴客户画像的思路，把体验地图中的各个触点和行为作为研究主体，把各种影响因素和体验反馈看作标签，创造出立体的体验画像。然后基于画像运营客户体验，并在运营中不断完善画像。

4）持续优化客户体验。客户体验是一种主观感受，达不到满分，永远有优化的空间。随着人们生活习惯和消费习惯的变化，对体验的期望也在不断变化。科技的发展让提升客户体验的手段不断丰富，实现的效果也更好。在网络经济时代，客户体验是企业的核心竞争力。所有企业都在不断提升客户体验，那些停滞不前的企业将在竞争中落后。因此，客户体验优化是一项长期的、持续性的工作，需要融入企业的日常运营中，避免成为一个噱头或一股运动之风。

2. 打造客户服务文化

如果要选出卓越的客户服务和体验的典范，很多人都会选择海底捞。许多企业都以海底捞为榜样，将"成为某个领域的海底捞"作为自己的经营目标。餐饮业和保险业虽然存在业态差异，但它们都属于服务业，服务的核心价值是相同的。餐饮可以更好地满足不同口味的需求，而保险则完全是服务，服务体验几乎就是客户体验。企业要持续提供优质的客户服务，除了管理制度和薪酬考核等方面的设计，更重要的是以人为本的文化建设。海底捞文化的核心就是以人为本，每个员工都应该从内心深处尊重客户、为客户着想，并以服务客户为荣。

1）客户第一的服务理念。真正做到以"客户第一"为服务理念，就是要以客户的视角和感受关注服务质量，并真心为客户解决问题。首先，企业要明确服务定位，如阿里的价值观中明确了客户第一、员工第二、股东第三的服务定位。其次，客户服务应该无差别对待，不应因财富、权力、关系等因素而有所区别。在保险行业中客户分级已经成为惯例，不同级别的客户享受差异化的服务。作为商业营利机构，这种做法无可厚非，但在宣传上要尽量淡化，同时不能让低级别客户感觉到自己被差异化对待。最后，真心为客户服务至关重要，尤其在保险理赔环节，客户的心情低落，非常需要你的真心帮助。

2）员工的体验也很重要。如何保障客户第一的服务理念，以及如何保持良好的服务心态和习惯，是优质服务和体验可持续的关键。在此过程中，企业应该明确员工是客户服务的主体，而且只有保证了员工的满意度，才能维持良好的服务水平并让客户满意。因此，企业管理应该以人为本，注重员工的满意度和体验。海底捞在员工体验方面做到了极致，除了正常的福利待遇外，还会为员工提供保姆服务，让员工下班后无须操心家务。这样，员工在为客户提供服务时可以更加专注，心态更加平衡，也更加明白如何为别人提供优质服务。因此，企业应该不断地提高员工的满意度，从而提高服务的质量和客户的满意度。

3. 正确运用技术手段

技术对于客户体验具有双重作用。适当运用技术手段可以提升客户体验，例如推荐更符合需求的内容和服务、简化流程和辅助录入等。但是，若技术应用不当或考虑不周，也会损害客户体验。例如，企业应用智能客服可以降低成本，但并非所有客户都愿意与机器交流，很多客户觉得与人接触的信任感、舒适感更为重要。企业在应用技术时，除了考虑对运营效率和成本的影响外，还应考虑对客户体验的影响。如果技术应用可能会影响客户体验，就不能作为必经环节，而是应该让客户能够自己选择，或者打造成一种新鲜体验。例如，客户既可以使用智能客服，又能自由切换到人工客服。

4.4 围绕客户体验推动转型

在前文中，我们将保险企业数字化转型归纳为 6 个主题：优质的客户体验、个性化的产品和服务、数字化获客营销、高效益运营管理、产业链生态整合和主动的风险管理。在这 6 个主题中，我们需要找到一个主线，通过这个主线来引导其他主题、带动整体转型，使工作更加有条理。显然，客户体验是最适合做这个主线的。首先，优化客户体验最容易直观地看到成效；其次，提升客户体验涉及及支持个性化、提高效率、融合服务等，能够与各个主题联系起来。

在完成关键接触点的局部优化后，客户体验需要进入深层次、系统性的优化阶段。这时就需要多个主题联动，才能达到理想效果。

例如，如何让产品购买和理赔更加方便？首先，数字化营销是一个关键点，这样客户就能通过多种数字化渠道购买产品。其次，要通过数字化提高企业运营效率，简化业务流程并提高响应速度。最后，要整合产业链的下游，以便与理赔后的服务生态高效衔接。只有这样，旅程中的各个环节、行为和触点才能更加便捷。

第 5 章
个性化的产品和服务

提升保险客户体验需要个性化的产品和服务。目前,保险行业普遍存在产品同质化的问题,解决这个问题的方法就是个性化。保险产品基于数据统计,随着数字化的发展,设计产品的数据素材日益丰富。本章将探讨如何以数据为基础,利用数字技术推动保险产品的个性化。同时,还将探讨如何为客户匹配合适的产品,以及可能遇到的困难和解决思路。

5.1 如何理解个性化保险

笔者认为,保险的个性化就是为客户量身定制保障方案。从产品角度来看,保险个性化涉及 4 个方面:一是保障范围的个性化;二是保障期间的个性化;三是费率价格的个性化;四是将产品与服务个性化相结合。

过去,产品个性化与工业化生产之间存在矛盾。例如,手工艺品可以实现个性化,但难以大规模生产;而汽车按车型、款式批量生产,但难以实现个性化定制。随着平台化、组件化思想的发展以及 3D 打印技术的出现,软件开始定义一切,个性化和规模化得以逐渐兼容。保险是一种虚拟商品,没有物理制造过程,因此相比工业产品更容易实现个性化。

5.1.1 保险产品组件化

在网络购物流行之前，人们购买电脑时，可以挑选自己喜欢的机箱、显示器、键盘和鼠标，然后选择合适的处理器、内存和显卡，组装成一台独一无二的电脑。电脑之所以可以灵活组装，是因为实现了组件化。保险通常由责任组成条款，条款再包装成产品，产品再组合成方案，这使其天然地拥有组件化的特征。因此，保险可以借鉴组装电脑的思路，通过产品组件化和灵活的组合来实现个性化的保障。

1. 产品组件化有一定的难度

每个产品都包含一个或多个实践中不可分割的原子责任，然后使用这些产品组合成保障方案。实际上，很早以前就有保险公司在这方面做探索，但由于各种困难，探索一度停滞。

1）对企业精算能力要求高。封装产品需要考虑多方面的因素，既要保证产品的原子性，又要方便产品的灵活组合，并且符合监管机构的产品政策。这个难度显然要比设计乐高积木大得多。大部分重构后的产品在市场上难以找到直接的参照，需要自己一点一滴地建模和定价，相当于大部分产品都是在"创新"。责任组合会影响彼此的风险评估，进而影响彼此的定价。如果作为附加险或独立产品销售，则定价方式会完全不同。在设计产品组合时，需要考虑如保险期间、生效日期、缴费期间、缴费方式等多个方面的搭配。产品并不能无限制地组合，需要设计组合规则。如果仍采用传统的固定主险和附加险搭配形式，则又会降低组合的灵活性。

2）终端培训、营销难度大。仍以电脑为例，与销售整机相比（最多是部分可以选配，类似于搭配附加险），提供处理器、内存、显示器等组件，让销售人员根据客户的需要组装成个性化的整机，对销售人员的要求显然更高。保险也是一样，无论是自己的代理人还是中介渠道，个性化模式的培训难度都会大大增加。如果是网络直销，能够明确自己的需求并且理解产品，同时能够将需求、产品正确匹配组合的消费者并不多。

3）对系统的灵活性要求高。虽然主流的保险核心系统的产品架构是分责任层和产品层的，但是对于责任层的复用和产品层的灵活组合考虑得并不充分。一些保险公司有多个烟囱式核心系统，每个系统支持不同的险种，在这些系统之间进行横向的产品或责任组合比较困难。此外，核心系统的核保、批改等业务处理通常是围绕产品进行的（至少是同一主险）。在实现高度自动化的处理之前，跨产品的业务整合可能会对客户体验产生影响。

2. 碎片化是一种组件化形式

随着互联网保险的发展，保险产品与各种场景结合，出现了一些针对长尾市场的碎片化保险产品，如退运险、碎屏险、糖尿病保险、女性乳腺癌保险等。这些产品价格低廉、责任范围较窄、条款简单且标准化，专门针对部分场景和人群的个性化需求。例如女性乳腺癌专项保险，可以将原本保费几千甚至上万元的重疾险变成只需几十元就能购买到的保障。

产品碎片化是组件化的一种表现形式。虽然这些组件没有进一步组合，但是说明将保险包装成原子产品，从监管、精算和市场角度来说都是可行的。此外，这也打开了一个新的空间，原子化的保险产品更容易与生活中的场景结合，无缝嵌入。

5.1.2 灵活的保障方式

我们知道，传统的保险产品是以均衡的费率，在某个固定时间段内对某种标的进行保障。承保时就已经确定了保障期间、费率标准和生效规则，中间的任何调整都需要走严格的批改或保全流程。近年来，随着保险向灵活、个性化方向发展，市场上开始流行一种"按需保险"的概念，相比传统的保险产品，按需保险更为灵活，更加符合个性化需求。

1. 灵活的费率调整

费率调整的灵活性体现在以下两个方面：

1）能够在短时间内调整费率。以车险为例，传统的车险保单包含一份固定期限的协议（比如1年），同时为这段保障时间设定一个保险费率，这个费率是固定的，在保障期结束前保持不变。不同于传统车险，按需车险是一种可变的协议。在大多数情况下，按需应变的车险保费是按月重新制定和收取的，这意味着保费每个月都可能变化。

2）能够支持分风险等级投保。这类保险产品基于大数据分析，可以更精确地量化保险标的的风险。与优选寿险只按是否吸烟、投保时的血压、胆固醇等指标为被保险人的健康划分等级并赋予不同的费率不同，更进一步地，按需保险可以根据被保险人的日常状况或标的的使用情况来确定费率。

2. 灵活的投保对象

传统的财产保险范围很广。比如，财产一切险是为投保人的全部财产提供保障，而租户保险则只保护公寓内的所有财产。相比之下，按需保险提供了更加精准的投保方式。这种产品可能只保护投保人在工作时使用的笔记本电脑，而不保护其他任何物品。例如，Trov 是一家为物品提供按需保险的平台，客户可以通过该平台为单一物品或最重要的物品（如 Fitbit、Xbox One、相机、iPad Air、自行车等）购买保险。

3. 灵活的保障期间

当物品长时间闲置时，通常都不愿为其支付费用。例如，汽车长时间停在家里不用，为什么要为其投保不必要的保险呢？但是如果不投保，万一在使用时出现意外怎么办？2020 年，新冠疫情对人们造成了较大的影响，车辆普遍闲置了近三个月。监管部门曾鼓励保险公司适当减免疫情期间停运车辆的部分保险费用，并将车险保单的保障期限自动延长。然而，国外已经有人尝试不需要政策干预的灵活保障期间。例如，在 Trov 平台上，客户可以在外出旅行时为单反相机随手购买保险，回来后再花 1s 取消保险。

4. 灵活的保险金额

保险公司对在保障期间内提高保额通常比较谨慎。虽然市场上存在一些保额动态变化的产品，如增额终身寿险，但是健康险需要考虑逆选择风险，财产保险的赔偿适用损失补偿原则。因此，即使保额变化，也需要受到一定规则的限制。据说国外出现了一种创新型保险产品，它结合了 LBS 和区块链技术。在家时，它是普通意外险；出门旅游时，意外险额度会自动上浮；出国时，它会自动启动境外旅游意外险。

5.1.3 个性化保障方案

我们将保险产品封装成原子组件，费率、保额、保障对象和保险期间等都非常灵活。基于这些灵活的组件，我们可以为客户提供个性化的保险解决方案。同样，我们也将增值服务进行组件化封装，这样，保险产品和增值服务就可以灵活地搭配组合，形成个性化、综合的保障方案。

1. 从营销产品到定制方案

个人营销和团体渠道有保险计划书，是指业务员根据客户的需求和财务状况，为客户推荐合适的保险产品，设计最佳的投保方案。虽然这种设计的出发点非常好，但实际上，保险企业在不同时间、不同营销团队或不同地区都有自己的主打或主推产品。因此，计划书成为包装产品的工具，基本上还是围绕产品进行营销。

保险不应只是为了销售而销售，也不应根据产品来选择客户，而应根据客户的具体情况选择最适合的保险方案。不同的人群甚至不同的人有不同的需求，因此并不存在最佳的保险产品，只有最适合的保险方案。随着保险产品逐渐变得组件化、形态更加灵活，数据驱动营销的理念和技术逐渐成熟，消费者对保险的认知也在不断提高。因此，保险应该朝着面向客户提供解决方案的方向转变，而不是只围绕产品做营销。

1）包装通用型方案。在组装电脑盛行的年代，戴尔、联想等企业也经营品牌机。它们根据大众需求或某个领域的一般需求推出了一些固定配置组合的电脑整机。对于保险来说，也可以根据不同地区、不同领域或不同细分人群，预制一些通用保险方案。这么做的好处是，一方面可以简化业务员的营销工作，另一方面对于直接的线上2C业务，客户选择起来更加简单。

2）定制个性化方案。如果现有的方案无法满足客户需求，我们可以基于组件化的产品为客户提供个性化的定制方案，或者让客户自己组合方案。这就像一些前店后厂的家具企业，前店展示的家具可以直接购买，如果没有合适的，还可以进行专门的定制。在定制方案中，如果出现大量共性，则可以将这些共性制作成通用方案。

3）数据驱动、工具辅助。最理想的情况是，我们可以直接通过现有数据或客户行为来了解客户需求并给出最优方案。如果无法获得足够的数据，则可以通过问题式交互来分析获得的信息以生成推荐的方案。对于这种情况，我们需要为业务员和客户提供专业的辅助工具，以提高效率和准确性。

2. 保险个性化与服务个性化结合

这里所说的服务并不包括批改、续期等保单服务，也不包括理赔或客服，而是指增值于保险产品之上的服务。例如,《健康保险管理办法》中明确,保险公司可以将健康保险产品与健康管理服务相结合,提供健康风险评估和干预、疾病预防、健康体检、健康咨询、健康维护、慢性病管理、养生保健等服务;而《关于实施车险综合改革的指导意见》中指出,引导行业规范增值服务,制定包括代送检、道路救援、代驾服务、安全检测等增值服务的示范条款,为消费者提供更加规范和丰富的车险保障服务。

除了产品个性化,我们还需要考虑服务的个性化。并非所有客户都觉得增值服务有价值。有些客户可能非常需要某种服务,而其他客户则可能认为增值服务不是那么重要。例如,车辆年检服务和代驾服务对于工作繁忙或应酬多的客户非常实用,但对其他人可能没有那么大的帮助。我们可以借鉴保险产品的做法,将增值服务进行组件化封装、灵活组合,根据客户的需求和保险方案进行个性化搭配。

5.2 个性化依托数据实现

如何在保持规模化的同时实现个性化呢?答案是数据的驱动。保险产品本身就是基于数据统计的,要想实现个性化就需要深入挖掘和利用数据。首先,如果保险企业具备一定的数据和数据挖掘能力,产品开发就能更高效,定价就更精准。其次,需要足够的存量和动态数据,以及相应的建模能力,才能实现保额、保费等的动态调整。另外,利用数据做精准营销,能够有效降低个性化带给前端销售的复杂度。

5.2.1 数据驱动产品开发

读者看到这个标题时可能会产生疑惑,因为保险产品开发本身就是以数据为基础的,尤其是产品的定价。以前,保险企业能够使用的数据有限,也缺乏处理大规模数据的技术,因此产品定价主要依赖小样本数据,使用 Prophet 软件或 Excel 宏建模。然而,现在我们已经进入了大数据时代,数据量大幅增加,数据维度更加丰富,数据处理技术也在不断发展。因此,保险产品的定价方式和方法也需要相应地改变。保险企业需要思考如何充分利用数据,以提高产品开发效率和定价精度,使产品精算定价真正成为企业的核心竞争力。

1. 大数据赋能风险保费定价

保费由纯保费和附加保费组成,纯保费包括风险保费和储蓄保费。风险保费是指在保险期限内所需的预期赔款支出。尽管这部分费用无法确定,但可以基于精算假设大致估算。保险产品的开发基于统计学,其主要限制因素是是否有足够的测算风险保费的数据样本。例如,护理保险和失能保险的发展一直受到这方面的制约。

随着移动互联网、可穿戴设备、大数据等技术的普及,数据收集和处理方式已经发生了深刻变革。现在,收集的数据已经扩展到生活中的各个方面,不再局限于简单的承保理赔等保险过程。同时,处理数据的方式也从有限的、静态的样本数据过渡到全量分析、动态数据时代。这些变化将给保险产品开发带来3个改变:首先,原本因数据不足而无法充分发展的险种将得到发展,而且还可能衍生出新的保障类别和产品;其次,利用大数据技术分析全量、动态的数据,相比静态的样本数据分析,可以减少误差风险,产品定价可以更精准;最后,可以量化个体风险状况,根据风险程度对保险产品进行个性化定价,实现"一人一价"。

2. 附加保费也需要数据驱动

研究大数据对保险产品开发的影响,通常关注大数据在风险保费厘定方面的作用,即如何使用大量、实时的数据来实现精准或个性化的产品定价。但实际上,附加保费在保费构成中的占比也不容忽视。与风险保费不同,附加保费的数额并非基于客观的风险发生概率而定,而是由企业基于自身情况来确定的。附加保费包括运营成本、渠道费用和预留利润等,实际操作中通常采用现金流折现法进行估算,很少对每一项成本进行精细的测算。

随着保险企业数字化转型,运营管理的各个方面都会被数据记录,企业将有条件精确地计算每一项成本。如果充分利用这些数据,附加保费的厘定也能更准确和高效。更重要的是,可以建立起产品定价、保费和企业运营等方面的勾稽关系,形成动态评估和调整的联动机制。例如,保险企业可以清晰地知道某一项业务超支对企业利润的影响,或者某一款产品降低价格对企业运营某个方面的影响等。

3. 利用大数据技术提高效率

保险企业的产品开发人员通常使用性能较好的电脑,即便如此,模型运行也可能需要数小时，甚至十几小时。在小样本数据的情况下，对任何参数或变量进行调整都需要重复多次。如果涉及大量数据、多个来源和更多维度，或者需要对某类数据进行全量分析，用传统的精算软件或 Excel 处理显然会非常低效，甚至根本无法处理。

现在的大数据平台通常包含可视化的数据挖掘和建模工具，具有数据采集、建模、挖掘和展现能力。运行模型采用分布式多机处理，速度远快于单机精算软件和 Excel 软件。此外，平台还支持多种快速建模的脚本语言，支持模型沉淀、共享和复用，能够让企业数据应用开发更加快速、成本更低。保险产品定价本质上是一种数据应用，如果使用这样的基于大数据技术的工具，无疑能够大幅提高效率。

4. 加强产品开发外部合作

尽管保险企业是保险产品设计和定价的主体，但在数据方面它们并不具有优势，特别是中小型保险企业。相比之下，一些在领域中有深厚积累或运营大量物联网设备的企业或平台，拥有大量贴近实际的第一手数据。保险企业可以与这些数据拥有者合作，共同开发产品，特别是需要大量数据支持的创新型保险产品。例如与电商平台合作开发退运险、与健康服务机构合作开发重疾险、与汽车主机厂合作开发 UBI 车险、与医疗机构合作开发特定领域的医疗保险等。

在保险产品的定价中，数据是基础，而模型是核心。要设计出有效的定价模型，需要具备保险、精算和相关领域的业务知识。在这种知识结合上，保险企业具有独特的优势。因此，即使数据源不可控，保险企业也应该致力于打造精算建模能力，能够独立设计并掌握核心模型，而不是依赖再保险公司或第三方科技公司等。

5.2.2 数据支撑按需保险

传统的保险产品是基于固定风险概率假设的。保费、保额、保险期间三者相互关联，承保后不会单独变化。前文提到的"按需保险"具备费率、保险期间和保险金额的灵活性，相比传统的保险产品更加灵活。这种灵活性源于两个数据条件：大量存量数据和准实时的动态数据。

1. 动态保险产品案例

2021年7月，德华安顾与华米科技联合推出了基于智能可穿戴技术和健康管理服务的健康险产品——巴纳德尊享健康版。该产品利用智能可穿戴设备所提供的大数据为客户提供综合性重疾保障。在取得客户充分授权后，该产品能够实时监测客户的相关健康指标，并定期为客户进行健康评估。同时，它还通过健康促进方案帮助客户养成良好的生活习惯。当客户的健康状况得到改善、健康分值提高后，可获得更多的保额。

UBI车险是一种基于驾驶行为的保险。它通过车联网、智能手机和OBD等联网设备收集驾驶者的驾驶习惯、驾驶技术、车辆信息和周围环境等数据，并建立多维度模型进行定价。2020年9月，在《关于实施车险综合改革的指导意见》中，中国银行保险监督管理委员会明确提出了加强新技术研究应用的要求，探索开发UBI等创新产品，在新能源汽车和具备条件的传统汽车中落地。目前，已经有多家保险公司与车企合作，筹备里程车险产品的落地工作。

2. 从存量数据中找规律

按需保险不仅需要考虑风险发生的概率，还需要分析影响风险的因素以及相关行为或指标，并量化这些行为或指标与风险之间的关系。如果没有足够的数据进行建模和分析，这是不可能实现的。例如基于智能可穿戴技术的重疾险，需要通过大量数据分析，找出影响重疾发生的因素，找到可以量化判断的指标，明确这些指标对重疾发生概率的影响，并推导出对费率的影响，然后才可以考虑调整保费、保额或保险期间。

3. 数据模型是关键

数据分析模型是动态保险的关键。前面提到的两个案例都涉及两个重要的模型：一个是数据清洗、特征提取模型，另一个是风险评估、保险定价模型。无论是华米的智能手环还是车企的网联设备，都不是专为保险设计的。虽然收集的数据量大，但杂质也多，需要针对保险领域应用清洗和提取特征。基于特征数据评估风险，不同的保险责任评估逻辑不同。不同保险公司对于相同评估的保费定价逻辑也不同。一般会建立一套标准模型，然后派生差异化模型。

5.2.3 依托数据精准营销

保险营销是一项具有挑战性的工作。除了法定保险之外，保险需求本身并不是刚性的，而且商业保险需求有很大的弹性，没有绝对的数量标准，需要根据客户的风险状况和经济能力来确定。保险有许多险类、险种，都有自己独特的逻辑和覆盖范围。对于保险从业者来说，全部了解也是一项难度较大的任务。虽然保险产品实现了组件化和灵活化，在架构层面上解决了个性化供给的问题，但营销的难度却进一步增加。

在营销领域，数据的应用非常成熟，有许多大数据精准营销的成功案例，其中最著名的是"沃尔玛啤酒和尿布的故事"。沃尔玛拥有世界上最大的数据仓库系统，为了更好地了解顾客在其门店的购买习惯，沃尔玛对顾客的购物行为进行了购物篮分析。结果发现：和尿布一起购买最多的商品竟是啤酒。产生这一现象的原因是：美国的太太们常常叮嘱她们的丈夫在下班后为孩子买尿布，而丈夫们在买完尿布后又随手带回了他们喜欢的啤酒。于是超市里出现了一个有趣的现象：尿布和啤酒并排出售。

通过对客户行为和特征进行聚类与关联分析，我们可以发现一些规律，然后将这些规律应用到客户身上，从而预测客户行为、发现需求和匹配商品。这是数据精准营销的基本原理。通过数据分析，可以准确捕捉客户需求、引导资源投入并为客户匹配最佳的保障方案。利用数据进行精准营销，可以降低个性化产品和服务带来的购买和销售复杂性，使营销更加高效。

1. 构建数据画像体系

提到数据画像，最广为人知的就是"客户画像"，它是企业客户关系管理以及精准营销的基础。客户画像的核心在于为客户打上"标签"，标签通常是人为规定的高度精练的特征标识，如年龄、性别、地域、偏好等。综合客户的所有标签，就可以勾勒出该客户的立体画像。除了客户画像，数据画像还包括商品画像、企业画像等。

传统的数据营销是从单一场景的零售市场（如沃尔玛和在线电商）中脱胎而来的。通过客户画像和商品画像，能够描述出某类特征的客户与某种商品的关联，以及不同种类商品之间的类目关系和购买关联。而保险营销则涉及产品和服务，有多种销售渠道，以及多种类型的分销商和营销人员。为了实现多渠道、多场景的立体数字营销，保险企业需要对营销行为相关的所有实体进行画像。除了客户画像之外，还需要有产品画像、服务画像、渠道画像、合作伙伴画像和营销人员画像等。

例如：具有某种特征的客户更喜欢选择某些产品或服务，某些产品或服务经常被组合在一起，销售给具有某种特征的客户。在某些地区，某些分销商更擅长销售某种类型的产品，对具有某些特征的客户成交率较高。某些代理人更容易让某种类型的消费者产生购买意愿，或者更擅长销售某种类型的产品或服务。

2. 洞察客户需求

因为客户的家庭结构、生活环境、经济状况、性格特征和风险偏好各不相同，所以对保险的需求也各不相同。保险销售人员通过一定的技巧询问客户一系列问题，可以更好地了解客户的需求。埃森哲的一项研究发现，有77%的保险客户愿意提供自己的信息，以换取专业的保险建议。无论是营销人员的询问，还是线上问卷调查、浏览轨迹跟踪，或是通过第三方渠道获取信息，都需要利用数据技术，以提高需求洞察的准确性和效率。

1）不断地收集信息、丰富画像。因为我们无法预测哪些消费者会成为客户，哪些客户会再次购买，以及何时需要分析哪些客户的需求，所以应该记录每次与消费者互动的信息，并利用所有可用数据来丰富客户画像。在使用数据时，尽可能避免数据不足的情况。如果仅仅依靠销售时要求客户提供信息，那么数据驱动的营销只能停留在较低的水平上，因此需要尽可能地积累更多的数据。

2）设计分析模型，探索智能应用。营销人员可以通过询问一些问题来分析客户的保险需求，这种分析逻辑实际上就是模型。企业应该将这些经验沉淀下来，形成企业级的需求分析模型，并不断完善它。经验不足的营销人员可能会机械地列出问题，而经验丰富的营销人员则可能只需要几句话就能了解客户的需求。分析模型也应该朝着智能化的方向发展，通过最少的信息输入获得最精准的洞察。

3. 精准匹配产品和服务

有了前面的基础，就能更精准地为客户匹配产品和服务了。建立这样一个数据体系的好处不仅体现在面向客户的数据精准营销上，还体现在其他方面，例如在产品分销渠道上的精准投放，或是客户与业务人员的最优匹配等。

5.3 产品开发数字化管理

随着保险企业数字化转型的推进,保险产品开发也需要数字化管理,包括产品设计、产品定价、系统开发和运营监控等,以提高效率并降低成本。同时,需要为产品开发建立高效的跨组织流程机制,包括精算、渠道、运营、财务和技术团队等。此外,还需要改造信息系统,实现产品集中管理以及系统开发的高度配置化等。

1. 产品开发全周期数字化

保险产品开发是一个周期性循环,包含多个环节。首先,需要有一个创意,可能来自市场需求,也可能是团队内部的灵感。然后,从市场潜力、技术可行性、资源条件、获利能力、社会效益等方面评估开发价值。接着,设计具体的责任与条款,并反复进行测算,以在市场竞争力和企业效益之间取得平衡。在产品上市前,需要做一系列准备工作,包括信息系统开发、培训宣传、材料制作等。上市后,需要对产品进行持续监控,以确保达到预定目标及符合市场需求和监管要求等。如果产品需要调整,则重新开始新的循环。

过去,保险公司的信息化主要集中在营销、运营、财务、投资和日常办公等方面,很少有企业围绕产品开发进行信息化建设。保险公司的产品开发上线速度慢一直是个问题,大部分寿险公司一年只能上线十几款产品,最多也只有几十款。这是由于核心系统不够灵活、技术资源不足或效率低下造成的,然而,保险产品开发过程中信息化程度低也是一个重要原因,只是在产品同质化的背景下,这个问题并不凸显。

1)围绕产品建设数据平台。保险企业可以基于大数据平台,围绕产品开发搭建一套技术体系。这个体系整合多种信息,包括历史业务数据、企业运营数据、同业产品信息,客户、渠道和代理人反馈信息,市场、监管和舆情信息等。平台还提供一整套工具,可通过挖掘数据需求、进行精算建模来快速完成各种测算,并根据预设规则和阈值监控产品状态等。

2)用数字化方式高效协作。在产品开发过程中,保险企业内部的多个部门都需要参与,包括产品精算、渠道、运营、财务、技术等。虽然有企业协同办公系统,但很少将产品开发视为完整的协作流程植入系统中,团队间多为线下沟通。为提高协作效率,保险企业应该围绕产品建立一套从构思到上线销售的流程机制，覆盖精算、渠道、运营、客服、财务、合规法务、信息技术等部门，并将其固化到系统中。此外，还可以将流程与核心业务系统打通，使产品从构思到信息系统上线成为一个完整的线上流程。

2. 系统低成本、快速上线

产品必须在信息系统完成出单支持后才能上市销售。信息系统就像生产流水线一样，围绕保险产品支持展业、承保、批改、理赔、客服、再保等业务处理。每次企业推出新产品都需要对流水线进行调整，以支持对该产品的处理。目前，主流保险核心业务系统都支持通过配置开发新产品，但仍存在以下一些问题，可能会影响产品开发效率。

1）多个系统重复定义。许多保险企业都拥有不止一套核心系统和多个前端销售系统。因此，要推出一款新产品，必须在多个系统中定义、配置和测试。例如，某保险公司推出了一款意外险产品，该产品在官方微信和代理人渠道销售。虽然产品形态简单，系统完全可以通过配置来支持，但核心系统、微信平台和代理人展业工具都有自己独立的产品引擎，因此需要在这三个不同的系统中分别进行配置。

2）配置仍然不够灵活。这种不灵活主要体现在两个方面：一是产品配置使用非常技术化的工具，甚至需要编写一些伪代码，业务人员很难熟练使用。如果全部由技术人员配置，业务人员到技术人员的信息转化又会耗费额外的时间。二是即使再灵活的产品引擎也不可能支持所有产品。对于一些创新型产品，仍然需要配置与开发配合。传统产品引擎很难将配置化和定制开发有机地结合。

显然，我们需要一套统一、灵活的企业级产品管理系统，它至少应具备以下能力：

第一，集中管理保险公司的产品，只需进行一站式配置，即可覆盖核心系统以及各种销售和支持类系统，并支持展业到再保的所有业务环节的管控。

第二，包含一套可视化、易于使用的配置工具，让业务人员可以直接参与到系统配置中。同时，不同的配置工作能够隔离，配置部分与定制部分能够分离。这样，技术人员和业务人员就可以更加灵活地分工合作。

第三，与前文提到的支持产品开发与协作的系统打通，使得整个产品开发工作能够在一个集成的平台上完成。

第 6 章
数字化获客营销

数据显示,营销成本是保险公司除赔付支出外最大的成本项。在疫情的影响下,保险展业方式正在加速向非接触、线上化转变。随着社会数字化的发展,千禧一代、Z 世代等网络原住民逐渐成为消费主体,未来所有的营销行为都将与网络有关。对于保险企业而言,无论是顺应发展趋势,还是自身降本增效,都必须进行营销端的数字化转型。

本章将聚焦于保险营销数字化转型,重点分析保险企业如何在营销端应用数字技术,提升数字化获客营销的能力。首先,我们会梳理保险营销信息化的历程与逻辑,并给出笔者对数字化营销的理解。接着,聚焦于"销",针对不同保险销售模式,分析渠道数字化升级的策略。然后,从"营"的角度出发,介绍保险营销的运营体系。最后,回到数字化本身,谈谈保险营销中对数字化工具的应用。

6.1 如何理解数字化营销

在保险企业数字化转型的 6 个主题中,数字化营销方面的探索和实践最为普遍。根据全球咨询、经纪和解决方案公司韦莱韬悦发布的保险科技简报，2020 年全球保险科技领域发生了 377 笔融资交易，其中营销、分销领域的融资交易数量最多，在寿险和财险领域占比分别达到 51% 和 49%。这表明，保险数字化营销方面的需求非常旺盛，数字技术对于保险营销的推动作用已经得到广泛认可。

6.1.1 保险营销信息化历程

数字化是以信息化为基础的。在保险信息化方面，营销信息化在重要性和优先级上都低于业务信息化和财务信息化。然而，营销信息化受技术发展和市场变化的影响较大，因此系统建设更加多元化。保险公司在筹建阶段就基本完成了业务和财务核心系统的主体建设，之后只需要进行小规模的迭代即可。相比之下，营销系统建设是一个长期的、新系统不断涌现的过程。接下来，我们将梳理保险营销信息化的发展历程，以进一步了解保险公司营销系统建设的一般逻辑，从而更好地理解数字化营销。

1. 从人管到销售或渠道管理

在保险信息化领域，老一辈从业者习惯使用"业管""财管"和"人管"等术语来讨论系统建设。这里的"人管"指的是一套信息系统，用于管理保险销售从业人员，通常包含销售组织和人员管理、薪资及考核管理、日常考勤和培训管理等功能。由于销售机构和销售人员信息需要体现在保险合同上，是保单信息的重要组成部分，因此人管系统有时也被视为核心系统的一部分。

随着保险销售管理工作的不断复杂化，特别是中介渠道的发展，传统的"人管系统"也逐渐扩展，不再只是简单的人员管理，而是增加了代理机构管理、网点管理、手续费管理、竞赛管理、激励方案管理等功能，成为面向渠道销售管理的综合性信息系统。因此，名称也逐渐变成"销售管理系统"或"渠道管理系统"。

人管系统是保险营销领域信息化的起点。无论是人管系统、销售管理系统还是渠道管理系统，都是从企业运营管理角度来构建的，其目的在于提高渠道销售管理工作的效率。但是，这些系统并没有真正服务于一线销售，对销售工作本身的帮助非常有限。

2. 将信息系统作为展业工具

随着互联网和手机、电脑等设备的普及，企业通常可以通过电话触达客户，并通过信息系统连接分销机构。营销人员开始广泛使用笔记本电脑和平板电脑等便携设备，信息系统也成为保险展业不可或缺的工具。电话销售、远程出单、销售支持或移动展业等多种渠道营销系统陆续出现。

电话销售系统是一种综合性管理系统，它将客户关系管理系统和语音平台结合在一起，提供名单管理、客户跟进和日常管理等功能。此外，它还具备呼出、录音、预拨号等能力，并且能够与核心系统对接，实时记录和提交投保信息。

远程出单系统是一个外挂系统，它将核心业务系统的承保和保全批改等部分功能前置，通过互联网或 VPN 访问，可以满足车商、客运、旅行社等兼业代理机构在保险企业营业场所之外的快速报价和出单的需求，方便且高效。

销售支持系统和移动展业系统的实际作用很相似，都是以销售支持为中心，通过系统工具来提高营销人员展业和出单的效率。只不过在不同的企业中，它们的名称不同而已。这个系统通常包括三类功能：建议书、在线投保等销售出单类功能，销售组织、销售策划、活动管理、日常培训等辅助支持类功能，以及客户管理、客户经营类功能。

3. 互联网成为一种销售渠道

随着网络购物的兴起，保险企业也开始将互联网作为一种销售渠道。首先是建设自己的电商网站，有些是独立建设，有些是在官网上增加产品展示和购买频道。早期的代表有"平安 PA18"和"泰康在线"等。此外，也通过外部网络平台代理销售，例如淘宝、京东等综合性电商平台以及慧择网等专业保险电商平台。随着移动互联网的发展，除了传统的 Web 网站，微信和 App 也成为触达客户的重要媒介，于是保险企业又纷纷建设具有营销功能的公众号和 App。

根据思务咨询的《中国保险数字化营销研究报告》，截至 2021 年上半年，在 87 家人身险公司中，有 70 家开通了经营互联网保险业务的网站，47 家上线了自营 App，86 家拥有公众号或小程序。在 88 家财产险公司中，有 61 家开通了经营互联网保险业务的网站，19 家上线了自营 App，67 家拥有营销类公众号。

4. 移动互联网打造线上闭环

在互联网时代，虽然可以通过网络连接客户，但由于操作电脑设备受到时间和空间的限制，在触达和交互方面仍存在一定的局限性。随着移动互联网和智能设备的普及，保险机构与客户、保险机构与营销人员、营销人员与客户之间能够广泛连接，使得在线上打造保险机构、营销人员和客户之间的闭环成为可能。

1）打造线上业务闭环。通过建设面向客户的移动应用和面向营销人员的移动应用，打通这些应用之间的关系，并与核心业务系统对接，结合在线消息、视频、语音和呼叫中心，形成一个在线联动的业务闭环。

2）打造线上沟通闭环。借助微信体系，通过企业微信号将后援人员与营销人员连接起来，再与客户的微信连接，这样就形成一个在线沟通、互动的闭环。

3）打造线上人管闭环。建设针对营销人员的移动应用，并与渠道管理系统对接，这样就形成了一个营销人员管理的线上闭环。

6.1.2 重新定义数字化营销

在保险科技领域，有许多创业项目围绕数字化营销展开，有些专注于网络分销，有些专注于数据营销，还有些则致力于开发营销工具。网络上有许多关于数字化营销的书籍和文章，由于讨论的侧重点不同，对数字化营销的理解也不尽相同。那么，我们应该如何理解数字化营销呢？

1. 对数字化营销的一般理解

在数字化营销的各种理解中，有两种相对主流的理解。一种是通过数字化媒介营销商品，即借助互联网、通信技术和数字交互式媒体等实现营销目标的方式。这种营销方式主要是利用网络技术和通信技术，以最有效、最省钱的方式寻求新市场和新消费者，通过数字传播渠道来推广产品和服务，以节省成本的方式与消费者互动。另一种是在营销中充分利用数据，即利用数字媒体和数字营销工具，通过大数据和客户画像分析客户属性与行为特征，实现精准锁定客户、匹配商品的营销方式。这种营销方式主要以数据为基础，将数据分析作为洞察客户、发现需求的重要依据，为营销决策提供支持，也就是我们常说的数据营销。

2. 转型背景下的数字化营销

在社会数字化、企业数字化转型的背景下，笔者认为未来数字化营销的重点将主要体现在以下三个方向：

1）广泛利用数字渠道。目前，企业数字营销主要借助电话、网站、手机 App 和公众号等数字媒介进行。随着物联网的发展，智能家居、智能汽车、可穿戴设备等将成为除智能手机之外的重要数字营销渠道。例如，一些智能电视和智能车机已经可以在线购买商品，一些车企也在考虑在车机中引入保险服务。在数字时代，这些媒介都是营销的重要阵地。企业应广泛利用这些媒介，通过更多的渠道触达客户并形成交易。

2）数字技术全面赋能。首先是数据的深度应用，不只应用在分析客户需求上，而是在营销的全流程应用数据，提高每个环节的效率和精准性。其次是加强技术工具的运用，针对客户、营销人员乃至渠道后援人员，系统全方位覆盖、全副武装，能用技术解决的问题都用技术解决。最后是利用数字技术"武装"传统渠道，将传统渠道数字化，提高传统渠道的战斗力。

3）推动以客户为中心。营销要关注"人、货、场"三要素。在物资匮乏的年代，营销是以货为导向。随着时代的发展，营销慢慢变成以场为中心，如在京东、天猫、拼多多等平台上可以随意挑选商品。当商品供给充足、购买渠道丰富之后，就要向以客户为中心转变。数字化能够让我们知道客户在哪里、客户画像是什么、需要什么样的产品，真正实现以客户为中心。数字化营销本身也要以人为本，围绕客户需求和客户体验来匹配产品服务、营销渠道、营销方式。

6.2 保险营销渠道数字化

保险数字化营销是一个复杂的系统工程，这里将从渠道角度分析如何将保险数字化营销升级。基于对保险营销信息化逻辑的理解和对数字化营销发展趋势的判断，笔者认为，未来保险营销渠道层面的数字化建设可以围绕以下 4 个方面进行：一是在网络空间里广泛连接，不断发展并对接新渠道；二是提升技术能力，为合作伙伴技术赋能并用技术推动业务；三是用数字技术"武装"营销人员，发展数字化营销队伍；四是打破渠道壁垒，围绕客户和场景进行渠道交叉融合。

1. 广泛连接线上渠道

随着科技的发展，越来越多的数字渠道使得保险机构能够与客户接触。同时，各种网络营销平台也变得越来越多，与保险相关的场景也逐渐转到线上。在未来，互联网营销渠道会变得越来越分散。除非背靠刚性流量平台或掌握关键场景，否则保险企业互联网营销必须向多元化的路线发展。企业的组织、业务和技术只有更加灵活，才能跟上不断涌现的新事物，迅速适应新场景、新媒介、新平台和新生态。

传统的保险系统架构比较封闭，尤其是横向连接和外部对接难度大，成本也比较高。为了实现广泛的对接，必须寻找能够提高效率、降低成本的方法。根据笔者的观察，我们可以借鉴银行领域的"开放银行"思路。随着银行产品的同质化，流量、产品与客户服务陷入新的瓶颈，部分银行开始借助互联网走出去，实现银行与银行之间、银行与非银金融机构之间甚至与跨界企业之间的场景融合和技术对接，开放银行概念应运而生。在技术层面，开放银行主要是通过API或SDK等技术，实现银行和第三方之间快速的技术对接，以及产品和服务的共享。

2. 技术促进业务

在数字时代，技术已不再是简单的工具，而是一种能够促进业务发展的力量和开拓市场的武器，甚至能够直接产生业务价值。

1）技术赋能业务伙伴。保险企业可以利用自身的技术优势为合作伙伴提供技术支持，从而在业务合作中获得优势。例如，保险公司可以为合作的中介机构提供业务系统，并将自己的产品内置其中。再保险公司可以利用自己的数据积累和风控经验，帮助保险公司建立智能核保和核赔系统，同时在分保上获得相关产品的倾斜。

2）技术也是一种业务。随着信息技术的发展，新的风险也不断出现。为了应对这些风险，保险企业推出了一些与技术相关的保险产品，如网络安全保险。然而，要开展这类业务，保险企业需要具备一定的专业技术能力，以更好地设计产品、评估风险和防灾降损。保险企业的技术团队将扮演关键角色，需要加强相关技术的研究和积累，以帮助企业开展相关业务。

3. 数字化代理人

如今出现了一种新型部队——"数字化部队"。利用数字化系统进行指挥与协同，实现地空作战力量的一体化，可以对各种战斗、支援及保障力量实施精准的指挥和调度。

在信息科技时代，一种前端小团队、后端大平台的组织模式兴起，并逐渐成为主流。

笔者认为，保险代理人未来将会是数字化和特种部队结合的混合模式。整体上，保险代理人是一个类似数字化部队的组织，具有模块化的组织和职能，能够按需组合和灵活变化。前端将是灵活的小团队，就像特种部队一样，后端将集合各种力量形成一个系统性的支持平台。通过数字化管理，可以利用数字系统和智能工具武装代理人，实现前后端一体化贯通，以流程和数据驱动整个体系高效运转。就像平安人寿总经理余宏所说：我们希望代理人成为007，科技赋能就像为007提供高精尖的装备一样。代理人通过后台的赋能，成为保险的专家、财富的顾问和生活助手，真正成为客户喜爱的代理人。

4. 渠道交叉融合

保险企业拥有多种销售渠道，这些渠道通常是相互独立的，各渠道之间有壁垒，甚至存在客户重叠、彼此争夺资源的情况。这种组织模式明显不符合发展潮流。如果多个渠道能够协同作战，相互紧密配合，并充分发挥各自的优势，那么就可以实现 1+1＞2 的效果，提高整体的销售效率。

（1）渠道交叉尝试

保险营销渠道可以分为直销渠道和中介渠道。直销渠道可以分为团体直销、电销和网销；中介渠道可以分为专业中介（如专业代理和保险经纪）和兼业代理（如银邮、车商等）。传统的个人代理既有直销的特点又有中介的属性，其中员工制更偏向直销，而独立代理人更偏向中介。在这些渠道中，目前交叉的情况主要有以下三种：

1）渠道融合型——网电一体。在过去的几年中，大型保险机构普遍将网销和电销合二为一，打造网电一体化部门。这种整合的好处在于两个渠道的优势互补，可以更好地服务于互联网客户。网销拥有大量的客户线索和持续的线索获取能力，而电销则拥有专业的团队和完善的质量保证措施；网销提供了更丰富的交互手段，而电销则给予更主观的服务感受；网销能够弥补电销用户体验的不足，而电销则能够弥补网销需求挖掘的不足。

2）渠道延伸型——职域营销。职域营销有两种模式：一种是从个人到团体挖掘，即利用个人客户向其所在单位推荐或设计更全面的员工福利保障计划，以推广团体保险产品；另一种是从团体到个人挖掘，即先为企业提供员工福利保障，随后有机会进入企业，对有更高保障需求的员工进行个人保险产品的推介销售。目前后一种模式比较常见，通常称为"BBC模式"。有的企业是个险团队负责，有的企业是团险团队负责，还有的企业设立了专门的BBC团队。营销的模式一般是先用团险的展业方式承保企业团体保险，然后采用类似个人代理的展业方式，召开产品说明会，进行一对一的销售。

3）渠道赋能型——车电联呼。汽车经销商缺乏专业的车险续保人员，且价格难以与保险公司电销渠道的车险价格竞争，导致客户流失严重。与此同时，保险公司获取电话车险客户资源的成本较高，电话拨打的质量不佳，空中销售与线下服务脱节，影响客户体验。为了解决这些问题，保险公司的电销渠道与车商渠道联合，推出了"车电联呼"服务，旨在将汽车经销商的客户资源和服务优势与电销的价格和专业销售团队优势结合起来。汽车经销商提供续保客户信息，电销团队针对性地进行电话销售，汽车经销商提供配套的线下服务，理赔服务由车商跟踪或将维修推送到相关车商。

（2）未来发展设想

渠道交叉涉及利益分配，因此企业在这方面都比较谨慎。从上面的案例可以看出，网销和电销都是直销渠道，因此融合相对容易；BBC模式虽然涉及个险和团险，但并非个人和团体两个渠道联合展业，而是由一个渠道团队包办；车电联呼则是从赋能切入，由专业的直销团队帮助合作的中介机构提升客户转化率和服务增值，从而实现共赢。这些探索虽然还有些保守，但我们仍然可以总结出一些发展规律，并对未来渠道融合发展的方向做出几个大胆的假设。

1）直销渠道无缝融合，中介渠道侧重赋能。个人代理人的角色将分为员工制和独立代理人两个方向，以更好地满足不同的需求。前者可以视为直销，后者则可以视为中介。团险直销、网销、电销和员工制代理人可以融合，以便更好地联合作战，发挥各自的特点，做最擅长的事情，从而为客户提供更好的服务。此外，专业中介、兼业代理和独立代理人将侧重于赋能，以实现共赢。这种赋能可以是技术上的支持、专业技能上的支持、客户资源上的支持等。

2）营销围绕客户和场景，而不是围绕渠道。在保险营销方面，过去常常以产品为中心,并围绕渠道展开。也就是说,通过哪个渠道向哪个客户销售哪种产品。未来的趋势则是从以产品为中心转向以客户为中心,即以客户需求为导向,提供所需产品,而不是向客户销售哪些产品。同样,围绕渠道的传统营销也应该转向以客户和场景为中心的营销。我们需要考虑的是哪些客户或场景更适合哪个渠道,或者更适合由哪些渠道协同进行展业。

3)信息系统及数字设备一体化。数字化部队的各个兵种和作战单元都装备了信息化系统和数字化装备,这些系统和装备通过数据链连接在一起,形成了一个有机整体。为了实现各种作战力量的一体化,联合作战需要对各种战斗、支援及保障力量进行精准的指挥和调度,利用数字化系统进行指挥和协同。随着数字化转型的推进,保险公司的各个渠道都将拥有完备的信息系统,营销人员也将普遍使用移动智能工具。就像数字化部队联合作战一样,这些系统和装备也需要无缝地连接起来,形成一个有机的整体,通过系统的协同调度,让各个渠道之间能够高效协作。

6.3 营销中的数字化运营

"营销"从字面意思上理解就是"运营"+"销售",笔者认为,保险数字化营销就是将渠道数字化与融合互联网运营理念的营销运营体系相结合。

营销运营是指对营销过程进行计划、组织、实施和控制,是与营销行为紧密相关的各种管理工作的总称。为了简化,我们通常会根据不同领域来划分不同的运营类型。笔者认为,保险的数字化营销运营应至少包括客户运营、流量运营、场景运营、内容运营、产品运营和数据运营,如图 6-1 所示。

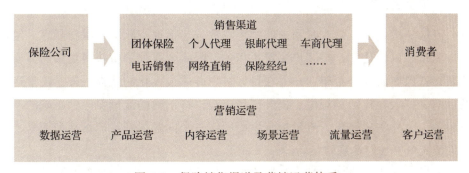

图 6-1 保险销售渠道及营销运营体系

1. 客户运营

客户运营的目标是以客户为中心，通过策划营销活动和推送营销内容来促进客户增加、留存、活跃、转化、续费。客户运营的最终目的是长期维护客户，提高客户的参与度和忠诚度，让客户愿意购买并不断重复购买企业或品牌的产品和服务。客户分类和客户全生命周期管理是客户运营的核心。

客户分类主要从三个维度进行：客户分级、客户分群和客户分阶段。客户分级是依据客户价值进行分类，目的是以最高效、最精准的方式分配营销资源。通过筛选出更多优质客户，并制定策略和倾斜资源，促进这些客户源源不断地产生价值。客户分群是依据客户特征进行分类，目的是通过客户的行为寻找活动与业务之间的最佳关联。一般而言，分类越细，筛选出来的客户就越准确，针对性的营销策略就会越精细，转化的效率也会越高。如果前面两种分类是依据具体的客户属性划分，那么客户分阶段则更多的是根据客户接触、购买及使用产品的时间维度来进行划分。例如，从接触、关注、咨询到购买、复购，企业需要为每个时间阶段的客户制定不同的运营策略。

如今，获取客户的成本越来越高，因此对于客户的深度价值挖掘和深度管理变得尤为重要。客户管理是有生命周期的，只有进行全生命周期的管理才能帮助企业在单个客户上实现价值最大化。在保险领域，客户全生命周期管理主要体现在两个方面：一方面是在客户接触、投保、续期、理赔、满期等不同阶段制定运营策略，持续为客户提供服务，不断挖掘客户价值；另一方面是客户全生命周期风险保障，从健康、家庭、财富三个角度出发，满足客户全生命周期内的疾病、意外、责任、养老、子女教育、资产等保障需求。

2. 流量运营

流量是指企业在营业时间内的顾客总数，包括现有顾客和潜在顾客。销量等于流量乘以转化率，与客户流量正相关，因此企业都希望获得更多的高质量流量，就像店面总是希望选在潜在目标客户群体最大化的地点一样。流量运营的目的是扩大客户流量规模、提升流量层次，将正确的流量引导到正确的产品或服务上，并实现转化。流量运营主要围绕三个问题展开：流量从何而来、如何保留流量、如何实现转化。

流量通常分为公域流量和私域流量。公域流量指获取容易但黏性差、稳定性差的公共流量，例如抖音视频的曝光量和通过淘宝搜索界面进入商品页的浏览量。私域流量是公域流量的相对概念，是指企业自己拥有完全支配权的平台所沉淀的粉丝、用户、客户等流量。相对而言，它是可控的、可反复触达的流量。公域流量是典型的流量思维，通过多种渠道的拉网式手法不断获取新的流量，并通过各种方法提高流量转化的机会。私域流量体现的是用户思维，核心是对消费者关系的运营，本质是要建立与消费者之间的强关联，通过各种方式提高购买/复购率。

保险客户流量有几种来源，包括圈层流量、客户转介绍流量、异业合作流量和网络流量。圈层流量是指由相互信任的社交圈提供的流量，如社区、同学、书友会和车友会等。客户转介绍流量是指客户介绍给其他客户的流量。近年来，很多企业开始重视NPS（净推荐值），这是一个评估客户向朋友、其他人推荐公司产品或服务可能性的指标，有助于提高客户转介绍流量。异业合作流量是指其他行业的客户资源向保险业的转化，例如各种兼业代理机构和平台。网络流量是多元化的，可能来自内容传播、代理人IP或广告投放等。无论流量来源如何，我们可以使用公域流量和私域流量的运营思维，利用数字化工具和方法来提高流量获取、留存和转化的能力及效率。

公域流量获客的关键在于充分利用数字化营销手段和工具，提高保险企业在公域流量池中的触达范围和转化效率。例如，为代理人和异业合作机构提供营销工具，利用自媒体、短视频、直播等新型传播媒介，通过内容传播、搜索引擎和广告投放等手段获取精准流量。此外，每当公域中有一波红利流量时，都要尽可能地抓住机遇，以扩大自己的流量基础。例如，微信支付刚刚上线时，泰康人寿结合微信的社交属性和支付功能推出了一项微信营销活动"微互助"这个主打"1元钱求关爱"的保险产品一度在微信朋友圈中广为传播。

保险业务的特点决定了客户与保险企业之间的关系是低频交易、弱连接的。网络公域流量的黏性和稳定性比较差，而保险企业并不能完全掌握代理人和分销商的客户资源。因此，保险企业需要建立自己的私域流量池，通过与客户建立强连接为业务提供持续的活力。私域流量池必须依托自己的平台实现，比如自有的微信公众号、自建的App等。这些平台承载私域客户流量，通过为客户提供各类服务，将客户留在平台上，以便持续挖掘客户价值。例如，中国平安保险的平安好医生、平安金管家和平安好车主就是承载私域流量的平台。某些保险集团也在大力建设及丰富 App 生态，将客户向线上迁移，通过积分体系、多元服务和组织活动来长期维护客户。

3. 场景运营

当我们提到"场景"时，常常会想到"场景保险"和"场景营销"。场景保险是指根据特定的活动场景（如网购、出行等）中可能面临的风险而制定的特定保险产品；而场景营销是指在消费者处于某种心理状态或有某种消费需求的特定场景下开展的营销行为。理想的保险营销应该是在合适的场景中，通过合适的方式推介契合场景的保险产品，从而让客户感到无违和感。随着社会数字化的发展，线下场景转移到线上，保险将能够与更多的场景紧密结合。因此，保险企业要做好数字化营销，就必须深入研究场景、管理场景，甚至自己来开发场景、营造场景。

场景营销包含 4 种场景情况，这也是场景运营的重点。第一种是消费场景，即顾客在何时何地会选择购买什么商品，比如在银行渠道销售理财型保险产品；第二种是使用场景，即商品在何种情况下被使用，在营销中重点突出这些场景，比如年金保险可以作为子女的教育基金、子女的婚前财产、自己的养老基金、子女的传承资产等；第三种是内容场景，就是客户在资讯平台或视频流媒体上看到深度内容或讯息，产生联想和对某种商品产生兴趣，比如内容与广告结合的软文；第四种是即时场景，就是根据客户所处的即时场景分析并预测其行为和需求，推荐相关的商品，比如网购结算时随手购买退货运费险。

场景营销不仅仅是关注"销售场景"，而是要建立完整的场景化体系。我们需要从场景化产品入手，通过销售渠道的场景化建设和推广活动的场景化实施，让产品和消费者产生关联，最终完成销售。具体如何实施？笔者认为可以从几个方面切入：一是产品场景化，就是产品设计要与场景结合，包括责任、包装、命名等都要充分与场景融合。二是销售场景化，就是在销售现场模拟真实的场景或依托固有的场景。这个场景要有一些功能或行为，能够指向性明确地联想到产品。三是传播场景化，就是宣传与场景结合，要有代入感，让人产生深刻印象，例如"怕上火，喝王老吉"。四是渠道场景化，就是打破传统分销型渠道思维，围绕消费者构建场景化渠道。例如围绕与健康紧密相关的场景构建渠道。

4. 内容运营

内容运营是企业通过新媒体渠道，以文字、图片、视频等友好形式展现企业信息，并激发客户参与、分享和传播的整个过程。内容运营的主要职责是创造、激发、分享和展现营销内容，包括4种主要的传播渠道：付费媒体、自有媒体、赢得媒体和分享媒体。内容运营是一种重要的传播和触达方式，是客户运营、流量运营和场景运营的重要支持。

内容运营需要考虑与客户运营、流量运营和场景运营相结合。不同类型的消费者对感兴趣的内容和接触信息的渠道不尽相同，公域流量获客和私域流量养客对内容的要求也有所不同。只有内容与场景契合，才能最大限度地发挥内容效力。因此，企业应该建立内容生产、加工和分发的运营管理体系，思考哪些内容、通过什么方式生产、如何进行加工以及通过什么渠道分发可以获得最佳效果和性价比。例如，文字、图片和视频的展示特点不同，抖音和公众号的传播特点也不同。

在过去的几十年中，保险营销一直是通过线下交流的方式进行的。但最近几年，随着互联网保险的兴起，消费者开始更多地关注内容交互。许多消费者在购买保险之前会在网络上查找相关信息，然后直接在线上购买或者主动找业务人员咨询。由于保险产品同质化严重，很难通过产品本身脱颖而出，因此，如果能够在内容上做出差异，也可以让产品变得与众不同。为了做好内容运营，保险企业需要围绕产品、场景、客户旅程等方面构建内容体系，集中管理和沉淀内容资产，并通过企业级的内容赋能，帮助业务人员和分销商等通过内容获客与营销。

5. 产品运营

市场环境和客户需求不断变化，因此产品需要不断迭代完善，以持续满足客户需求和市场需要。如果没有良好的产品运营，就无法时刻洞察这些变化，让产品持续保持竞争力。保险产品并不存在专利，因此其设计原则和精算模型并不具有长期壁垒，同业模仿的成本非常低。保险监管的特殊性导致保险产品受政策影响很大，一个新政策的出台可能导致一批产品需要停售或升级。保险公司的产品升级迭代是常态，然而产品快速迭代和相应的运营能力是有一定门槛的，如果企业能够在这方面建立优势，就能在竞争中获胜。

保险产品的运营至少应该包括几个方面的内容：一是建立产品体系，要有规划、有策略，与企业的发展战略契合，这样产品开发、升级等工作才能有条不紊地进行；二是管理客户需求，建立面向客户的需求收集、分析及反馈机制，让客户需求驱动产品开发；三是管理市场环境，及时了解监控动态、竞品情况、渠道变化，提前预判并主动推动产品迭代升级；四是产品运营与场景运营、内容运营紧密结合，场景和内容要服务于产品，产品运营要有效利用场景和内容；五是充分利用数据，建立基于数据的产品运营监控体系，用数据反映业绩情况、检验运营效果，规避潜在风险，挖掘潜在机会。

6. 数据运营

数据运营的主要工作是采集、分析数据，并提供决策支持。这些数据可以指导运营决策、驱动业务增长，支持整个营销运营体系朝着更精细化的方向发展。在这里，决策支持不仅仅是为管理者提供决策依据，而是通过数据分析和应用，在各个环节和方面帮助营销、运营、管理等人员进行准确判断，提高业务精准度和运转效率。例如，可以通过数据评估不同渠道的业务效果、活动推广的成效以及客户可能需要什么产品等。

数据运营的工作可以归纳为三个方面：一是数据规划，主要是明确需要什么数据，包括收集和整理与营销相关的各类数据需求，搭建数据指标体系；二是数据采集，企业数据管理体系包含数据采集，这里更多的是关注营销领域特色的数据采集需求（如在网页、App等埋点）和企业数据面向营销领域使用的整合；三是数据应用，推动数据在客户运营、流量运营、场景运营、内容运营、产品运营中应用，在终端的营销活动、营销行为中使用。数据运营最重要的是让数据规划、采集和应用成为一个体系，通过统一运营管理，实现数据应用效益最大化。

6.4 数字化营销工具体系

工欲善其事，必先利其器。无论是营销渠道的数字化还是数字化的营销运营体系，都离不开数字化工具的支撑。保险数字化工具体系包括面向营销的数据整合平台、数据洞察平台，面向运营的渠道管理平台、智能营销平台，以及面向赋能的营销服务工具、面向连接的保险开放平台、面向零售的网络直销平台等。

1. 数据整合平台

数据整合平台不一定是一个独立的平台，也可以是企业数据平台的一部分，主要关注营销领域特色的数据采集和企业数据面向营销领域使用的整合。采集的数据包括用户的网络行为数据、客户与业务人员和客服的交互数据、营销广告投放及营销活动追踪数据等。整合的数据包括保单数据（如承保、核保、保全、批改、理赔、产品、客户）、营销管理数据（如业务人员、营销活动、组织或个人绩效）、用户行为数据（如浏览产品、业务人员沟通、客服咨询）和第三方数据（如征信、医疗、车联网）等。

通常情况下，数据整合是以客户为中心的。为了支持这种以客户为中心的数据整合，许多企业都建立了企业客户信息系统（ECIF）。每个客户都有一个全局ID，该ID贯穿企业内部各系统/平台。通过这个统一的客户ID，保单数据、营销管理数据、用户行为数据、第三方数据等可以相互关联。同样，还可以以某些财产险标的为中心进行数据整合。例如，以车辆为中心，通过车架号将车险、涉车的信用保证保险、责任险、增值服务，以及外部的车联网、违章、维保等数据关联起来。

2. 数据洞察平台

数据洞察平台作为数据到应用的桥梁，让数据能够被深度地应用在营销中。该平台可以是企业数据平台的一部分，不一定需要单独建设，主要承载面向营销的数据标签体系、数据画像实例、数据指标体系以及相关的算法和模型。通过平台赋能，可以洞察客户需求、偏好，评估客户风险，挖掘潜力，评价渠道贡献、活动成效、策略有效性、业务人员绩效等。

1）数据标签体系。标签是对某一类特定群体或对象的某项特征进行的抽象分类和概括，其值具备可分类性。例如，对于"人"这类群体，可以用"男""女"这类特征进行抽象和概括，统称为"性别"，"性别"即为一个标签。对于保险数字化营销，可以围绕客户、车辆、产品、场景、内容、渠道等建立标签体系。

2）数据画像实例。通常情况下，画像由某个特定群体或对象的多个特征组成，输出结果是对这些特征的具体描述。画像可以理解为由多个标签组合而成，其实例由多个标签值构成。例如,"小明"是用户画像的一个实例,输出结果为"男""20""北京"。平台对画像的管理主要是将标签体系与实际数据结合起来,构建和维护围绕客户、产品、场景、内容等的画像实例。

3)数据指标体系。"这次宣讲会效果不错""某代理人销售转化率很高""某文章传播很广"等用语在日常生活中使用并无不妥,但若企业运营管理依赖这些语言,则会面临困境。为了实现营销的精细化管理,企业需要制定一套数据指标体系来度量和改变不确定、不具体、不准确的语言描述,确保描述的准确性。营销领域需要量化评估的内容都应尽可能指标化,例如建立客户运营指标体系、渠道评价指标体系、销售管理指标体系、营销人员绩效和测评指标体系等。

3. 渠道管理平台

对于企业运营来说,精细化管理渠道销售无疑是一个重要的目标,包括对分销机构、团队和人员、薪资和考核、日常培训以及销售过程等方面的精细化管理。虽然现有的销售管理系统、销售可回溯系统和培训系统已经在这方面做出了一定的成绩,但仍有待进一步加强。例如,在人员管理方面,多数系统只能进行营销人员的信息登记,缺乏从入职到离职的全周期管理能力。在薪资和考核方面,多数系统只能进行月度统计,很难在月中进行测算。可回溯系统一般符合监管要求即可,很少用于细粒度的销售过程监控。

保险企业可以在现有系统的基础上建立一个面向渠道销售管理的统一平台。该平台基于现有系统进行以下几方面的改进:一是打破各个渠道管理系统之间的壁垒,使人员、薪资和考核等可以交叉,这也是渠道交叉融合的基础;二是形成完整的系统管理闭环,不仅包括人员管理、双录管理、培训管理等的结果管理,还应将过程管控也落实到系统中,管理营销工作的全周期;三是中介渠道不仅仅是管理代理网点和手续费等信息,还应将平台能力开放,帮助合作伙伴提高其精细化销售管理能力;四是充分利用数据平台,引入人工智能技术,提高管理的精准度和效率。

4. 智能营销平台

许多企业都建立了 CRM(客户关系管理系统)体系,包括 ECIF、ACRM、CCRM 和 OCRM。按照本书的设定,ECIF 的职能放在数据整合平台,ACRM(分析型客户关系管理系统)的职能放在数据洞察平台，CCRM（协作型客户关系管理系统）是企业呼叫中心的一部分，OCRM（操作型客户关系管理系统）则是智能营销平台的核心组成部分。这里所说的 OCRM 主要是管理客户和准客户信息、销售线索和销售策略、客户分级和客户分群、积分体系和增值服务等。

除了传统的 OCRM 职能，智能营销平台还需要支持客户活动管理、营销活动管理、触达通道管理和统一内容管理。客户活动管理即管理面向客户的活动，如宣讲会、新人礼、裂变、任务、红包、签到、抽奖等。营销活动管理即管理面向个人代理、电销、中介等分销渠道的营销活动，如竞赛活动、激励方案等。触达通道管理即打通和管理电话、短信、邮件、微信、App 等触达客户的通道，以便能够依据客户特点精准链接客户。统一内容管理则是集中管理内容素材、分发渠道和分发策略，再结合数据平台和 OCRM 大幅提升内容管理效率和分发的准确性。

5. 营销服务工具

保险企业应该为业务人员提供数字化工具，帮助他们以数字化的方式获客、营销和服务。这些工具可以提高前端业务人员的效率，也便于获取并使用后端运营体系提供的资源和能力。利用系统工具将前端业务人员与后端渠道管理和运营服务体系高效连接，有助于提高企业运营的整体性并向一线人员赋能，同时可以最大化业务人员的价值，增加他们对企业的信任和归属感。

许多保险企业为一线营销人员开发了移动端工具，包括 App、小程序、公众号、企业微信等多种形式。这些工具提供了人员全周期管理（包括触达、吸引、面试、入职、培养和离职等）、展业全周期管理（包括客户管理、财务分析、建议书、出单、回访和续期等）、培训全周期管理（包括课程计划、直播、点播和考试等）以及团队全周期管理（包括活动量、薪资、考核、荣誉、日程和考勤等）功能。此外，有些工具还将保全、理赔和客服等业务功能整合其中，以及整合一些增值服务或权益服务。我们的目标是将这些工具的能力整合，并与后端运营管理系统平台对接，形成高度集成的一体化工具。

6. 保险开放平台

相较于欧美的保险市场，国内保险专业中介领域的发展还不够充分。在直销、个人代理、银行代理发展遇到瓶颈的情况下，保险企业可以考虑重点开拓专业中介市场。目前，有几个因素制约着专业中介市场的发展：一是保险企业与专业中介合作的管理成本高，因此它们更愿意与业务规模较大的中介机构合作，但这种机构数量有限；二是中小型中介机构信息化程度低，管理普遍不足、运营效率低下，进而影响保险企业的合作意愿。因此，保险企业在寻找渠道的同时，中介机构也很难签到产品。

虽然 MGA（授权承保代理）模式被广泛认可为解决问题的途径，但笔者更倾向于保险企业主动站出来。一方面，保险企业可以"散弹打鸟"，与中介机构广泛连接和合作；另一方面，利用自己的业务和技术储备为中介机构赋能，帮助它们提升运营和管理水平。同时，在信息技术的支持下，不断降低面向中介的管理成本。实际上，这样做并不困难。我们需要一个技术平台，通过它快速、低成本地连接中介机构，将企业内部的能力封装并面向中介机构开放和共享。在互联网领域，"开放平台"是一套公认的技术解决方案，用于解决不同企业之间的连接和赋能问题。保险企业也可以借鉴这个思路，面向中介机构建设自己的"保险开放平台"。

7. 网络直销平台

保险企业很早就开始构建自己的网络平台。最初是 Web 形式的电子商务网站，后来随着移动智能手机的兴起，又开始构建 App。随着微信生态的发展，保险企业又开始构建微信公众号和小程序。但是，保险网络自营平台的发展一直面临两个困境：首先，技术发展太快，从 Web 网站到 App 再到微信公众号和小程序，企业需要不断地投入成本建设新平台，而互联网系统的技术特点决定了其建设和维护成本通常比较高；其次，网络销售平台的发展依赖于流量，而保险企业并不具备流量属性，并且 App 和微信公众号还需要长期的客户运营。

要发展保险网络直销，技术层面必须解决几个问题。首先是平台化，以便能够快速、低成本地应对各种变化，包括客户需求的变化、不断涌现的各种新型触达媒介和传播渠道。其次是平台要有融合营销运营体系的能力，以便做好客户运营、流量运营、内容运营，从而实现精准营销。最后是不能只局限于自生流量，还要能快速、无缝地接入外部场景和流量平台，例如将 H5 形式的推广和出单能力嵌入外部流量平台中。

第 7 章
数字化运营管理

本章将介绍如何从运营方面推动数字化转型。与传统意义上的"企业运营"概念不同,这里所说的"运营"主要指的是企业内部的各种日常管理工作,即保险公司"内勤人员"的工作。运营数字化转型就是要实现数字化运营,应用数字技术和系统化工具,在降低人力成本的同时尽可能提高运营的效率和精细化水平。

数字化转型如何在运营中实现?笔者认为可以从 4 个方面入手:一是不断扩大信息系统的覆盖面,将运营工作尽可能地线上化;二是当需要进行决策时,通过数据的辅助来提高决策的效率和准确性;三是在线上化的基础上寻求自动化和自助化,提高流程自动化的水平并提高客户自助的比例;四是对于必须由人力完成的工作,通过流程驱动来消除惰性并促进协同,通过一体化的办公平台来提高系统使用的便利性。

7.1 扩大信息化覆盖面

根据百度百科的定义,企业信息化建设是通过应用计算机技术来提高企的生产效率、降低运营风险和成本，从而提高企业的管理水平和持续经营能力。信息化建设的核心在于建设信息系统，以系统模拟现实业务，并利用计算机高速运算的特点来提高业务处理速度，从而提升运营效率，降低人力成本。因此，企业要降本增效、实现精细化运营管理，信息系统的覆盖面应该越全面和完善越好。

1. 保险管理信息系统现状

企业建设信息系统主要有两个方向：一个是电子商务网站，这是企业面向互联网的窗口；另一个是管理信息系统，主要用于日常事务操作，负责组织与管理企业内部信息。接下来我们将重点关注与运营管理相关的系统，即管理信息系统。

根据所涉及的领域不同，保险公司的管理信息系统可分为以下几类：核心业务、渠道管理、财务管理、投资管理、客户服务、产品精算、审计监管、人力资源、协同办公、IT管理和商业智能。下面将从软件产品和保险企业两个视角，分析这些系统的供给和应用情况。

（1）软件产品视角

大部分保险企业系统建设是以采购为主，而中科软作为国内最大的保险行业应用软件供应商，其软件产品涵盖核心业务、财务管理、渠道管理、产品精算、客户服务、审计监管、商业智能等多个领域，客户遍布国内大部分保险公司。可以说，中科软的系统解决方案几乎就是国内保险业务信息化的事实标准。图7-1所示是根据中科软官网信息整理的保险管理信息系统产品矩阵。

除了上述系统产品之外，保险企业还会使用以下一些相关软件：一是专业软件，如交易、信评、估值、风控等投资软件，以及如Prophet等精算软件；二是通用软件，它们不针对某个具体行业，如人力资源系统、办公自动化系统，以及企业微信、钉钉等办公协同工具；三是项目管理、需求管理、缺陷管理、代码管理等IT治理工具。

（2）保险企业视角

人寿保险和财产保险在产品形态、经营模式和监管策略等方面存在差异。由图7-1可以看出，人寿保险公司和财产保险公司在系统建设思路及系统产品构成方面有明显的差别。由于保险企业的发展阶段、业务重点和信息化策略不同，因此信息系统的数量和构成也会有所差异。

第 7 章　数字化运营管理

	核心业务	财务管理	渠道管理	产品精算	客户服务	审计监管	商业智能
财产保险	承保管理系统、审核管理系统、理赔管理系统、单证管理系统	财务管理系统、收付管理系统、费用管控系统	销售管理系统、渠道对接平台	保险产品工厂、再保管理系统、准备金系统	客户信息管理系统、呼叫中心系统、智能联络中心	审计管理系统、内部稽查系统、反洗钱管理系统、偿付能力报送系统	商业智能分析系统、统计报表系统
人寿保险	个险核心业务系统、团险核心业务系统、健康险核心业务系统、企业年金管理系统、单证管理系统	财务总账系统、资金管理系统、资产管理系统、预算管理系统、费控管理系统、增值税管理系统	销售管理系统、销售支持系统、培训管理系统	产品管理系统、准备金系统、再保险管理系统	呼叫中心客服系统、客户信息管理系统、客户关系管理系统	审计管理系统、反洗钱管理系统、偿付能力报送系统	保险数据仓库、大数据分析平台、报表管理系统、统计分析系统

图 7-1　保险管理信息系统产品矩阵

保险企业建设信息系统主要考虑两个方面：一是满足监管要求，二是提升运营效率。根据《保险机构开业信息化建设验收指引》，保险企业应具备核心业务系统，能够实现电脑出单，业务、财务系统数据实现无缝衔接，信息系统必须满足监管部门的数据采集要求。因此，核心业务系统、财务系统、销售管理系统和与监管机构对接的信息系统（如反洗钱系统、统信报送系统）是保险公司的标配。在此基础上，保险企业会根据自身需求在其他领域建设不同的信息系统，建设深度和程度主要取决于保险企业想在哪些领域提升运营效率。

2. 全面覆盖运营活动

不同保险企业的信息化建设程度不尽相同。要进行运营数字化转型，首先要系统地梳理运营工作，对系统建设现状进行评估，找到其中的短板和不足。尽量将非系统化的运营活动都系统化，将线下运营行为都映射到线上。通过信息系统，既可以提高运营行为的效率，又可以利用信息系统产生的数据，通过数字世界的模拟和控制，进一步实现自动化和智能化。

（1）围绕行为、活动建设系统

保险企业建设信息系统通常由使用部门提出需求，技术部门组织实施，厂商则基于既有的软件产品进行定制化开发。系统建设通常是围绕职能部门和软件产品进行的。这种建设方式虽然简单、高效，但更适合于信息化的初级阶段。这就好比用石头和砖块铺一条路，下面几层用什么形状的材料、怎么布置都没有问题，但到了上层就需要使用打磨或者定制的材料，精准地摆放位置。同样，企业要在现有信息化成果的基础上增加系统覆盖，甚至达到无死角覆盖，传统的系统建设思路也要有所调整。

首先，需要设定一个目标，例如信息系统要覆盖90%以上的运营工作。然后，对整个运营工作进行系统的梳理，可以参考"业务架构"方法，将运营工作分解为一系列管理活动和办公行为。根据系统建设的现状，找出哪些活动和行为还没有被系统覆盖。最后，根据设定的目标，针对这些行为和活动建立信息系统。

（2）采取灵活多样的建设方式

企业建设信息系统有多种方式，包括自主开发、合作开发、定制开发、外包开发和购买云服务（SaaS）。大部分保险企业采用定制开发的方式，即基于厂商的软件产品,并根据自身需求进行定制。笔者认为,随着系统建设进入深水区,保险企业不能拘泥于某种建设方式,而应该根据技术战略和系统特点来进行灵活选择。

虽然定制开发仍然是主流,但保险企业也需要着手打造自己的研发能力。首先,对于构成企业核心竞争力的信息系统,仍需自主开发;其次,保险企业需要具备一定的技术能力,才能灵活选择系统建设方式;最后,在无法找到相对匹配的软件产品时,不要牺牲系统需求而妥协。此外,保险企业应该对SaaS抱有开放心态,因为一些通用软件、专业领域软件和辅助性系统工具采用SaaS的性价比较高。

3. 打破数据孤岛、流程孤岛、操作孤岛

系统不仅需要全面覆盖,还应该形成一个有机的整体。不同系统之间的数据应该融合,流程应该互通,用户也应该得到整合。但是,保险企业以业务为导向的系统建设模式和渐进式的系统建设过程,导致信息系统形成了典型的烟囱式结构。在这种结构下,不同系统之间很难共享资源或相互访问,每个系统都是一个数据孤岛、流程孤岛、操作孤岛。在数字化运营体系下,避免系统孤岛的存在是非常重要的。因此,我们需要打破这些既有的系统孤岛,同时还要避免在新建系统时引入新的孤岛。

首先,数据不是某个系统的数据,而是属于企业的。站在企业的角度,只有将各个系统的数据流通和融合,才能更全面地利用数据,发挥数据的最大价值。如果数据封闭在系统内,不能流通也不能融合,每个系统就只能使用自己的数据。即使其他系统需要使用已经存在于某个系统中的数据,也可能需要重复采集,这无疑会影响体验和效率。

其次,系统不仅仅记录信息,还能模拟实际工作步骤以建立流程,通过流程流转来推动业务处理,从而提高效率。如果系统之间的流程是相互独立的,那么就只能在局部领域促进协同、提高效率,跨系统边界的工作衔接仍然需要在线下完成,可能需要不同的系统重复录入和提交数据,需要相关人员反复沟通,这必然会影响效率和体验。

最后,许多企业的信息系统存在多个用户和权限体系,这常常使得用户不得不反复登录不同的系统以完成各种任务,从而影响工作效率。因此,企业在

扩大系统覆盖范围的同时，也需要对系统的用户和权限体系进行整合，从而让信息系统对使用者来说就像一个整体系统。这样，使用者就可以在系统功能之间无缝切换，根据需要随时切换并处理新的工作，从而提高工作效率。

7.2 用数据辅助决策

"决策"是管理学术语，指的是为了实现特定的目标，在一定的信息和经验的基础上，借助某些工具、技巧和方法，对诸多因素进行分析、计算和判断优选后，对未来行动做出决定。决策是人们在政治、经济、技术和日常生活中普遍存在的一种行为，是管理中经常发生的一种活动。除了企业管理者所做出的决定，在我们的日常工作中也充满着决策，每个人都在不经意间做出决策。

在 20 世纪 70 年代，人们开始使用信息技术来辅助决策，并提出了决策支持系统的概念。随后，在 20 世纪 80 年代，决策支持系统与专家系统相结合，形成了智能决策支持系统。智能决策支持系统充分发挥了专家系统以知识推理形式解决定性分析问题和以模型计算为核心解决定量分析问题的特点。到了 20 世纪 90 年代，新技术如数据仓库、联机分析处理、数据挖掘等相继出现，人们开始将智能决策支持系统与数据技术相结合，从数据中获取辅助决策的信息和知识。随着数据的增加，从数据中获取的信息和知识变得越来越丰富，数据辅助决策也变得越来越精准。

企业在日常运营中需要做出大量的判断，即决策。这些决策的效率和准确性直接影响企业的运营效率。如果企业想要通过数字化运营降低成本并提高效率，就必须充分利用数据，通过数据辅助来提高决策的准确性和效率。

7.2.1 深入理解数据辅助决策

通过前面的介绍可以看出，数据辅助决策是以决策主题为中心，借助计算机相关技术辅助决策者通过数据、模型、知识、规则等进行业务判断，以帮助、协助甚至代替决策者快速、准确地做出决策。

1. 数据辅助决策的分类

根据数据的能动性和建议的明确性，数据辅助决策可分为以下 3 种类型：

1）执行性辅助决策，是指能够使用明确的语言描述某一决策主题，并通过特定的方法和模型进行分析与挖掘，以直接的数据记录和行动规则等方式协助决策者开展行动。例如，如果能够通过数据分析获得客户名单和抽取规则，则可以直接帮助业务确定发送对象，从而展开针对部分客户的促销活动。

2）启发性辅助决策，是相对于执行性辅助决策而言的概念。它可能不涉及某个具体的决策主题，或者在面对某个决策主题时没有明确的结果判断。它提供了间接的数据相关论证、规则、描述等，需要决策者根据这些信息进行自我判断和决策。例如各类面向企业管理的统计报表、数据报告，以及面向市场的数据统计和调研分析。

3）自动化数据驱动，是一种将基础数据和决策规则等植入系统的方法，使得决策分析和执行过程由系统自动完成。例如，根据客户的浏览记录和同类购买行为实时地为客户推荐产品；根据预设的规则进行自动核保，低风险客户可以直接承保，高风险客户则需要人工审核。

2. 数据辅助决策的步骤

数据辅助决策通常包括以下 4 个步骤：

1）确定决策主题。首先明确需要解决的问题，并确定和理解自己的目标；然后基于需求或问题形成决策主题，包括问题组成、决策方向等。决策主题容易与数据指标混淆，数据指标多是面向管理，而决策主题可以针对任何需要做出判断的问题。数据指标主要是建立度量标准，而决策主题是帮助决策者做出判断。数据指标可以成为独立的决策主题，也可以作为主题的判断依据。

2）整理基础数据。首先需要收集现有的数据，并对其进行整理和组织，明确我们拥有哪些数据。接着需要根据决策主题确定理想的数据需求，并检查我们是否已经拥有了这些数据，以及是否需要采取一些措施来收集或获取外部数据。

3）制定决策方案。利用相关的数据知识、工具、技能来定性分析和定量挖掘决策主题，形成模型、知识和规则，以便决策者应用。决策者根据个人才能、经验、流程以及所处环境等因素对描述或结果进行评估，以确定最佳方案并实施。此外，还可以将方案植入系统中，由系统自动分析、判断和执行。

4）不断评估、优化。数据辅助决策并非一次性工作，而是一个不断迭代优化的过程。决策者需要根据执行效果不断地进行评估，反过来优化数据收集、模型设计、规则设计等的方法和策略。这是一项复杂的工作，需要持续不断的努力和改进，以确保最佳结果。

7.2.2 保险企业如何落地实践

保险企业一直在利用数据辅助决策，只是大部分企业所应用的是启发性辅助决策，且数据辅助决策的机制和方法不成体系，难以满足企业数字化运营情境下对决策准确性和效率的要求。那么，保险企业应该如何面向数字化运营构建自己的数据辅助决策体系呢？笔者认为，重要的是梳理决策主题、夯实数据基础和构建技术体系。

1. 梳理决策主题

保险企业应用数据辅助决策是比较普遍的，如面向企业经营管理建设领导驾驶舱，销售管理围绕基本法和业绩数据进行考核，业务运营中核心系统基于投保数据与核保规则进行自动核保等，只是这些应用都是零散的点，缺乏系统性和整体性，相关资源和能力不能有效共享，导致每个点都难以深度应用，并且每个点的投入都很高。笔者认为，保险公司要建设数据辅助决策体系，要从源头抓起，梳理出一套成体系的决策主题。

首先，从企业职能角度出发，对工作中需要做出决策的场景和需要做出判断的问题进行分类梳理。分类可按照经营管理、保单运营、财务管理、销售管理、客户服务、产品精算、审计监管、合规风控、行政办公等职能进行。例如，核保是保单运营中的一个决策场景，寿险中核保又可以细分为新契约核保、保全核保和理赔核保3个子场景。每个场景都包含多个需要做出判断的问题，例如应该由哪一级核保师处理、是否标准体承保、是否需要体检、需要哪些体检项目、是否需要加费，以及如何加费等。

然后，对这些场景和问题进行分析，评估哪些场景、哪些问题需要哪种类型的辅助决策支持。从效率的角度看，自动化数据驱动高于执行性辅助决策和启发性辅助决策。但是，效率高也意味着对数据和技术的要求更高，企业应该在寻求平衡的情况下尽可能追求高效率。此外，对于某些场景或问题，辅助决策可以从启发性到执行性再到自动化，循序渐进，这样前一阶段的经验积累更有利于后一阶段的实施。

2. 夯实数据基础

建立一个良好的数据基础对数据辅助决策非常重要,直接影响数据应用的范围和深度,以及辅助决策的效率和准确性。目前,大部分保险企业的数据管理并不成体系。即使一些企业有数据治理和统一的数据平台,但在数据辅助决策应用方面的考虑不多,只是围绕个别主题做了数据归集和处理,例如针对渠道薪资和考核做数据扎账,以及面向领导驾驶舱拉通数据。要建立数据辅助决策体系,需要在数据层面围绕有体系的决策主题,针对决策主题对应的数据要求进行统筹考虑。在企业现有数据条件的基础上,一方面做企业级数据拉通,一方面尽量扩大数据的维度,一方面尽量提高数据的时效性。

1)企业级数据拉通。如果数据被封闭在各个系统中,无法流通、融合,每个系统只能使用自己的数据,每个决策场景或问题所能利用的数据也只能局限在一个系统内,很难做出深度的数据决策支持。只有将企业内部各个信息系统的数据进行整合,任何一个决策场景或问题在决策时都是基于企业级的数据支持,才能最大限度发挥数据辅助决策的作用。

2)扩大数据的维度。在做决策时,我们希望获得更多维度的信息来做出更精准的判断。不同维度的信息可以相互验证,为决策提供更多依据。然而,保险企业目前只有自己系统记录的数据,而且这些数据都是与内部运营和保险业务相关的,维度比较单一。只有不断融合外部数据,扩大数据的维度,使用多渠道数据进行交叉验证,才能更好地辅助决策。例如,若能引入医疗、运动、车联网等数据,则可以大大提高核保和核赔决策的效率及准确性。

3)提高数据的时效性。有些决策需要宏观的统计数据和多维的数据验证,而有些决策则需要尽可能实时的数据。数据的时效性越高,决策就越准确。如果数据的时效性能够提高,甚至一些以前无法实施的举措也可以变得容易实现,例如根据实时数据为客户推荐产品或为业务员推荐营销策略。这里的"时效性"是指数据生成到应用的时间。以前,我们在企业数据应用中使用ETL工具,数据从生成到使用需要等待一定的时间;未来,更多的是推动实时的数据应用。例如,渠道计算薪资和考核通常要等到月底最后一天完成扎账才能进行。实际上,无论是业务人员还是渠道管理人员,都希望能够动态、实时计算,这样才能对工作做出更精细的计划和管理。

3. 构建技术体系

前面提到了决策主题，即辅助决策的目标、场景和方向，还讨论了辅助决策的数据基础。下面再来谈谈将数据围绕主题转化成实际决策或决策参考的工具——"技术平台"。目前，保险企业建设了很多具有辅助决策职能的技术平台。例如，领导驾驶舱、报表系统、分析型 CRM，以及各类信息系统中提供数据查询分析、利用数据做出判断的功能或模块。然而，这些平台所构建的技术能力是松散的，我们需要用一套逻辑把它们串联在一起，形成一套面向辅助决策的技术体系。

图 7-2 所示是一个相对完整的数据辅助决策技术体系架构图，整个体系由 10 个部分组成。

1）数据基础，主要负责企业级数据整合和内外部数据归集。它可以采用数据仓库、数据湖等形式，不一定需要单独建设，也可以是企业级数据平台的一部分。

应用层	领导驾驶舱	数据报表	文本查询	业务系统
能力层	知识管理	规则引擎	数据分析	数据挖掘	人工智能
数据层	数据基础			

图 7-2　数据辅助决策技术体系

2）知识管理，主要用于存储专业领域的知识。在某些情况下，解决问题的过程需要利用这些知识来模拟专家的思维方式。以前常见的方式是建立传统的知识库，现在，"知识图谱"已被公认为未来知识管理技术的发展方向。

3）规则引擎，是一种嵌入在应用程序中的组件，由推理引擎发展而来。它实现了将业务决策从应用程序代码中分离出来，并使用预定义的语义模块编写业务决策。规则引擎接受数据输入，解释业务规则，并根据业务规则做出业务决策。目前，在自动核保环节中，保险公司广泛应用规则引擎。

4）数据分析，是指使用适当的统计分析方法对数据进行分析，将它们加以汇总、理解和消化,以求最大化地开发数据的功能、发挥数据的作用。辅助决策是数据分析的主要应用场景,通过选择有用的信息产生的结果来形成结论或验证结论。

5)数据挖掘,是指通过统计学、人工智能、机器学习等方法,从大量数据中发现未知和有价值的信息与常识。数据分析的结论是人类智力活动的结果,而数据挖掘的结论则是机器从学习集、训练集或样本集中发现的知识规则。相比数据分析,数据挖掘能够提供更深层次的决策依据和线索。

6)人工智能。实际上,专家系统、知识图谱和机器学习都属于人工智能范畴。在这里,人工智能更多地增强了知识管理、数据挖掘等能力。例如,利用人工智能采集非结构化信息,如图像、声音等。

7)领导驾驶舱,是为企业管理层提供的一站式决策支持的管理信息系统。通过详尽的指标体系,以驾驶舱的形式将数据以各种常见的图表形象化、直观化、具体化地表示出来,实时反映企业运营的关键指标,直观地监测企业运营情况。

8)数据报表,是最基本的数据辅助决策应用形式,可以根据条件查询、汇总和展现数据。

9)文本查询,不仅支持检索和查询结构化数据的报表,还具备针对非结构化文本进行检索查询的能力。比如开源的搜索引擎 Elasticsearch。

10)业务系统。根据本书对"决策"的定义,审核行为和业务判断均属于决策的范畴。因此,业务系统是辅助决策应用的主体。数据报表和文本查询大多嵌入在业务系统中。知识管理、规则管理、数据分析、数据挖掘、人工智能等技术所提供的决策能力也主要在业务系统中展现。自动化数据驱动应用的场景也出现在业务系统中。

下面以核保为例,具体说明这个技术体系如何运转。许多寿险公司在推广智能核保项目时,实际上是利用数据和智能技术来提升核保决策效率与准确性。智能核保可以分成 5 个等级,对技术体系的运用各不相同。

- 一级:引入规则引擎,在其中植入一些基本的核保规则,对于标准体自动核保通过。
- 二级:不再只是基于客户投保提供的信息进行静态判断,而是引入知识引擎,基于领域知识与客户动态交互,通过动态反馈的信息自动做出核保判断；对于仍需要人工核保的情况，也会基于领域知识形成给核保人员的建议，以提高人工核保效率。
- 三级：引入运动数据、医疗数据、第三方健康评估等外部数据，并将这些数据作为规则引擎的判断依据。
- 四级：挖掘海量数据，找到一些未知的规律，将这些规律不断总结成知识，形成新的规则。
- 五级：前面4个等级还是基于固定规则做出判断，到了这个等级就需要应用人工智能深度学习技术，由系统自动学习知识、总结经验，自主生成规则、做出判断。

7.3 自动化与自助化

数字化运营的目标是降本增效。企业在扩大信息系统覆盖面和用数据驱动决策的基础上，可以更多地自动化处理运营事务，并将更多的业务交由营销人员、合作伙伴和客户自助办理。随着自动化水平的提高，企业的运营效率也会相应提高。当自动化水平和业务自助办理的比例提高时，企业就可以减少雇员，从而降低成本。

7.3.1 提高运营自动化水平

自动化概念源自传统制造领域，指的是应用机械设备将原本由人工操作生产程序改换为由机械自行操作生产程序的一种过程。保险是一种虚拟商品，其生产、交易和服务过程相比传统商品更容易实现自动化。如果信息系统能够全域覆盖，数据辅助和数据驱动决策能够实现，并且人工智能技术得到广泛应用，保险企业将具备实现高度自动化的条件。

1. 节约成本之外的好处

大多数关于自动化的讨论都集中在成本节约上。企业提高自动化水平除能够降低成本外，还有以下5个好处。

1）提升生产力。服务器、软件和算法与人类不同，它们不会休假、不会生病，也不会面临工作与生活平衡的困难。它们可以全天候工作，全年365天不间断，而且仍然可以保持高效率和准确性。显而易见，企业自动化水平的提高能够带来生产力的提升。

2）质量更可靠。如果配置正确，服务器、软件和算法的性能是一致且可靠的，每次都以同样的方式解决问题，则可以减少或消除人为错误对过程的影响。

3）员工更满意。通过自动化日常任务、手工任务和可重复的任务，人力可以集中处理更具挑战性、更具战略性和更具回报性的工作。这不仅可以提高员工的满意度和留存率，还意味着每个员工可以在单位时间内创造更多的价值。

4）客户更满意。业务流程自动化之后，客户办理业务的等待时间将会更短，特别是保险的投保审核和理赔审核过程的处理速度会大大提升，这无疑能够给客户带来更好的体验。

5）过程可审计。软件生成的日志能够实时记录每个动作和相应的结果。鉴于监管越来越严格，围绕数据和隐私保护的法律也相继出台，企业内部越来越注重风险控制和合规性。自动化过程由系统处理，审计也更加容易进行。

2. 设一个高点的目标

自动化有很多优点，对于企业来说，自动化的水平越高越好。然而，目前大部分保险企业的运营自动化水平仍然比较低。例如，传统制造企业已经普遍采用自动化生产线，而能够实现快速理赔的保险企业很少。笔者认为，为了适应精准、高效的未来数字化社会环境，保险企业在数字化转型时必须将运营自动化的目标设得高一些，例如人力成本降低50%、财务管理95%以上自动化、非标准体核保自动化比例超过95%等。此外，系统覆盖运营活动、数据辅助驱动决策和人工智能技术应用是实现自动化的基础，将自动化目标设得更高也有助于推动这些部分的深度实施。

保险企业需要制定一个自动化愿景，以此引导目标，在工作中不断识别自动化机会。通常情况下，保险企业倾向于在原有流程中的某些环节或现有系统的某些功能上进行自动化改造。实际上，我们应该超越这种模式，从适应未来高效、精准的数字化社会的角度出发，来思考保险企业需要什么样的运营流程，需要达到什么样的自动化程度。

3. 如何选择自动化举措

图 7-3 所示是从 UIPath 报告中摘取的商业保险自动化热图。

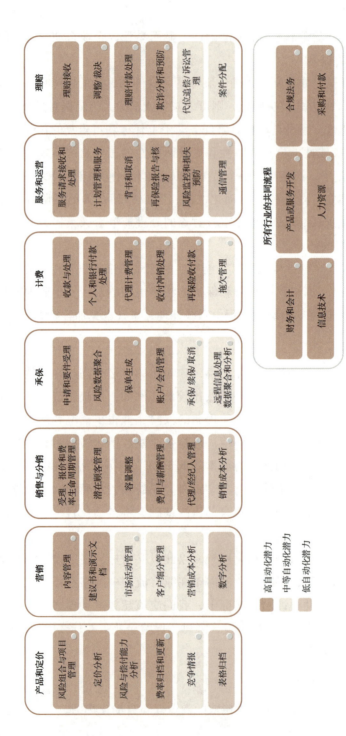

图 7-3 商业保险自动化热图

从图 7-3 中可以看出，保险业务有着巨大的自动化潜力。那么，不同的保险企业应该如何选择适合自己的自动化举措呢？毕马威在《自动化保险公司》报告中提出了一个漏斗模型，通过以下 3 个步骤进行筛选，可以帮助企业找到正确的自动化措施，以实现自动化价值最大化并优化成本。

1）确定整个组织中存在的自动化机会。通过自上而下和自下而上的分析方法，识别出跨领域的自动化需求，如跨业务领域、跨地理位置、跨系统边界。同时，梳理当前的运营流程，找到存在大量人工处理或对技术应用不充分的部分，例如在系统之间手工传递信息、熟练员工必须花费相当多的时间、重复且有规律可循的工作。

2）对自动化机会实施可行性评估。在这个阶段，团队需要进一步评估或研讨自动化的可行性。需要考虑的因素包括业务复杂性、数据复杂性、上下游流程影响、风险、可自动化程度、自动化可能的障碍和各方面对这种改变的准备，还需要检视企业的技术和数据应用能力，确定是否能够支持实现自动化的最佳方法，是否存在不足之处，是否有弥补的计划。

3）以价值驱动确定实施的自动化机会。首先，将机会与保险价值链结合，梳理出完整的保险价值链自动化矩阵。然后，从企业价值和客户价值两个维度，以及流程改进和环节自动化应用两种模式，梳理实施自动化带来的价值贡献。最后，根据难度、风险、投入和潜在价值对机会进行评估，确定实施内容和计划。

4. 重点突破人力密集领域

显然，人力密集领域是实施自动化价值最大的领域。保险企业内部有 3 个人力密集的领域：一是两核，包括核保师和核赔师，还有大量的调查和查勘人员；二是客服，包括客服座席和相关的管理人员；三是 IT 研发，包括公司自己的员工和外包人员。

1）理赔自动化。前面简要介绍了核保自动化，这里将主要介绍理赔自动化。预测显示，随着智能技术应用和自动化水平的提升，到 2030 年理赔岗位将减少 70%～90%。例如：通过各种物联网传感器和数据捕捉技术的组合，以及与各类医疗、健康服务机构的数据连接，代替传统的人工报案方式。在企业接到报案后，会自动启动理赔分类处理和服务流程。保单持有人可以通过录像对事故现场进行记录，或者企业可以主动到相关服务机构或行业平台抓取数据。根据这些信息，系统会自动计算理赔金额。在处理理赔的同时，对于特定类型的案件，会直接启动维修、就医等快速通道。

2）客服自动化。智能客服在保险行业应用得比较广泛，已经从语音导航、自动质检逐步扩展到智能咨询、智能回访等领域。与两核自动化不同，客服自动化是直接与客户交互的，情感共鸣尤为重要。因此，我们在尽可能追求客服自动化的同时，也要在自动化和客户体验之间寻求平衡，真正做到"科技向善"。

3）研发自动化。由于技术是核心竞争力，团队规模大且技术投入巨大，互联网企业比较重视研发自动化。然而，相比于理赔和客服自动化，保险企业对研发自动化的关注较少，由于长期的技术债积累，推动研发自动化的难度也比较大。随着数字化转型的推进，保险企业将向科技型企业转型的推进，研发人员将越来越多，研发投入也越来越大。因此，通过自动化方式提高研发效率并降低成本，将成为保险企业必须推动的一项工作。笔者认为，保险企业可以借鉴互联网企业在研发自动化方面的经验，在技术架构、管理模式、工具支持等多个方面推进自动化工作。具体可参见第三部分，这里先不做展开。

5. 不断跟踪智能技术发展

人工智能是实现运营自动化的必要条件，尤其是在 OCR（Optical Character Recognition，光学字符识别）、智能语音和智能语义、知识图谱和 RPA（Robotic Process Automation，机器人流程自动化）技术方面。然而，这些技术在保险领域的应用并不理想。有些是因为技术本身的发展还未成熟，有些是因为企业在相关技术储备或应用经验方面存在不足。技术会逐渐成熟，经验可以不断积累，保险企业还是应该持续跟踪这些技术，不断加强对它们的应用。

OCR 是指电子设备检查纸张或图片上的字符，然后使用字符识别方法将形状翻译成计算机文字的过程。目前，OCR 在识别身份证、银行卡、行驶证等高度规范化的内容方面准确率较高，也是保险企业目前主要应用的领域。然而，保险企业对 OCR 的期望不仅限于此。医疗票据、病例、体检报告、保单等更需要通过 OCR 将信息结构化，但目前 OCR 技术在这些方面的表现并不尽如人意。

智能语音和智能语义是两种技术。前者利用电子设备识别人的声音，使得语音交流成为现实，后者更进一步，可以理解语言中的含义并进行有效反馈。

保险企业主要在客服领域应用智能语音和语义技术，也可以利用智能语音来简化系统录入。然而，这些技术并不成熟，尤其是智能语义，比如实施智能客服仍然需要预置大量问题，并且与机器的交互也远不如与人沟通顺畅。但是，随着以 ChatGPT 为代表的大型模型取得突破，我们相信智能语义很快将有突破性应用。

知识图谱是一种用图模型来描述知识和建模世界万物之间关联关系的技术。保险行业具有领域知识专业性强、业务复杂、涉及面广、数据不规范和结构化程度低等特点，想要实现保险领域的自动化深度应用，必然会用到知识图谱。目前，知识图谱在保险领域应用的研究主要集中在以下几个方面：基于知识图谱的智能问答、基于知识图谱的智能理赔、基于知识图谱的竞品分析、基于知识图谱的智能知识检索。

RPA 是以软件机器人及人工智能为基础的业务过程自动化技术。它通过模仿用户在电脑上的手动操作方式，提供了另一种方式来使用户的手动操作流程自动化。相比于人类，RPA 可以更快、更轻松、更准确地完成重复性任务。虽然 RPA 技术早已诞生，但在保险领域应用却是最近几年才开始的，且真正将 RPA 投入使用的企业并不多。然而，保险企业的各个职能存在大量重复性的手工操作，因此 RPA 技术有巨大的应用潜力。

7.3.2 提高业务自助化比例

随着时间的推移，传统的银行网点不断减少，手机银行用户和自助银行网点则不断增加。同样，传统的路边超市和货摊也越来越少，被无人便利店和自动售货机所取代。在餐饮领域，小饭馆也普遍采用了扫码点餐方式。这些现象表明，"自助化"已经在各行各业中成为潮流，而这种自助化背后的支持是数字化，它带来了成本的降低和效率的提高。

与其他领域相比，保险的交易和服务过程更为复杂。但随着科技进步和企业数字化转型，保险业务的自助服务范围将会不断扩大。以下 3 个方面的进步正在推动保险业务向自助化方向发展：一是随着互联网和智能终端设备的普及，人们逐渐习惯于通过终端设备、手机等自助办理业务；二是随着生物识别、数字签名等技术的发展，身份识别、证据链获取和保存已经不再需要面对面进行；三是随着企业运营流程的自动化，以前需要多个环节和多岗协同完成的业务，将可以通过自助服务一步完成。

1. 自助的形式

业务自助有多种形式。以银行业务为例，可以使用手机银行 App 自助办理转账支付、投资理财、存贷款等业务，也可以在 ATM 上自助转账和存取款。即使是必须到网点办理的开户、办卡等复杂业务，也是在服务人员的协助下通过智能终端办理的。笔者认为，保险企业可以向银行学习，将 3 种自助形式混合应用：一是在线自助，包括网页、微信、App 等；二是放在营业网点、B 端客户及业务伙伴办公场所的智能终端；三是智能终端配合线上音视频指导或线下协助。

2. 自助的人群

谈到业务自助，首先想到的是客户自助。很多保险企业推出网上商城，让客户能够在线自主选购保险产品；还推出了客户自助服务平台，让客户能够在线查询保单、续期缴费，办理保全、批改业务，以及在线申请理赔和了解处理进度。有的保险企业在营业网点、服务中心等设置智能终端，甚至做成机器人的形状。除了正常办理业务外，这些智能终端还能与人进行互动。还有的保险企业推出了远程服务，通过音视频等方式远程协助客户办理业务。

保险企业的外部干系群体不仅包括个人客户，还包括保险代理人、企业客户、分销商等组织或团体，这些组织或团体也应该成为自助服务的目标群体。例如：建设面向代理人的服务平台，代理人从入职到离职全周期业务活动自助完成，还可以通过自助的方式帮助客户办理业务；建设面向企业客户的自助服务平台，企业可以自助投保、加减人、办理理赔等，企业的员工也可以成为服务的对象，让他们自助购买产品、申请服务，建设面向分销商的服务平台，由它们自助进行对账、结算和业务融合管理等。

3. 自助的原则

保险企业推动业务自助应该秉持以下几个原则：

1）边控风险、边扩范围。在保持风险可控的前提下，应尽可能扩大业务的自助化范围。虽然自助的范围越大越好，但某些保险业务需要严格的身份识别、材料核验和审核过程。如果控制不严或外部自主操作过多，就可能出现风险。

因此，可以先在企业内部模拟自助，然后将权限授予分销商和代理人，并根据情况扩大到客户自助。

2）简单方便、易于操作。由于保险业务具有一定的专业性，因此，当外部人员独立进行业务自助时，其内容必须简单易懂。即使是复杂的内容，也必须先化繁为简，然后再考虑让外部人员自助。相关的自助平台应该易于使用，相关的自助功能也应该易于理解和操作。只有这样，自助才能真正提高效率和提升体验。

3）内外融合、无缝衔接。外部自助不代表内部运营人员就能做"甩手掌柜"。实际上，外部自助在某些方面对内部运营提出了更高的要求。首先，不可能所有流程都能完全自助化。在自助场景下，对于那些仍然需要内部人工完成的步骤有更高的时效要求。其次，用户在自助办理业务时可能会遇到各种问题。这时，内部运营人员要能够及时介入帮助用户解决问题，比如提供远程控制、音视频指导等。

7.4 向流程驱动转变

流程是一系列由不同的人共同完成的活动，旨在达到特定的价值目标。这些活动之间有严格的先后顺序，并且必须有明确的安排和界定，以便不同的活动在不同的岗位角色之间进行交接和协作。两百年来，人们一直遵循亚当·斯密的劳动分工与合作的思想来建立和管理企业。为了提高效率、促进协同，几乎每一个企业都希望自己能成为流程型组织。

保险企业显然是职能驱动的。企业组织由多个职能板块、职能部门和职能团队构成。各个职能部门和团队专注于自己的领域，职能之间的链接则依靠个人能力。职能之间存在大量模糊区域，导致内耗大、效率低。流程型组织以组织的各种流程为基础来设置部门和决定分工。由于保险的专业性较强，企业按专业领域划分职能团队的做法短时间内难以改变。笔者认为，保险企业不必追求纯粹的流程型组织，而应该在职能组织中推行"流程驱动"，把整个企业置于流程之上，用流程调度企业运转，用流程促进组织协同，用流程推动员工执行。

在前文中，我们讨论了数据决策、自动化和自助化。无论这些方面做得多么充分，企业都需要大量人员进行思考、判断和操作。如何提高这部分工作的效率？如何更好地结合自动化和人工？如何让外部自助和内部运营更好地融合？笔者认为，流程驱动是一个非常好的解决问题的思路。此外，保险企业职能部门众多，具有多级组织形式，团队在地理上分散，衔接的上下游团体也很多。只有通过流程整合和流程驱动，才能形成一个有机的运营整体。

1. 运营事务都置于流程中

流程具有普遍性，它存在于组织经营的方方面面，也是各个职能部门业务运行的主要体现。某些看似孤立的行为，其实都能找到上下游相关环节和约束关系。保险企业要实现流程驱动，首先要系统地梳理运营流程，把企业运转方方面面的事务都置于流程中。

（1）系统地梳理运营流程

这里所说的流程不仅指企业各类规章制度中的流程、核心业务系统中的流程、协同办公系统中的流程，而且指企业运转、日常办公中的所有流程，无论是已经总结出来的还是没有意识到但在默默执行的。我们应该把这些流程都梳理出来，让它们具体化、可表述。对于一些散碎的事务，也要尽量让它们与流程结合在一起，哪怕是一个只有两三步的流程，或者是能够与某些流程形成连带关系的步骤。

流程可以分层次、分领域梳理。例如，流程可以分为企业级流程、部门或分公司级流程、岗位级流程，以及业务流程、财务流程、合规法务流程等。在梳理过程中，可以先自顶向下再自底向上，宏观把握企业价值链，微观把握具体办公行为。梳理的目标是形成一个分层次、分领域的流程体系，涵盖企业的各种办公行为，以此连通企业价值链。

（2）把流程全部搬到线上

线下流程无法利用数字化能力，无法与自动化结合，无法与自助有效融合，也无法通过技术应用提高流程流转效率。因此，企业的运营流程应尽量搬到线上，实现系统化，特别是一些日常高频的流程。

保险企业将流程全面线上化面临两个问题：一是运营规范性不足，只有规范的流程和有标准的执行步骤才能被固化到系统中；二是软件产品不匹配，由于保险企业的系统建设主要是采购，市场上的软件产品很少是量身定制的，因此依靠这些软件产品难以完美地覆盖自身的运营流程。

关于这两个问题，笔者认为：第一，企业需要下决心推动规范化，这不仅影响流程的线上化，也影响自动化和自助化，甚至关乎数字化转型的成败；第二，需要发展自主的技术能力，当然，大部分企业仍然以采购软件为主，但是企业需要具备自主实施的能力，并且能够填补这些软件产品之间的空隙。

（3）流程之间要互联互通

分领域梳理流程并不代表不同领域的流程应该相互独立。同样，采购与实施系统也不意味着系统之间的流程应该相互独立。应从宏观企业价值链的角度来把握流程梳理，分层梳理企业级流程，确保整个企业有一个统一的流程执行方案，并且能够梳理出流程之间的关系。

7.1 节介绍了流程孤岛的弊端。为了避免这种情况，企业需要从全局视角出发，将所有流程打通，让整个企业运转在互联互通的流程体系上。这样，流程之间相互衔接，就像四通八达的网络一样，任何一项业务都能被一条流程贯通。例如，客服接到报案后，在客服系统记录工单的同时，自动触发核心系统的理赔流程。如果涉及大额理赔或通融赔付，自动衔接协同办公系统的相关审批流程，确定赔付后自动触发相关财务和资金流程。

2. 基于任务做催办与考核

虽然已经有了流程并实现了线上化，但这并不意味着效率自然会提高。我们仍然需要一套机制来确保流程能够直接推动到人，以确保每个环节都能够高效执行。

1）流程就是任务的组合。任务通常指交付的工作、担负的职责和责任，例如给某人安排任务。任务也是一种计算机术语，指在多进程环境中由计算机完成的基本工作单元。流程由一系列关联的活动组成，我们可以将每个活动都包装成一个任务，就像日常安排和执行任务一样来推动这些活动的执行。

2）任务待办与任务提醒。提到任务时，大家通常会想到协同办公（OA）系统中的待办任务。OA 系统将用户需要处理的所有任务集中到待办任务池中。在这里，用户可以直观地查看所有需要处理的任务，并快速地进入相关功能现场进行处理。一般情况下，OA 系统还会提供任务提醒功能。当流程流转到某个环节生成待处理任务时，OA 系统会通过系统消息、短信、邮件等方式向相关执行者发送提醒。笔者认为，可以将 OA 系统中的这套任务待办和任务提醒机制扩展到整个运营体系中,使企业所有的流程流转和任务处理都应用这套机制。

3)基于任务执行做考核。即使有待办管理和催办提醒,也不能完全保证执行效率。因此,我们需要一种机制来保证执行者的执行动力。一些企业会统计每个人的任务执行数量和处理时效,并将它们纳入考核指标,以此激发员工的主观能动性。保险企业也可以借鉴这种做法,分别对每个岗位和任务梳理考核指标并制定标准,以任务执行效率作为员工考核的重要依据。

3. 通过数据反向优化流程

流程流转产生过程数据,企业可以通过分析这些数据洞悉整个流程的流转情况。如果企业的运营体系建立在流程之上,那么通过流程数据就能够直观地了解整个企业的运营情况。通过分析积累的数据,还可以发现流程中冗余的环节和容易阻塞的环节,从而反向优化流程,帮助企业优化资源配置。

要实现这些目标,最重要的是要沉淀和分析流程数据。过去,企业关注的是业务数据和财务数据,而流程数据常常被忽视。而且,流程数据通常存储在封闭的流程引擎中,难以理解和分析。此外,企业通常有多个流程引擎,数据分散,大部分流程引擎的设计主要考虑了流转效率和配置灵活性,较少考虑对过程数据应用的需求,往往缺少一些重要的标签字段。因此,要深度应用流程数据,企业首先要从统一流程引擎和规范轨迹数据入手。

4. 提高员工工作的便利性

最后,我们将通过技术手段尽可能提高员工工作的便捷性,包括打破时间和空间的限制,提供随时随地办公的能力,并提供事务处理、信息获取、工具和沟通帮助等支持。

1)建设统一的办公平台。在日常办公中,员工通常需要使用多个信息系统。例如,办理业务需要用核心系统,申请审批需要用OA系统,费用报销需要用费控系统等。然而,频繁地在不同的系统之间切换会影响操作效率和工作连续性。运营工作由员工的一系列办公行为组成,因此企业应该在系统操作层面整合这些行为,建设统一的办公平台。这样,各类办公行为(包括经营管理、业务处理、财务管理、沟通协作等)就能够在同一个操作环境中完成。如果说企业信息系统是一个有机的整体,那么流程互通就是让血液连通,操作整合就是对外展现统一的面貌。

2）信息系统互联网化。保险企业的网络环境分为内部和外部。出于安全和效率的考虑，大多数管理信息系统只限于内部使用，少数允许的外部操作也是通过远程登录实现的。这带来了两个问题：一是大部分员工只有在职场中才能高效办公，二是机构之间以及不同办公地点之间需要大量的网络专线。受新冠疫情影响，许多企业开始建立适合远程分散办公的网络体系。然而，这还远远不够。面对未来的数字化环境和不确定的事件，企业只有将所有信息系统都构建在互联网上，才能真正实现随时随地使用系统。

3）信息系统移动化。随着移动互联网和智能设备的普及，人们更喜欢使用便携的移动设备进行办公。然而，保险企业的管理信息系统大多建立在互联网时代甚至更早的时期，通常只支持PC端使用，有些甚至是CS架构，或只能使用特定的浏览器版本。从使用便利性的角度来看，显然是移动端的系统更方便，更便于随时随地使用。但是，对于已有的信息系统来说，改造成面向移动端的系统代价太大。因此，笔者认为至少新建的系统和现有系统中对响应时效要求高的功能应该支持在移动端使用。

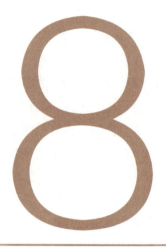

第 8 章
产业链发展模式

2018年,知名学者魏华林教授在《金融监管研究》上发表了题为"作为保险,何谓正确"的文章,文中提到:改变传统的保险经营逻辑,寻找适合保险发展的新路径,这样的思路已经在中国保险界酝酿成型,形成了被中国保险理论界称为"链子理论"的保险主张,以及基于这种理论而开始尝试的保险"产业链"发展模式,例如"医、养"结合的养老保险、"医、保"结合的健康保险等。

保险正在向产业链模式发展,即保险与上下游产业融合,围绕支付和聚焦服务,构建纵向产业生态,如"汽车–保险"生态、"养老–保险"生态、"健康–保险"生态等。本章将分析如何利用数字技术构建这样的生态,主要内容包括:围绕保险构建全景化服务体系、构建支持全景服务体系的数字生态、从业务角度思考产业生态的构建过程,以及不同主体间如何分工与协作等。

8.1 提供保险全景服务

保险是一种财务角度下分散风险的手段。保险人承担合同规定的可能发生的事故所造成的财产损失的赔偿保险金责任,或者在被保险人死亡、伤残、患病或达到合同约定的年龄及期限等条件时承担给付保险金责任。保险本质上是金融产品,这决定了它有两个主要缺陷:一是保险的价值链很长,但保险企业的价值链很短,难以在短暂的价值区间内为客户创造深刻的体验和感知,也难以产生黏性;二是保险只是"赔钱",是需求的中间环节,给付的保险金还需要转化为其他服务,而这些服务才是客户最终需要的。

既然保险企业受到价值链短的困扰,而保险客户价值的终点在于服务,企业还希望以客户为中心,那么保险企业就应该与上下游领域的企业合作,以风险管理和保障为中心,融合相关的产品和服务,围绕客户需求为客户提供贯穿始终的全面服务。

1."全景银行"引发的思考

实际上,银行领域也存在同样的问题,并因此探索出一种"全景银行"模式。

全景银行的概念源于欧洲,它将各类银行金融产品和服务、非金融服务能力与政府、企业、行业平台等深度融合,为用户在各种生产和生活场景中提供无处不在、无微不至的服务。全景银行围绕用户的全生命周期需求构建生态场景,与商业生态伙伴共享品牌、渠道、流量、技术等资源,利用数据和智能技术动态感知需求,实现智慧联动,为用户提供综合金融、非金融产品和服务,从而创造最大的价值及提供更好的体验。全景银行的愿景是:面向全用户、贯穿全时域、提供全服务和实现全智联。在这里,我们首先讨论"全服务"。

全服务是指满足用户全生命周期不同时点、不同场景需求的泛金融服务。在服务内容方面,全景银行以各类用户的需求为出发点,构建包括金融和非金融产品与服务的泛金融整体解决方案。在服务来源方面,全景银行不再局限于自有产品和服务,而是整合合作伙伴的资源和力量,丰富产品和服务体系,快速聚合集成服务。在服务交付方面,全景银行根据具体生态场景下不同类型用户的特点,提供个性化服务,创造差异化价值,打造极致的体验。

从全景银行的做法中,我们可以总结出"全服务"的几个要点:一是与生态伙伴广泛合作,受经营范围限制,金融机构所能提供的服务种类有限;二是围绕某个领域或人群,尽可能覆盖更多的场景,例如为个人客户提供购物、出行、缴费等各种生活服务；三是能够在某个场景下提供围绕该场景的全面服务；四是在拥有足够的产品和服务后，应用数字化技术对产品和服务进行不同的组合，来满足不同客户的个性化需求。

全景银行的做法同样可以应用到保险领域，而且保险的服务整合能力更强。首先，保险的辐射面更广，能够与健康、养老、居家、出行、商业、交易等生活的方方面面产生关联。其次，保险掌握着资金杠杆，一方面保险沉淀的资金可以向其他领域投资，另一方面保险也是几个下游领域的重要支付方。因此，保险企业仿效"全景银行"发展"全景保险"具有先天的优势，这也符合保险发展的潮流和方向。

2. "汽车-保险"全景服务

车险是财产险领域中最为重要的一种险种，占据保费总额的一半以上，在保险企业乃至整个行业中都有举足轻重的地位。车险的需求刚性和支付属性使得很容易通过车险掌控车主服务入口，进而拓展其他服务品类。因此，一些领先的保险企业为了进一步夯实和拓展市场，很早就开始围绕汽车和保险探索"全景服务"。

全景服务包含两个方面的含义：一是覆盖某个领域的全周期和全场景，二是提供某个领域的全面服务。如图8-1所示，车主的用车周期分为9个阶段，包括购车、保险、出行、安全、洗美、保养、救援、维修和二手车。每个阶段又可以细分出若干场景，每个场景都包含一系列的服务需求。这些服务既包括保险类服务，又包括非保险类服务。

用车周期的每个阶段都可以细分成若干不同的服务场景。例如，在购车阶段，购买新车、置换新车和购买二手车是不同的场景；为车辆补充能源，加油、充电和换电也是不同的场景。通常情况下，人们会围绕用车旅程来梳理服务。然而，笔者认为这样的粒度还是有些粗糙，最好是围绕具体场景来梳理和关联服务。此外，一个场景可能涉及多种服务，例如置换车辆可能会同时涉及车辆置换服务和车辆置换保险的理赔服务。

车险是指传统的交强险和商业车险。2020年实施车险综合改革后，交强险责任限额大幅提升，商业车险不仅保险责任更加全面，而且还加入了增值服务特约条款，整个车险服务的覆盖面进一步扩大，可以在购车、保险、安全、救援4个阶段体现服务。

第8章 产业链发展模式

周期	场景							
购车	购买新车 置换新车 买二手车 购车贷款							
保险	购买保险 管理保单 申请理赔							
出行	加油 充电 停车							
安全	违章查询 代驾 代办年检 安全检测							
洗美	洗车 打蜡 贴膜 装饰							
保养	机油机滤 空调清洗 喷漆补胎 汽车消毒 车辆检测							
救援	加水接电 换补轮胎 现场抢险 吊装牵引							
维修	汽车钣喷 事故维修 配件采买 残值处理 代步车							
二手车	车辆回收 车辆评估 车辆销售							

保险服务

车险：交强险　车损险　三者险　人员责任险　车轮单独险　划痕险　货物险　……

涉车非车险：延长保修　车辆置换　余值保险　停运补偿　轮胎保险　钥匙保险　碎屏险　代步车　……

非保险服务

维修保养　安全美护　出行救援　融资租赁　汽车金融　零配件　二手车　……

图 8-1 "汽车-保险"全景服务体系

117

非车险是指与车相关的非车险。尽管车险的责任范围已经扩大，但是无法面面俱到。在用车旅程中，仍然存在大量保障空白。相比车险，非车险对服务市场的撬动作用更大。例如，延长保修保险可以带动保养和维修服务，车辆置换保险可以带动新车销售，余值保险能够促进二手车交易，代步车可以帮助维修机构留住客户。

道路救援、安全检测、代驾服务、代检服务已经以车险"附加机动车增值服务特约条款"的形式出现。非保险服务是指汽车后市场服务中除保险和4种增值服务外的所有服务，这些服务主要散布在汽车金融、汽车科技、汽车养护、汽车维修及配件、汽车文化及运动、二手车及汽车租赁六大行业中。

3. "健康－保险"全景服务

健康保险的核心在于关注人的生命和健康，作为健康保障的支付方，与健康管理、医疗服务存在天然的联系。由于健康保险和健康、医疗的可连接性，传统的健康保险产品开发正在向"产品＋服务"模式转变。随着《健康保险管理办法》《关于规范保险公司健康管理服务的通知》等指导性文件相继出台，健康、医疗服务与保险的融合将成为未来发展的重要方向。

像"汽车-保险"全景服务一样，我们围绕客户的健康全生命周期，将保险和健康、医疗服务融合起来，建立面向健康领域的全景服务体系，如图8-2所示。

从图8-2中来看，这些服务与保险似乎没有什么直接的关联。而且不同于车险（尤其是交强险），商业健康保险虽然是必要的，但并不是严格意义上的刚需。虽然在大部分消费者心目中健康保险不是刚需，但健康医疗服务是刚需。因此，保险企业发展健康医疗服务，更多的是通过这些刚需的服务来带动"不刚需"的保险销售。显然，能够更多地衔接此类服务的保险企业的健康保险业务通常做得更好。

4. "养老－保险"全景服务

人口老龄化已成为全球普遍现象，但我国老龄化人口规模更大、速度更快。近年来，国家越来越频繁地发布关于养老的政策文件，比如央行等五个部委联合印发的《关于金融支持养老服务业加快发展的指导意见》、中国银保监会发布的《关于推动银行业保险业支持养老、家政、幼托等社区家庭服务业发展的试点方案》，这些政策文件往往直接涉及金融和保险领域。

第 8 章 产业链发展模式

图 8-2 "健康-保险"全景服务体系

预防
- 健康教育｜风险评估：心脑血管病、三高……；线上直播、线下讲座、名医课堂、健康小贴士
- 体检服务：健康体检、评估报告……

筛查
- 疾病筛查：齿科检测、眼科检查……
- 肿瘤早筛：肺癌早筛、肝癌早筛、胃癌早筛、淋巴瘤早筛……

干预
- 慢病管理：皮肤管理、糖尿病管理、睡眠管理、膳食方案、减重方案……
- 女性健康：HPV疫苗、近视防控……
- 生活管理：病友社区……

治疗
- 轻病问诊：电话问诊、图文问诊、视频问诊、心理咨询……
- 重疾绿通：专家门诊、手术加急、专家会诊、就医陪诊……
- 特药服务：罕见病药、特种用药……
- 就医垫付：押金垫付、门诊垫付……

康复
- 康复管理：上门照护、定期随访、康复管理……
- 长期护理：居家照护、机构照护、医疗护理……

（疾病保险 / 医疗保险 / 护理保险）

图 8-3 "养老-保险"全景服务体系

养老
- 基础生活：物品代采、费用代缴、代步车辆、送餐服务……
- 家政服务：买菜做饭、被褥清洗、收纳整理、消毒除尘……
- 介助服务：助餐、助浴、助急、助行……
- 介护服务：居家护理、日托照料、24h看护、专项护理……
- 安息服务：临终关怀、殡葬服务、追思服务……

养生
- 健康教育：线上直播、线下讲座、名医课堂、健康小贴士……
- 日常监测：健康体检、体征监测、作息管理……
- 紧急救助：跌倒救治、走失找回、一键呼叫、绿色通道……
- 慢病管理：早期筛查、分类指导……
- 治疗康复：就医帮挂、康复指导、用药提醒、长期护理……

养心
- 咨询服务：心理咨询、法律咨询……
- 老年游戏：棋牌类游戏、太极拳、广场舞……
- 老年社团：钓鱼社团、门球社团、志愿者组织……
- 老年大学：在线授课、学友活动、学术交流……
- 婚恋服务：老年婚恋网、红娘服务……

（养老年金 / 医疗保险 / 护理保险）

为了应对人口老龄化危机，各国普遍采用"三支柱"养老模式。第一支柱是公共养老金计划，由政府主导并管理，旨在建立强制实施、覆盖全民的养老体系；第二支柱是职业养老金计划，即由雇主发起设立，并由私人进行托管的完全积累制计划；第三支柱是个人储蓄计划，由个人自愿进行储蓄或购买保险，并由政府给予一定的税收优惠。我国的养老保障制度也是"三支柱"体系，第一支柱是社保中的基本养老保险，第二支柱是企业年金和职业年金，第三支柱包括个人储蓄性养老保险和商业养老保险。

商业保险与养老产业结合具有内在需求和天然优势。第一，在第一支柱增长空间有限、第二支柱覆盖范围有限的情况下，商业养老保险作为第三支柱的重要组成部分，具有广阔的发展空间。第二，国内养老产业发展并不充分，养老属于重资产领域，发展需要大量的资金，而商业保险本身就是一个天然的资金池。第三，养老是一个复杂的事情，关联的行业、涉及的服务较多，消费者更希望能够获得一体化的服务。第四，保险企业有延伸产业链的需求，希望通过"刚需"的养老服务反向促进保险产品销售。第五，不仅仅是直接支付的"养老年金"，健康保险对应的医疗健康服务也与养老有密切的关联。

像"汽车-保险"全景服务和"健康-保险"全景服务一样，可以结合保险，建立面向养老领域的全景服务体系，如图 8-3 所示。

养老包含三大类服务：养老服务、养生服务和养心服务。养老服务旨在满足老年人日常生活所需，包括衣、食、住、行等需要的各类介助服务和介护服务。养生服务以健康管理为核心，包括紧急救助、日常监护、治疗康复、慢病管理等服务。养心服务则主要关注老年人的心理健康，提升其幸福感，包括咨询服务、老年大学、婚恋服务，以及各类老年人娱乐项目、老年人兴趣团体等。

8.2 构建保险数字生态

前文曾提到，未来数字化社会将是虚拟世界与现实世界并存。通过虚拟世界模拟来精准调度现实世界运转，可以提高现实世界的运行效率。我们围绕某些领域将保险与服务结合，设计了全景服务体系。这些服务由不同的企业提供，分散在一个很长的服务链条上，服务管控和服务协同是一项非常复杂的工作。因此，无论是适应未来数字化社会这种虚拟与现实结合的情景，还是提高全景服务链条上主体协同和服务管控效率,都需要围绕全景服务体系构建一个数字生态,通过数字生态的模拟来精准调度线下服务体系运转,从而提高全景服务体系的运营效率。

1. 相关方共建数字生态

首先,我们来讨论数字生态的构建模式,并着重关注一些需要特别注意的领域。

1)相关方共同建设。全景服务覆盖多个行业,由不同类型的组织提供具体的服务。这些组织通常使用独立的信息系统来支持自己的业务开展。构建数字生态需要以这些组织现有的信息技术成果为基础,而不是从零开始。大部分全景服务都是线下提供的,因此只有参与数字生态建设的组织才能更好地将自己的线下服务与数字生态融合。数字生态需要多方共建,才能让多方受益,避免生态运转被少数或个别组织掌控,从多方生态逐渐变成中心化平台,这将不利于生态长期、可持续发展。

2)支撑全景服务。数字生态的核心使命是支持全景服务体系。如果仅支持单一服务或者服务之间不进行融合,那么各个组织现有的信息系统就足以应对,没有必要形成一个新的生态系统。因此,数字生态建设需要重点关注两个方面:一是全景服务体系下所有服务都要力争实现数字化管理和数字模拟;二是要打通服务之间的数字连接,不能让服务存在于数字孤岛中。只有这样,整个全景服务体系才能融为一体,构建出来的数字化体系才能称为"生态"。

3)生态连接是重点。在全景服务体系中,各服务主体都有自己深耕的服务领域和惯用的服务模式,同时拥有完整的服务团队和信息系统。然而,这些服务、团队和系统都分散在整个全景服务体系内。在构建数字生态时,我们不应该打破这些组织,而更应该去连接它们,通过将不同服务主体的信息系统连接在一起,实现服务与服务之间的连接以及团队与团队之间的协作。通过数字生态的打造,促进服务和团队之间的相互联系,让整个服务体系成为一个有机的整体。

4)关注效率和体验。构建数字生态的目的是将整个全景服务体系融合起来,以提升服务供给侧的运营效率,并在服务使用侧提升客户体验。因此,在构建数字生态时,我们需要重点关注运营效率和客户体验两个方面。数字生态融合服务只是一种手段，其目的是提高服务运营和协同效率，同时让客户能够更加便利，不断提升客户使用服务时的体验。

2. 数字化全景保险体系

全景保险需要"全用户""全时域""全服务"和"全智联"。前面介绍的保险全景服务已经涵盖了"全时域"（即全周期、全场景）和"全服务"，接下来将继续分析"全用户"和"全智联"。另外，随着信息技术的不断发展，服务触达客户的媒介越来越多，我们还希望全景保险能够利用"全媒介"。

如果说全时域、全服务是从业务视角总结的概念，那么全用户、全媒介、全智联就是从数字生态平台视角形成的概念。

全用户指涵盖 A 端、B 端、C 端及生态关联方的广泛用户群体。这些用户可以是客户，也可以是保险企业的员工，还可以是家庭医生、护理人员、志愿者等。

全媒介是指利用一切可以选择的传递媒介触达用户，如电话、短信、网页、微信、小程序、App 及各种物联网设备等。这样一来，客户和生态参与者在使用和提供服务时就不会受到时间和空间的限制，真正实现全景服务的全景获取和全景触达。

全智联以数据和人工智能为驱动，可以智能感知用户需求并进行实时行为联动。它的主要内容包括：广泛聚合生态内的数据；构建用户行为及需求分析模型；进行深入挖掘，实时动态感知用户行为和事件，预测其需求；强化实时智能交互技术，动态引导用户在不同场景之间灵活切换，并精准匹配产品和服务。全智联旨在实现生态参与者长期共赢，为客户提供最佳的体验。

下面将全用户、全媒介、全场景、全服务、全智联结合起来，以"汽车-保险"数字生态为例，从平台视角来看数字生态全景，如图 8-4 所示。

我们可以围绕汽车这个主体构建一个数字化生态，整合各类购车、用车服务。这些服务贯穿整个车辆生命周期，能够覆盖每个阶段和各种不同的场景。数字化生态利用多种数字媒介覆盖客户和各个生态主体，将线上管理、线上模拟与线下服务完美结合。利用生态内的数据，通过数据智能中枢的分析和调度，可以动态感知用户需求、智能引导场景切入、精准匹配产品和服务。

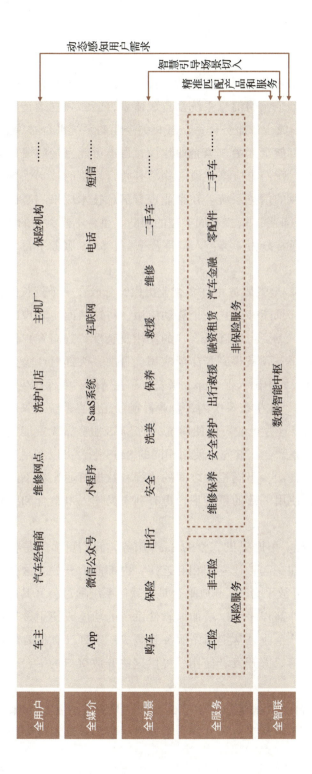

图 8-4 "汽车-保险"数字生态全景

3. 建设整合型技术平台

每个行业在信息化建设方面都有自己的特点，信息系统都有符合自身业务特色的架构逻辑。每个企业的信息系统都自成体系，能够独立运转。要实现生态服务的相互融合，形成全景服务体系，各相关企业的系统平台必须进行整合。生态内的技术平台不可能全部由一家企业建设，也不可能直接颠覆某些企业现有的信息系统。因此，我们更应该建设一些具有整合性质的技术平台，通过这些平台来连接不同企业的信息系统。在企业现有信息技术成果的基础上，利用平台来融合不同类型的业务、衔接不同类型的团队、整合不同类型的服务。

整合型技术平台通常分为4类：入口整合平台、SaaS服务平台、业务开放平台和数据流通平台。

1）入口整合平台。全景服务由许多企业提供，分散在一个较长的服务链条上，整体比较松散。如果能够建立一个移动应用，将这些面向客户的服务获取和管理入口整合起来，无疑可以降低客户的使用复杂度，提高客户体验。这类技术平台在汽车保险服务领域得到了广泛应用。目前，头部财产险企业基本上都建立了这样的平台，如中国人保App、平安好车主App、太保车生活等。

2）SaaS服务平台。在生态系统内，企业肯定存在信息系统缺失或系统陈旧需要更换的情况。如果这些企业可以使用统一的SaaS服务，无疑能够促进它们之间的业务融合与服务融合。首先，使用相同的SaaS平台可以实现运营管理和服务流程的标准化；其次，不同租户之间的流程和数据打通比在不同系统之间打通更容易；最后，使用一致的系统平台更有利于操作入口整合和跨领域的服务方案封装。

3）业务开放平台。相比提供完整的SaaS服务，我们更多的是将各个企业现有的信息系统串联在一起，让它们相互连接、内部能力开放。这就需要另外一种技术模式——"开放平台"。开放平台是指软件系统通过公开其应用程序编程接口或函数，来使外部程序可以增加该软件系统的功能或使用该软件系统的资源。在互联网时代，企业经常把网站服务封装成一系列计算机容易识别的数据接口开放出去，供第三方开发者使用，提供这些开放接口的平台就是"开放平台"。

4）数据流通平台。数据是数字生态的血液，只有让它流动起来才能发挥最大的效力。数字生态由众多主体共同参与建设，数据流动不仅面临主体间系统封闭的壁垒，还有信息安全层面的顾虑和限制。为了让数据流通和共享，必须解决数据所有权、使用权以及确保数据被安全使用的问题。这就涉及另一个全新的技术体系，例如：数据确权可以通过区块链等技术解决；隐私计算技术以其"可用不可见"的特性，可以避免数据流通和使用过程中的泄露、滥用等风险。

8.3 打造业务、场景和数字闭环

无论是全景服务还是数字生态的构建，都需要跨越多个企业主体、多个业务领域、多个服务项目、多个供应商和信息系统。由于这些资源零散且分散，将它们无缝地整合在一起是一项复杂、艰巨的任务。为了整个构建工作更清晰有条理、成体系，我们需要总结一套方法或逻辑来指导全景服务和数字生态体系的构建，从而更好地完成任务。

1. 业务闭环、场景闭环和数字闭环

"闭环"指一个事物需要完整地完成，不能只完成某些片段或者浅尝辄止，也不能仅仅局限于主线，而应该融合相关的各个方面，在逻辑上形成一个由始至终、能够独立运转的整体。这样做可以确保事物的完整性和稳定性。在构建全景服务和数字生态体系时，我们也应该从闭环的角度来思考，根据业务和场景进行整理，通过业务和场景的切入，结合闭环理念，在打造业务闭环、场景闭环和数字闭环的过程中，逐渐形成全景服务和数字生态体系。

1）业务闭环。我们的全景服务覆盖了多个行业、企业和业务，每个行业、企业和业务都有其独特的管理逻辑。为了实现完整的业务闭环，即某种产品或服务对用户产生价值的闭环，我们需要突破企业的限制，思考如何将这些环节串联在一起。例如，保险服务的闭环应该包括面向客户的营销、投保、保全批改、理赔、续期续保和客户服务等环节。这个闭环不仅包括业务本身，还包括其依赖的各种因素。同时，要尽可能地将上下游环节打通，从而形成一个以某种业务为核心的产业级闭环。

2）场景闭环。场景是时间和空间的结合，指客户在什么时间、什么地点有什么样的需求。全景服务体系涵盖多个服务场景，在每个场景中，客户都有一

系列的服务需求。我们不仅要打造业务闭环，还要围绕这些场景打造场景闭环，以满足客户在特定场景下的需求。在不同的时间和空间要素下，同一场景下的服务需求可能不同。例如，客户在周一上午 9 点和周六晚上 10 点进入汽修厂，需求肯定是不同的。因此，我们需要围绕场景打造大闭环，同时针对场景下的不同情况打造小闭环，以提供全面覆盖这些需求的服务，并将这些服务融合在一起。

3）数字闭环。针对每个业务闭环和场景闭环，我们需要考虑如何数字化，即打造与其对应的数字闭环。数字生态以分布在不同企业中的信息系统为基础建设，要打通这些信息系统之间的连接，我们需要思考如何连接它们、需要连接什么，以及如何实施。这里也可以采用闭环思维，通过整合型技术平台连接不同企业的信息系统，与业务闭环和场景闭环配合，逐步优化系统连接，从而形成流程衔接、数据流动的数字闭环。随着数字闭环的逐步积累，数字生态就会逐渐成形。

2. "汽车－保险"业务闭环与场景闭环

下面以"汽车－保险"全景服务为例，介绍如何构思、落地业务闭环和场景闭环，如图 8-5 所示。

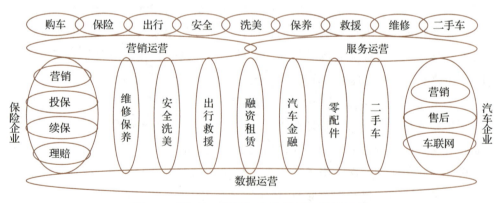

图 8-5 "汽车－保险"业务闭环和场景闭环

在"汽车－保险"生态中，"保险企业"和"汽车企业"是最重要的两类主体。它们提供的服务最多、贡献最大。保险企业拥有完整的营销、投保、续保、理赔业务闭环，汽车企业则拥有完整的营销、售后、车联网管理闭环。我们需要将这些闭环都融入服务生态中。此外，对于汽车后市场领域的维修保养、安全洗美、出行救援、融资租赁、汽车金融、零配件和二手车服务，也需要分类打造完整的业务闭环，并将这些闭环融入生态中。

为了更好地衔接和融合业务闭环，我们需要构建3个运营闭环：营销运营闭环、服务运营闭环、数据运营闭环。营销运营闭环将业务闭环中的营销部分融合在一起，例如整合不同领域的产品和服务，为客户提供一体化解决方案，在某一领域的营销活动融入其他领域的产品或服务。服务运营闭环提供统一的服务入口和管理载体，包括服务获取、权益管理、信息查询和服务评价等。数据运营闭环整合生态内各主体和领域的数据，将这些数据用于支持各业务闭环和场景闭环。

对于用车的9个阶段，需要分别打造管理闭环。同样，里面的场景也需要分别打造管理闭环。对于场景中的不同情况，需要运用闭环思维建立完整的应对和服务体系。需要重点强调的是，营销运营闭环和服务运营闭环是为了将业务与场景分离，使业务闭环中的各种营销和服务能力能够面向所有场景闭环展现和输出。此外，还要注重场景之间的衔接，形成一个抽象的"全场景"闭环，因为在实际业务中，某个场景可能是承接自其他场景，或者在某个场景下可以很自然地引导用户进入其他场景。

3. 打造闭环的实施策略

要构建全景服务和数字生态，就需要打造一系列业务闭环、场景闭环和数字闭环。这些闭环看似简单，实际上是虚实结合、大小嵌套、环环相扣的，而且难易程度不同，相互之间还存在依赖关系。为了让整个工作更有条理和秩序，打造闭环需要整体规划、重点切入、分步实施。

1）整体规划。首先需要规划所有闭环，厘清各个闭环之间的逻辑依赖关系。明确每个闭环涉及的主体和所需的资源，以及打造闭环的重点和难点等。

2）重点切入。整个体系的搭建不可能一步完成。首先选择几个标志性的业务或场景，最好是容易打通产业链且有一定辐射效应的业务或场景。然后重点围绕这些业务或场景整合各方资源，打通跨多领域的服务链条，形成与业务闭环、场景闭环对应的数字闭环。同时，总结模式并沉淀经验，为后续的工作提供指导。

3）分步实施。有了总体规划，以及重点业务或场景的示范闭环，就可以有序地推进、分步骤实施闭环建设工作了。需要注意的是，工作的节奏感非常重要，因为打造闭环涉及资源整合，需要多方协同、技术与业务匹配，任何一处的冒进或迟缓，都可能导致资源浪费或对其他方面产生影响。

8.4 主体间分工与协作

在多主体的合作中，需要考虑分工和定位问题，了解各方的优势与劣势、贡献和需求，明确谁是生态体系的核心，谁来主导建设及如何平衡权责。

1. 保险生态的构成主体

除了消费者，保险生态的参与者通常有 5 种角色，分别是保险产品和服务供应商、非保险产品和服务供应商、产品和服务分销代理机构、产品和服务整合者、信息技术服务商。一个企业主体可能是其中一种角色，也可能同时拥有多重角色。

保险产品和服务供应商通常指保险公司，它们开发保险产品并提供承保、理赔等服务。这类主体需要持牌经营，有一定的进入门槛并且数量有限。

非保险产品和服务供应商的构成相对复杂，涉及多个不同的行业。对于不同类型的保险生态，它们的构成可能完全不同。它们可以大到是一家三甲医院、一个世界五百强车企或一个汽车经销商集团，小到是一个街边诊所或汽修门店。

产品和服务分销代理机构主要掌握销售渠道资源，能够向客户销售保险、非保险产品和服务。它们可能是产品或服务的生产者，也可能是单纯的分销渠道或代理商，或者在销售自身产品或服务的同时也代理其他主体的产品或服务。这些机构包括保险中介机构、汽车经销商、网络流量平台等。

在生态中，有许多不同的主体提供分散的产品和服务，涉及多个行业。然而，我们希望向客户提供一体化解决方案。对于一些直接面向客户的主体来说，自行整合可能会费时费力且性价比低。因此，需要有一类主体，它们作为集成商，将各种零散的产品和服务整合在一起，打包后提供给最终用户或有需求的主体。这些集成商可能不是产品和服务的提供者，甚至不是分销商。

信息技术服务商主要为生态内的企业提供信息技术服务，帮助它们实现信息化和数字化。同时，它们也需要支持生态内企业级和平台级的连接。它们可能是专业的 IT 供应商，也可能是信息技术能力比较强的前 4 类角色。

2. 主体间的竞争与合作

生态内的各方主体之间相互竞争和合作，主要是指保险产品和服务供应商与下游非保险产品和服务供应商之间的竞争与合作，以及非保险产品和服务供应商之间的竞争与合作。保险生态建设的难点在于如何处理这些相互对立的关系。

1）保险与下游服务的竞争与合作。作为下游服务的重要支付方，保险企业和服务商之间需要既合作又竞争。首先，双方肯定是强绑定关系。保险企业需要打通下游以提供更全面的服务，而下游服务商则希望通过保险服务带来更多的流量。其次，保险控费一直是行业的痛点，特别是在车险和医疗险领域，下游服务商与被保险人的利益是一致的，但与保险企业的利益存在一定的冲突。此外，保险企业对下游服务有一定的管控诉求，希望服务能保质保量，为客户提供更好的体验，而从下游服务商的角度来看，它们则不希望受到太多制约。

2）非保险主体之间的竞争与合作。全景服务中的非保险服务与保险服务有所不同，几乎没有一个非保险服务主体能够独立包办全部服务。这就导致一类服务通常由多个主体共同提供，它们之间存在同质业务竞争关系。一方面，它们需要通过保险服务引流，希望进入保险生态获得更多的流量；另一方面，面对生态内的同质业务竞争者，又担心自己原本的客户因进入生态而流向其他主体。在竞争的同时，一些中小型主体也明白，未来是生态与生态的竞争，个体在生态面前没有任何竞争力。只有通过生态整合，形成服务上的集群效应，竞争的同时在生态内合作，才更有利于个体的生存和发展。

3）运用数字化技术实现多方共赢。如果我们建设的是一个以数据、人工智能为驱动的全智联的数字生态，能够动态感知用户需求、智能引导场景切入、精准匹配产品和服务，以客户的需求为中心而不是以某个主体为中心，就可以在生态内形成良性的竞争与合作关系。另外，生态主体间的数据流动要确权，客户流动也可以确权，这样就可以避免针对同一客户的恶性竞争，促进客户在生态主体间流动和共享。保险控费难的主要原因是信息不对称,上游缺少对下游有效的制约手段。如果大家在一个数字生态内,数据是流动的、信息是透明的,甚至基于生态数据建立起信用机制,相信一定能够促进问题的解决。

3. 保险生态模式范例

许多企业正在以自己的方式整合保险与非保险服务,试图构建"保险生态"。有些是保险企业整合非保险服务,有些是非保险企业涉足保险业务;有些以资金为杠杆,有些以服务为杠杆;有些重资产兼并,有些轻资产整合。下面我们来看看其中比较有代表性的3种模式。

1)凯撒模式。在美国的医疗服务体系中,保险公司、医院和患者通常是各自独立的。作为美国整合医疗模式的重要典范,凯撒医疗拥有自己的保险公司、医院和医生集团。客户购买了凯撒保险,就相当于购买了凯撒整体的医疗服务。该模式的核心是保险产业和医疗产业整合,在保险服务和医疗服务之间形成一个闭环体系。近年来,国内许多保险企业也在进行相关探索。例如,阳光保险与潍坊市政府合作,按照三甲医院标准建设了大型综合性医疗服务机构"阳光融和医院";泰康保险战略投资拜博口腔,尝试将双方的服务进行无缝衔接。

2)养老社区。近年来,保险公司纷纷发力养老社区,意图打通养老服务与保险保障。从具体运作来看,主要有重资产和轻资产两种模式。重资产模式主要是保险公司使用自有资金直接参与养老地产的建设和运营。轻资产模式主要是保险公司与相关股东单位战略协同。数据显示,截至2021年6月,市场上已有13家保险机构投资了近60个养老社区项目,为全国20余省市提供床位超过8万张。

3)车企保险。许多车企希望从传统制造企业转型为出行服务商。在出行服务领域,保险可以起到非常重要的连接作用。UBI是车险发展的趋势。车企掌握大量的车联网数据,是推动UBI车险发展的重要力量。车企对经销商有巨大的影响力,在汽车非保险服务领域是重量级的"玩家"。因此,车企涉足保险领域顺理成章,并且有得天独厚的优势。目前,车企涉足保险主要是作为保险中介机构和成立保险科技公司,通过中介机构和科技平台来整合涉车的保险与非保险服务,并探索车联网数据在保险中的应用。

4. 谁会成为生态的核心

虽然我们希望保险生态是分布式和去中心化的，但实际上，在大多数情况下，会存在一个或多个核心主体，它们构成生态的骨架，驱动着生态运转。即使是去中心化的生态，生态内的主体对整体的贡献和对生态规则的话语权也不相同。当然，每个主体都希望自己是生态的核心或者话语权最大的那个。那么，什么样的主体更有可能成为生态的核心呢？

在讨论这个问题之前，我们先来分析一下生态内的地位受哪些因素影响。笔者认为，主体在生态内的地位通常由几方面因素决定：一是资金实力，特别是在生态建设需要重资产投入的情况下；二是业务规模，谁的体量大、谁的业务占比高，谁的话语权就大；三是所掌握资源的稀缺性，资源越稀缺就越不可替代；四是技术实力，生态运转需要依赖数字化平台，谁的技术能力更强，谁就更有可能占据技术主导权；五是对生态内其他主体的影响，影响力越大越可能获得更高的地位。

下面将综合考虑以上几个方面的因素，分析哪些企业主体更有可能成为汽车保险生态和养老保险生态的核心。

（1）汽车保险生态的核心

笔者认为，大型车企、大型险企和第三方科技平台都有可能成为汽车保险生态的核心。

常规的涉车保险产品市场竞争激烈，不但不稀缺，反而数量众多。汽车后市场服务零散，主体分散，资源依存度高，很难通过资本投入快速打造出一个良性运转的体系。因此，保险企业很难通过产品供给和资本赋能获得主导优势。但是，保险企业掌握上游支付，可以调配送修流向，决定增值服务供给。如果保险企业有一定的业务体量，并充分利用支付优势，有可能围绕自己构建出一个汽车保险生态。

关于未来车险发展的走向，普遍有两种判断：第一种是走个性化路线，发展 UBI；第二种是随着自动驾驶的发展，车辆风险受到产品质量的影响越来越大，车险的核心将会变成产品责任。发展 UBI，车企拥有得天独厚的数据优势，而产品责任车企是最大的投保主体。无论如何发展，车企都将扮演举足轻重的角色。车企本就掌握售后网络和汽车后市场资源，智能网联又让车企与车主连接得更加紧密。未来，车企将依托售后服务、智能网联渗透到用车周期的各个方面。因此，那些规模较大的车企完全有可能围绕自己构建起一个汽车保险生态。

大型险企和大型车企可以围绕自己构建汽车保险生态，那么中小型险企和中小型车企怎么办？它们不足以围绕自己支撑起一个生态，但又不想融入竞争对手的生态。此外，汽车后市场领域有大量的服务供应商，它们也不希望把鸡蛋都放在同一个篮子里。这些企业需要一个第三方生态，这个生态的建设者和运营者并不直接参与具体业务，生态内没有巨无霸型企业，生态内的主体都是平等的。这样的生态的核心是一个去中心化、整合型的技术平台。在这样的生态中，既有保险基因又有汽车基因的科技企业是最理想的建设者和运营者。

（2）养老保险生态的核心

汽车服务市场已经相当成熟，建立生态更多的是整合现有资源。然而，养老服务市场的情况则有所不同。首先是供需匹配存在问题，资源稀缺和资源错配问题十分突出。在这样的背景下，发展养老生态对资金和资源的需求更大。其次是如何整合与连接服务。笔者认为，大型保险企业、大型地产企业和第三方科技平台都有可能成为未来养老保险生态的核心。

商业保险在养老费用支付中的占比还非常小，因此，保险企业短期内难以通过理赔支付来主导养老生态建设。但是保险企业有资金优势，由于养老服务对商业养老险销售有促进作用，保险企业也有动力参与养老生态建设。目前，保险企业参与养老生态建设主要聚焦于机构养老，投资建设各种不同档次的养老社区，然后将购买养老年金保险与社区入驻资格绑定，再利用养老年金来支付相关费用。在养老社区体系下，衣、食、住、行等各类服务都由保险企业统筹整合。在这类生态中，保险企业是绝对的核心和领导者。

地产企业拥有住宅开发和社区运营经验，有些企业还拥有完备的物业服务体系。由于地产行业进入调整周期，企业需要寻找新的发展方向。因此，一些地产企业自然而然地将目光转向了养老领域。例如，一些企业将自有品质地产与健康管家服务结合，提供全链条的社区养老服务。在这类生态中，地产企业是绝对的核心和领导者。保险企业虽然不是核心，但也应该尽可能地融入这种生态，比如通过资金支持或服务整合支持的方式，这样就有机会不断地将自己的保险服务融入生态体系中。

居家养老是国内现阶段最主要的养老模式，占比达 90% 以上。在这种养老模式下，构建生态主要是将生活、家政、护理、健康、娱乐等服务整合起来。这些服务大多是零散的，可能分布在社区居委会、小区周边以及路边的小店里。为了让老年人易于获取和使用，需要建设信息化平台将它们整合起来，并用适合老年人的方式表达出来。目前许多科技企业正在建设这样的平台，希望依托平台构建以自己为核心的居家养老生态。笔者认为，保险企业应该加强对这类平台的支持，包括资金、技术和资源的支持。通过支持这些平台，保险企业可以融入生态并接入自己的保险产品和服务。

第 9 章
主动风险管理

随着科技的不断进步,特别是物联网技术的发展,社会大众预知和防范风险的能力正在逐步提高。保险行业以承接和分散风险为生存的基础。如果缺乏更具前瞻性的风险预知和防控能力,无法参与到社会主动风险防控体系中,未来将会越来越被动。作为一种事后的补偿手段,保险原则中强调了"保险利益"和"损失补偿"两个核心点,其目的都是确保投保人和被保险人在主观上不希望风险发生的情况下得到保障。既然客户和保险企业都不希望风险发生,那么为什么保险企业不能主动预防、提前干预,帮助客户化解风险、杜绝风险发生呢?

古代的"镖局"是一种原始形式的货物运输保险。它不仅承担风险,还通过主动预防来防止风险的发生。当然,这种通过"保镖"预防风险的方式操作相对容易,与高额的"镖利"相比,成本也是可以接受的。而当下的保险产品形态更加复杂,涉及的风险种类更多,业务规模更大,肯定无法像"保镖"一样预防风险,其成本也是难以接受的。随着物联网技术的发展,保险企业通过低成本监控和管理保险标的,并善用物联网技术,在成本可控的情况下对风险进行主动管理是完全有可能的。

本章主要介绍如何利用物联网技术将风险管理与保险结合，使保险企业从被动的风险承接者转变为主动的风险管理者。本章首先介绍物联网在风险管理中的作用，然后介绍保险与物联网结合的逻辑和案例，最后探讨保险企业在这个多领域合作的风险管理体系中的作用和定位。

9.1　物联网与风险管理

物联网是指通过信息传感器、射频识别技术、全球定位系统、红外感应器、激光扫描器等各种装置与技术，实时采集任何需要监控、连接、互动的物体或过程。这些设备采集各种需要的信息，如声、光、热、电、力学、化学、生物和位置等，通过各种网络接入方式，实现物与物、物与人的泛在连接，实现对物体或过程的智能化感知、识别和管理。

截至 2020 年，全球约有 300 亿台物联网设备。到 2025 年，预计将达到 410 亿台。物联网的应用领域涉及方方面面，在工业、农业、环境、交通、物流、安保等领域都有应用。下面介绍几类物联网设备，以及它们如何在风险防范和管控中发挥作用。

1. 智能穿戴设备

智能穿戴设备是指可穿戴在身上的智能设备，利用生物传感技术、无线通信技术和智能分析软件，实现用户交互、人体健康监测、生活娱乐等功能。常见的智能穿戴设备包括智能手表、智能手环、智能眼镜和智能配饰等。

智能穿戴设备可以收集位置信息、捕捉动作数据，并计量步数、心率、体温、呼吸、能耗、睡眠、血压、血氧以及其他代谢数据。这些数据可以用于监测人的状态，以便通过风险预测和建模来识别与控制风险。例如，可以设定一个安全范围，通过智能穿戴设备的定位和预警功能来防止老年人和儿童走失；利用智能穿戴设备捕捉动作，通过分析、建模来进行老年人的跌倒预警；利用智能穿戴设备监测身体指标，可以及时发现潜在的健康隐患。智能穿戴设备厂商华米科技的研发团队曾经利用人工智能技术对用户进行排查，发现佩戴该公司智能手环的用户中有 1.58% 的人存在疑似房颤等心律不齐的问题。另外，还有一些专业的医疗级穿戴设备，它们在风险管理方面发挥着更直接的作用。例如：手腕式血糖控制仪通过微针监测血糖浓度，再由微泵注射药物来维持血糖水平的正常；可穿戴除颤器由贴身背心式电极和除颤器组成，当监测到异常时，可以通知医护人员进行除颤或自动除颤。

2. 智能家居设备

智能家居设备通过物联网技术将家中的各种设备（如音视频设备、照明系统、窗帘控制、空调控制、安防系统、数字影院系统、影音服务器、影柜系统、网络家电等）连接到一起，提供家电控制、照明控制、电话远程控制、室内外遥控、防盗报警、环境监测、暖通控制、红外转发以及可编程定时控制等多种功能和手段。

智能窗户可以通过传感器、窗帘电机、推窗器等智能设备进行控制，它能根据紫外线强度和室内外空气质量进行智能遮阳和开窗换气等操作。智能门锁可以在非法入侵或室内发生异常时，自动向业主手机发出警报，提醒业主可能存在安全隐患，以便及时向物业或警方寻求帮助；当老人或孩子发生紧急情况时，可以通过手机应用或遥控操作授权其他人开门，并设置在规定时间内有效的一次性密码。智能家居设备利用各种传感器监测家庭的风险，如漏水、燃气泄漏和烟雾感应等，监测结果会及时反映在业主的手机上，方便及时干预和处置。在家庭中，还可以安装门磁、玻璃破碎报警器、声警笛和红外窗帘等设备。

3. 智能网联汽车

智能网联汽车是指车联网与智能车的结合，它具备先进的车载传感器、控制器、执行器等装置，并融合现代通信与网络技术，实现车与人、路、后台等智能信息交换共享。它的目标是实现安全、舒适、节能、高效行驶，并最终替代人来操作。智能网联汽车更侧重于解决制约产业发展的核心问题，如安全、节能和环保。它本身具备自主的环境感知能力，聚焦在车上，发展重点是提高汽车的安全性。虽然汽车真正达到自动驾驶和全面智能联网可能还需要一定的时间，但在发展过程中，许多衍生技术已经被用于主动风险防范。

1）车辆智能防盗。汽车防盗系统主要分为4种类型：机械式防盗装置、电子防盗装置、芯片式防盗装置和网络式防盗系统。目前比较流行的是基于车联网的网络式防盗系统。当车辆发生异动时，该系统会通过短信或电话等方式向车主发送报告，同时切断车辆点火启动电路，使车辆无法启动。如果车辆被盗，该系统会通过卫星实时、全天候监测车辆，实现精确定位、快速寻回。

2）智能主动安全。每年有130万人死于道路交通事故，其中90%以上的事故是由人为因素引起的。随着智能网联技术的应用，各种事故发生前的主动预警防控手段陆续出现，如自动紧急制动、倒车防撞、盲区监测预警、后向碰撞预警、车道偏离预警、车道保持、疲劳预警和不良驾驶行为监测等。

4．工业物联网

工业物联网是将具有感知和监控能力的各类采集、控制传感器或控制器，以及移动通信、智能分析等技术不断融入工业生产过程的各个环节，从而大幅提高制造效率、改善产品质量、促进安全生产、降低成本和资源消耗，最终实现将传统工业提升到智能化的新阶段。

通过在矿山、油气管道等危险作业环境中安装传感器，工业物联网可以实时监测作业人员、设备机器以及周边环境等方面的安全状态信息。全方位获取生产环境中的安全要素，可以将现有的网络监管平台提升为系统、开放、多元的综合网络监管平台，有效保障工业生产安全。目前，物联网已经在煤矿安全方面得到了广泛应用。例如，物联网通过遍布于矿井各处的传感器，实时监测各种安全指标，包括有毒有害气体、空气质量状况、通风设备运行状态等。如果发生紧急情况，可以自动切断部分设备的电源供应，使之停止运转，从而降低经济损失，减少人员伤亡。

9.2 保险与物联网结合

根据全球网络安全公司卡巴斯基的报告，全球有61%的企业正在使用物联网应用。在保险公司中，近三分之二的企业客户正在使用物联网应用，并有可能将数据集成到保险服务中。此外，考虑到目前个人物联网设备的普及程度，有很大比例的个人客户已经拥有并至少使用过一种物联网设备，他们已经习惯于与物联网设备共存，并在其影响下生活。

1．保险与物联网结合的方式

风险管理是保险的固有属性，防灾防损也是保险企业的重要职责。然而，随着物联网的发展和相关数据的获取，保险企业在这方面有了更多的发挥空间。

保险企业利用物联网技术降低客户风险的方式主要有以下两种。

1）通过实时的风险防范措施直接避免风险。物联网设备可以自动采取措施来避免风险，而无须人工干预。在风险情况发生变化时，由物联网设备发出警告，以便人工干预来避免风险。例如，当车辆发生盗窃时，车联网设备自动切断车辆点火启动电路，并通过短信或电话等方式向车主进行告警。

2）通过促进客户安全行为来间接降低风险。提高客户对风险水平的认识，对不安全行为提出建议，并对行为的改变给予一定的激励等，从而鼓励客户减少可能导致风险的行为。例如，根据客户手机记录的步数或可穿戴设备上的运动数据，为客户提供个性化的健康建议，甚至进行保费或保额的兑换和增减。

2. 车辆保险与物联网结合

将物联网应用于保险的最显著例子之一是 UBI 车险。保险公司使用车联网数据建立动态的定价模型，以提供个性化的保险服务。驾驶行为好的车主可以获得更优惠的车险价格。这无疑可以鼓励驾驶者改变不良的驾驶习惯，并为提高车辆行驶的安全性发挥积极作用。

将车联网技术与保险业务结合，可以连接保险公司、车主、经销商、主机厂等多方，为车主提供全生命周期的保险保障解决方案。除了保险理赔，还可提供道路救援、汽车驾驶监控、不安全驾驶行为提醒、防范盗窃、智能巡回等增值服务。这样做不仅提高了车辆自身和行驶过程的安全性，还为车主带来独特、新鲜的体验，可谓一举多得。

平安产险旗下的车险服务平台"平安好车主"就主打风险管理前置。该平台通过智能手机监控驾驶行为并提示风险行为，为客户提供驾驶行为改善方案，从而促进用户行为改进。同时，将收集的数据作为车主风险概率的判断依据，指导车险定价。但是，这种基于手机传感器和 GPS 跟踪驾驶行为的方法有很多局限性。如果能够与车联网结合，无论是行为监控还是风险干预，都会更加精准和有效。

3. 健康保险与物联网结合

基于物联网技术的可穿戴设备不仅可以全面监测个人体征，而且当体征指标超出正常范围时，还可以及时发出警示信息，提示被保险人立即纠正影响健康的不良行为或前往医院就医。此外，保险企业还能够同时进行健康管理干预，健康险客户发生疾病风险的概率将大大降低。在物联网、互联网以及现代医学技术的共同作用下，健康保险可以通过整合可穿戴设备、呼叫中心、急救中心、医疗机构等资源，构建起集预防、监测、诊断、救治、康复等能力于一体的线上健康救治服务体系。通过这种方式，保险企业可以向客户提供线上健康管理体验、智慧医疗服务，同时也可以实现向远程医疗、药品查询、紧急救护、卫生监督等领域的延伸。

在北美，SAP 结合 HANA 平台和 Fitbit 手环，将 UBI 概念推广到健康保险领域。例如，某家健康险公司向部分用户赠送 Fitbit 手环，并定期举办一些活动，以帮助用户养成使用 Fitbit 的好习惯。在用户授权的情况下，该公司可以帮助用户分析每天的步数、睡眠质量和饮食情况等信息。然后，这些数据会被筛选、分析和建模，得出每个用户专属的健康评分。利用这个健康分数，可以为每个用户制定合理的保费和提供定制化的服务。

美国健康险公司 Oscar Health 与智能穿戴医疗设备生产商 Misfit 合作，共同推出了一项健康管理计划。Oscar 利用物联网技术实现健康管理，精准确定被保险人的健康目标，并根据目标制定个性化的健康管理方案。同时，通过分析被保险人的健康状况和日常活动数据，可以准确评估风险并进行价格调整。

4. 财产保险与物联网结合

保险企业可以通过安装物联网设备为投保企业提供安全保障。例如，通过视频监控、图像识别等手段实时监控厂房、仓库、设备等财产状态，监测企业安全生产、财产安全、工厂动态等情况，并进行安全隐患排查。此外，保险企业还可以与装备制造、生产加工、工程建设等企业合作，共同搭建工业物联网平台，实时监控设备运行地点、开工时间、运行状况、故障情况等数据，开展设备全生命周期管理。通过结合历史故障及损失数据的分析，实现更精准的定价和更有效的风险防控。

智能家居和智能安防设备可以联网，通过影像和传感器实时监测非法入室、火灾、水浸、燃气泄漏等风险，实现事前风险预防以及事中自动预警和通知。此外，保险企业还可以利用宏观的大数据能力，帮助家庭规避一些自然风险。

Hippo 成立于 2015 年，是一家主营家庭保险的企业。Hippo 鼓励客户使用其物联网解决方案来保护房屋免受水灾、火灾、盗窃等风险。此外，它还使用实时数据来预测和跟踪重大天气事件，让理赔团队提前干预，帮助客户降低损失。例如，在影响数百万人的得克萨斯州风暴发生前，Hippo 就主动与客户联系，提醒他们为管道损坏做好准备。

平安产险通过建立消防物联网平台，基于 GIS 服务，结合先进的通信技术对消防监测报警设备进行实时监控。通过专属红外热像监控设备实时监控火情，并支持客户远程管理，及时发出火灾、安防预警通知。未来，基于消防水系统检测，还可对承保企业的消防水系统水量、水压进行监测，以保证发生火灾时水量、水压足够，满足正常消防需求。

9.3 做风险管理集成商

前文提到，保险应该向"产业链"模式发展，以风险管理和风险保障为中心，融合相关产品和服务，为客户提供贯穿始终的全面服务。当然，前文提到的服务更多是保险支付所能衔接的下游服务或相关的周边服务，还是偏向于"事后处理"。如果能将基于物联网的风险防范服务与之结合起来，则可以提供涵盖事前"风险防范"、事中"转移支付"和事后"风险处理"的真正的全面保障服务。

就像在保险产业链中发展全景服务、构建数字生态需要多方协作一样，全面的风险管理也需要多领域、多主体共同协作。这些主体包括物联网设备供应商及运营者、在细分领域有专长的服务机构或科技公司、提供保险产品和理赔服务的保险公司等。最重要的工作仍然是把各类主体连接在一起、服务整合在一起，面向客户提供一体化的服务。笔者认为，在整个风险管理体系中，保险企业应该自觉承担整合者的角色，把自己打造成以"保险"为核心的综合风险管理集成商。

1. 物联网带来的机遇与挑战

保险是一种经营风险的行业，而物联网与保险的结合可以让风险更加"可控"。这使得保险能够对风险施加影响的链条更长，从而在一定程度上增强了保险的优势。物联网数据有助于保险企业收集客户的个性化需求，可以开发有针对性的产品，为客户提供量身定制的服务。此外，物联网还可以收集用户的理赔事件、严重程度、原因、发生时间等信息，从而提升理赔客户体验。当然，关键还是通过物联网技术，保险企业能够对所经营的风险有更细粒度的把控能力。对于消费者来说，这意味着保险变得更加"保险"了。

机遇往往伴随着挑战，物联网与保险的结合也为保险企业带来了新的挑战。首先，物联网与保险结合对传统保险精算理论有一定的冲击。保费的一定比例要用于预防性服务，但不同险种、不同标的、不同的物联网应用深度对风险的影响如何量化仍然是一个难题。其次，物联网产生了海量数据，进行主动风险防范需要对这些数据进行实时的处理，这对企业的信息技术能力要求非常高。最后，尽管保险企业在保险专业领域占有优势，但随着头部物联网平台不断抢滩布局保险领域，行业之间的边界进一步模糊，传统保险企业可能会面临跨界竞争和"降维打击"的风险。

2. 物联网与保险的跨界合作案例

物联网与保险的结合主要涉及三类企业主体。第一类是物联网运营商，它们虽然不一定是物联网设备的直接制造者，但运营着物联网平台，掌握着物联网设备所产生的数据。例如，汽车主机厂、华为、小米等消费级物联网平台。第二类是专业保险机构，它们具有保险产品生产和销售资质，有管理风险的责任和降低风险的需求，同时具备一定的面向风险的转移支付能力。第三类是专业科技公司，由于保险机构和物联网运营商都有自己的主营业务领域，无论是保险还是物联网都是一个庞大的体系，因此，需要一些在细分领域（如 UBI 车险、UBI 健康险）有研究和积累的科技公司来帮助它们进行更好的结合。

接下来，我们来看两个不同企业主体跨界合作，推动物联网在保险领域落地应用的案例。

（1）再保险、主机厂、直保公司三方合作

在保险行业中，再保险公司位于风险链条的末端。通过再保险合同，它可以为直保公司分担风险，降低经营波动性。近年来，许多汽车主机厂提出了从车辆制造商向出行服务商转型的诉求，金融保险服务也成为车主智能服务的一部分，特别是通过自营品牌保险的方式将车险纳入车主的整体运营系统。然而，对于直保公司来说，传统的车商渠道架构无法满足如此复杂的需求。对于再保险公司来说，无论是传统的从直保公司后面获取业务的商业模式，还是通过分析续传数据进行合约定价的技术能力，都无法满足新的出行需求。而对于汽车主机厂来说，虽然拥有海量的车联网数据，但是不知道如何在金融保险领域兑现其价值。

如何打破僵局？在汽车主机厂、直保公司、再保险公司中，必须有一方具有打破传统的勇气。例如，某大型国际再保险公司的北京分公司专门设立了一个单独的实体，专注于出行与保险相结合的创新解决方案。以该再保险公司与某汽车主机厂的合作为例。主机厂作为上游，运营车联网并提供相关数据资源；再保险公司作为下游，提供数据分析和产品设计能力；直保公司作为中游，进行直接的保险运营。在此模式中，主机厂和再保险公司是1对1的关系，而与直保公司是1对多的关系，即上、中、下游是1∶N∶1的结构。风险链条上末端的再保险公司将技术能力直接投射至前端的主机厂，主机厂的车联网数据直接与再保险公司的风控管理模型结合。整体逻辑是，主机厂提供车联网数据，再保险公司进行风控建模，为每台车辆生成风险分数，直保公司根据风险分数评估每辆车的风险情况，对于低风险车辆给予保费优惠，相关业务由该再保险公司提供再保险服务。

（2）保险公司与智能可穿戴设备运营主体合作

德华安顾人寿与智能可穿戴设备及算法服务供应商华米科技合作，共同推出了一项创新的重疾险项目。该项目结合全球最大的健康研究中心之一 HUNT Study 的研究成果，以及华米科技的设备和算法，形成了核心指标——PAI（心肺功能指标）。通过对 PAI 的监测与评估，得出德华安顾特有的健康分。客户购买德华安顾的重疾险产品后，通过运动获取健康分，并可以按照达标情况获得保额奖励。

3.物联网保险数据应用平台

结合物联网和保险需要多方协作，相关工作都是数据驱动的。因此需要有相应的技术平台，能够将多个主体连接起来，支持相关的数据应用。构建这样的平台并不简单，它至少需要具备以下能力：

1）具有强大的数据处理能力。大量的物联网设备会产生海量的数据。为了做好风险防范，我们不仅需要实时分析和处理新数据，还需要通过长时间的趋势分析来了解数据的变化。因此，平台必须具备强大的联机实时处理和联机异步处理能力。当然，物联网数据有几个特点，即数据是按时序排列的、结构化的，数据来源唯一且极少有更新或删除操作，数据写入多、读取少，流量平稳且可预测。这些特点能够在一定程度上降低数据处理的复杂性。

2）兼顾数据应用与数据保护。物联网数据归属于谁？是采集数据的设备还是存储数据的平台？是设备的使用者还是应用数据的企业主体？此外，一旦数据开放，其应用和传播范围就很难有效控制，因此，数据持有方不愿轻易开放数据。例如，汽车主机厂和保险机构合作推广车联网保险应用时，要求数据建模、分析等行为在主机厂提供的设备上进行，平台也必须部署在主机厂的内部网络服务器上。因此，为了消除数据壁垒带来的影响，平台必须具备隐私计算能力，在各方数据不出域或对数据进行加密的情况下应用数据。

3）支持领域建模和服务开放。不同的标的物面临不同的风险，不同的物联网设备采集数据的形式和维度不同，不同的险种在风险评估和保费厘定方面也采取不同的方式。此外，物联网数据能够在保险产品设计、运营和风控等多个领域发挥价值。因此，平台需要支持通过多种开发语言，针对不同领域进行建模和数据应用。平台的数据建模和数据分析核心仍然是应用，因此平台还需要支持可控的服务开放，以便相关方可以在规则的约束下享受物联网数据应用的成果。

4. 保险企业应该怎么做

为了成为风险管理集成商，保险企业需要打通风险管理的上游、中游和下游，尤其是结合物联网技术对风险进行前置管理。为实现这一目标，笔者认为保险企业可以从以下几个方面重点布局：

1）加强物联网研究和复合型人才培养。尽管物联网技术在理论、技术、应用等方面仍有提升空间，但其发展速度很快，不断涌现出各种新技术和新设备，因此需要时刻保持与前沿的接轨。由于不同的险种、不同的标的、不同的客户需要不同的物联网技术，再加上物联网技术本身复杂且专业性强，技术也在不断变化，因此必须不断跟进研究，才有可能将物联网与保险更好地结合。保险企业应该积极培养物联网保险专业人才，建立一支既懂保险业务、熟悉保险运营模式，又精通物联网技术原理的复合型人才队伍。

2）构建多主体合作的风险管理生态。物联网与保险结合主要涉及三类主体：保险企业、物联网运营商和专业科技公司。保险机构应加强与其他主体的合作，力争在风险管理生态系统中发挥核心作用。具体来说，保险需要与各类传感器、智能硬件以及可穿戴设备供应商合作，确保物联网设备的供应和数据信息的获取畅通无阻。同时，还需要加强与在某些领域有专长的科技公司的合作，充分发挥它们在某些细分领域的优势，特别是在模型和算法方面的积累。

3）推动核心技术平台建设。在利用物联网进行前置风控和保险产品、服务创新时，物联网数据的应用是核心所在。因此，建设能够连接各方、汇集和应用数据的技术平台就成为落地的关键。笔者认为，保险企业应该重点投入并主动推进这类平台建设，发挥主导性作用。这样，一方面可以推动物联网与保险的结合应用业务进程，另一方面可以在多方博弈与合作中通过主导核心技术平台建设获得相对有利的位置。

4）积累模型和算法，发展自主算力。无论是捕捉风险行为、评估风险状况，还是设计个性化产品、进行差异化定价，数据模型和评估算法都是至关重要的。这些模型和算法直接决定了物联网保险应用的深度、价值和用户体验。此外，要实现大规模、深入的应用，必须拥有强大的算力支持。只有具备足够的算力，才能支撑更大规模的应用、运行更复杂的模型、做出更实时的响应。由于模型和算法的形成需要长期积累和不断优化，基础算力一直是保险企业的短板。因此，保险企业应该在这两个方面下功夫。一方面，要有意识地积累模型和算法，另一方面，要发展自主可控的基础算力。

第三部分　技术转型的思路和方法

数字化转型的源头在技术发展，技术能力是支持转型的基础。目前，大多数保险企业的技术能力无法支持其业务转型。因此，保险企业必须同时进行技术转型。一方面，通过技术转型清理历史遗留的技术债；另一方面，通过技术转型搭建面向未来的技术架构，并在此基础上建设支持业务转型的信息系统平台。

本部分将介绍技术转型的思路和方法，从架构视角分析技术转型的逻辑和布局，并针对重点领域给出设计思路和实施建议。主要内容包括基础架构如何转型、核心系统如何转型、数据体系如何转型、前端应用如何转型，以及如何利用技术连接保险生态。笔者认为，在架构设计中没有最好的架构，只有最适合的架构。优秀、实用的架构都是在实践中不断演化和改进的，而非一蹴而就。因此，本部分将详细介绍各个领域架构的演进过程。

第 10 章
技术转型的底层逻辑

底层逻辑是一种思维方法,它从事物的本质出发,寻找解决问题的路径。技术转型是一个复杂的系统工程,因此需要深入了解它的底层逻辑。本章首先分析企业转型对技术的要求,然后探讨技术转型的内在架构逻辑,最后从技术和管理两个层面设定技术转型的目标。

10.1 企业转型的技术要求

技术转型是为了支撑企业转型,而企业转型的核心是业务转变。因此,在探讨技术如何转型之前,首先要明确企业转型和业务转变对技术有什么要求。这些要求可能是对技术平台和技术应用的要求,也可能是对企业 IT 组织能力的要求。

1. 稳定性

技术体系稳定性的表现就是系统稳定。企业都希望信息系统稳定、可靠,不会随意出现错误或宕机,且系统的运行结果准确无误,系统内的数据准确而完整。此外,保险的金融属性对信息系统的稳定性提出了更高的要求。在数字化未来的环境下，信息系统的稳定性变得越来越重要。

1）监管要求。监管机构对保险企业信息系统的稳定性和持续性有要求。2011年，保监会印发了关于《保险公司信息系统安全管理指引（试行）》的通知，明确要求保险企业通过管理机制和技术手段，确保信息系统安全、稳定运行，保障业务活动的连续性。

2）经营要求。保险企业数字化转型后，经营活动全面线上化，任何技术层面的不稳定都可能对企业某些方面的经营活动造成影响。面向客户的服务以线上的自助服务为主，任何技术层面的不稳定都可能影响客户服务、客户体验、客户信心，甚至影响企业的口碑。

3）生态要求。保险企业需要成为保险服务生态的核心，成为综合风险管理集成商。这需要保险企业在相关的数字生态建设中发挥核心作用，例如承建生态中具有关键作用的信息系统或平台。保险企业作为泛保险数字生态乃至社会数字生态的重要环节，如果技术不稳定，不仅会影响自身，还会影响生态伙伴，甚至影响整个生态的稳定。

2. 开放性

在数字化未来的环境下，企业很难凭借自身封闭、孤立的技术体系而独立发展，即便是巨头也不例外。无论是对外的技术整合、连接，还是向外部开放能力或者引入外部能力，都需要企业在技术层面保持足够的开放。此外，技术在不断发展，新的技术不断涌现，只有在技术上保持开放，才能不断引入和兼容新技术，跟上技术发展的步伐，实现企业的可持续发展。

1）外部开放性。技术应具有外部开放性，以便与外部合作伙伴和技术平台平滑连接，并支持通过技术连接将技术承载的业务能力对外开放。同时，应该支持引入、融合外部能力，并在技术领先时平滑地对外输出技术。

2）内部开放性。在企业内部，技术开放同样重要。由于企业通常有多个业务条线和职能组织，因此会有很多信息系统。这些系统需要能够开放服务、相互连接，以促进业务融合和职能协作，并通过系统间的能力共享来增强技术复用和降低技术成本。

3）兼容新技术。随着技术的不断发展，有些技术可能需要更新。如果技术体系具有足够好的扩展性，则能将技术更新的代价和影响降到最低。例如，将

OCR 从自有服务切换到更精准的云服务，或从一个服务商切换到技术更先进的另一个服务商。

3. 灵活性

数字化转型的未来充满不确定性，其中唯一确定的是变化。随着企业的发展和环境的变化，业务自然会发生变化。要支持业务发展和企业转型，必须面对这些变化。只有当技术具备一定的灵活性时，才能轻松地应对这些变化。

1）功能灵活性。信息系统主要用于模拟现实业务，系统的功能体现了实际业务需求。业务的变化在技术上表现为系统功能的变化，如开发新功能、更改流程、调整规则、更改输入/输出等。为了更好地支持业务变化，系统设计需要足够灵活，能够快速且低成本地调整功能。

2）性能灵活性。技术的灵活性也在于其性能的弹性。随着企业的发展和系统使用量的增加，系统需要能够平滑扩展。例如，在营销活动期间，系统需要快速扩展，而在平时，则需要缩减以降低成本。数字化转型后，无论是业务线上化、互联网化，还是对外开放，都需要信息系统在性能上具有一定的弹性，能够根据需要灵活伸缩。

3）展现灵活性。在过去的十年中，信息系统在展现层面发生了巨大的变化。以前，人们主要通过计算机和浏览器来使用信息系统。随着移动互联网和智能设备的发展，人们开始通过手机、Pad 等移动设备使用系统，并通过微信、App、小程序等方式来访问系统。未来随着物联网的发展，人们很可能通过各种物联网设备来使用系统，并通过涌现出来的新应用平台来访问系统。为了适应数字生态建设，企业的信息系统可能需要嵌入到各种外部设备、外部平台和外部系统中。这就要求技术在前端展现上保持灵活性，能够不断拥抱新的展现技术、新的展现介质，适应不断涌现的新平台。

4. 敏捷性

数字化转型后，企业变得更加敏捷，可以快速应对各种变化。其中，技术敏捷是基础。然而，当前保险企业的技术并不敏捷，原因有多方面，既包括遗留技术债的影响，又包括传统管理模式和开发模式的制约。为了适应企业转型和业务变化，笔者认为，技术至少需要在以下 3 个方面变得更加敏捷。

1）敏捷的软件架构。这里所说的软件架构不仅包括技术架构，还包括业务架构、数据架构和应用架构。软件架构是指对软件整体结构和组件的抽象描述，用于指导软件系统各个方面的设计。它是整个软件系统的骨架和灵魂。要实现技术上的敏捷，软件架构必须具备开放性、可扩展性和灵活性。换句话说，信息系统的骨架和灵魂是具有敏捷性。

2）敏捷的管理机制。在保险企业的系统开发中，通常采用传统的瀑布模式。这导致从需求提出到系统上线转化周期长。技术团队和业务团队之间泾渭分明，而开发工作主要由外包厂商完成，增加了中间的沟通成本。这些都是技术敏捷的障碍。因此，建立业务团队、技术团队和外包厂商之间敏捷的管理机制，从管理层面提高业务到技术的转化效率非常重要。比如，建立快速响应机制、促进团队之间融合、简化IT管理流程、推行敏捷项目机制和DevOps模式等。

3）敏捷的工具和方法。在互联网领域，如何让技术更加敏捷已经被探索和实践多年。管理层面和技术层面都有许多工具和方法，如极限编程、特征驱动开发、Scrum、需求池、任务看板及燃尽图等。对于这些工具和方法，保险企业完全可以采取"拿来主义"，将其引入自己的团队和项目中，通过先进工具和方法的加持，进一步提升技术敏捷能力。

5.低成本

IT成本是保险企业运营成本中的重要组成部分。随着数字化转型的深入，IT成本的比重会越来越大。对于保险企业来说，技术本身并不产生直接价值，技术价值是通过业务体现的。由于业务转型存在不确定性，因此过度投入技术成本会成为业务的沉重负担。当然，这里所说的"低成本"并不是指绝对意义上的成本降低，因为技术是转型的基础，需要重点投入。相反，我们要尽量提高技术本身的效益，最大化技术的性价比。

1）降低试错成本。转型必然需要进行一些业务上的创新，然而这些创新尝试并不能保证百分之百成功，一定会有试错成本。业务创新离不开技术的支持，试错成本中自然也包含技术成本。如果试错的技术成本很高，业务在创新时就会背上沉重的包袱。因此，从技术角度考虑，我们要思考如何减少这部分成本，不让技术成为业务创新的负担。

2）避免重复建设。在保险企业中，技术上的重复建设是比较常见的现象。

例如，可能会建设多套类似的信息系统。此外，在系统建设过程中，如果前瞻性不足，可能在使用一段时间后就不得不推倒重建。重复建设会扩大技术规模，产生额外的建设和维护成本，或者会累积沉没成本，降低技术投入的整体效益。数字化转型需要大量的技术投入和动作，因此我们需要谨慎行事，尽量避免重复建设。

3）减少技术浪费。在企业的技术投资中，有时会出现投资无法产生实际业务价值的情况，通常被称为"技术浪费"。这种浪费主要有两个方面：首先，资源过度冗余。企业通常根据业务高峰时的需求（如开门红、月结等）配置技术资源，然而这些资源大部分时间是闲置的。企业进行灾备建设，甚至是两地三中心，但这些备份资源大部分时间是空置的。这并不是说这些资源冗余没有必要，而是应该在技术灵活性的基础上适度冗余，并在真正需要时快速扩展。其次，技术脱离业务。企业的技术和业务必须紧密结合，否则即使是先进的技术也只是"自嗨"。许多企业的数字化转型以技术为先导，这种做法无可厚非，但需要注意与业务转型相结合，匹配业务转型的步伐，避免技术脱离业务太远而产生"浪费"。

4）提高 IT 效率。在确保技术方向正确的情况下，要进一步降低技术成本，就需要提高 IT 效率，如简化 IT 工作流程、提高团队协作效率、引入提高效率的工具以及自动化尽可能多的工作等。

10.2 技术转型的架构逻辑

架构是我们构建一栋大楼、一个项目、一个企业、一种技术的基础。以芯片为例，芯片的架构好坏决定了芯片的功耗、性能以及速度。同样，如果企业拥有良好的架构，将提高执行能力、协同效率并降低成本。企业数字化转型对技术要求很高，因此拥有优秀的 IT 架构至关重要。

"架构"这个词源于建筑行业。在建造小房子时，可以直接动手，而在建造二层楼房时，虽然略微复杂，但在工匠的经验指导下问题也不大。然而，建造高楼大厦的复杂性大不相同，需要考虑内部结构、承重、采光、排水、防雷抗震等，这就需要专业人员事先进行整体架构设计，并严格按照设计方案进行施工。软件系统同样如此，从简单的桌面应用程序发展到现在的大型互联网平台，系统规模越来越大，业务和技术也越来越复杂。因此，我们需要通过架构设计来消除复杂性带来的混乱，使系统始终处于一个有序状态，能够应对现在和将来的需求变化。

从抽象的角度来看，架构是将整个系统划分为不同的部分，由不同的角色来完成这些部分。通过建立不同部分之间相互衔接的机制，这些部分能够有机地结合为一个整体，并完成整个系统所需的所有活动。架构主要关注能力的划分、边界的划分，各部分之间的关联、规则以及交互机制。

1. 解耦

在讨论架构时，我们经常提到"解耦"。从雕版印刷到活字印刷，实际上就是一种架构解耦的过程。这种解耦能够带来稳定性、开放性、灵活性、敏捷性，且成本较低。使用活字印刷时，如果需要做出更改，只需要更改相应的单个字符，不会破坏整体的稳定性；如果需要添加字符，只需另外刻字即可，这就是开放性；可以使用水平排列或竖直排列来排列字符，只需移动活字即可满足要求，这就是灵活性；不论是修改单个字符、添加新字符还是修改布局，都可以快速完成，这就是敏捷性；这些字符并不是一次性使用后就废弃了，完全可以在以后的印刷中重复使用，这在无形中降低了成本。

2. 解耦方式

印刷用的雕版解耦只需要按照单字拆分即可，但企业信息系统的解耦显然更为复杂。系统解耦既要从技术角度考虑，又要从业务角度考虑。不仅需要考虑如何有效地分解，还需要考虑如何高效地集成。不同的技术和业态可能采用完全不同的解耦方式。系统解耦没有通用的方法，但有一些普遍遵循的逻辑和模式。

（1）分而治之：子系统、模块、组件

子系统和系统的定义相同，只是观察的角度不同。一个系统可能是更大系统的子系统。为了降低复杂度，规模较大的系统通常会根据业务或职能划分为多个子系统。每个子系统都被视为一个独立的系统，例如保险核心业务系统中包含承保子系统和理赔子系统。

模块是由软件和硬件组成的一套紧密关联的单位。在系统开发中，通常使用模块作为组装单元。模块可以单独编写，其中的接口表达了该模块提供的功能和调用它时所需的元素。组件则是一种自包含、可编程、可重用、与语言无关的软硬件单元,可用于轻松组装应用系统。

从模块和组件的定义很难看出两者之间的区别,其根本原因是,模块和组件都是系统的组成部分,只是从不同的角度拆分系统。从逻辑角度拆分系统,得到的单元就是"模块";从物理角度拆分系统,得到的单元就是"组件"。模块是从逻辑上将系统分解,即分而治之,将复杂问题简化。模块可以是系统、子系统、函数、方法、功能块等。组件可以是应用服务、数据库、网络、物理机,以及消息队列、容器、负载等技术组件。

(2)服务化:SOA 和微服务

既然系统分而治之,那么各个部分就需要交互,并表达自身的能力,因此需要服务化。服务化后,系统各部分的能力都抽象成服务,以服务为单位进行开发和管理,各部分之间的交互就是服务的相互使用。这些服务独立管理,可以组合、复用,从而减少重复开发和维护工作量,让系统各部分解耦,减少关联风险。当谈到服务化时,我们很容易想到 SOA 和微服务,它们是服务化思想落地的两种技术模式。

SOA(面向服务架构)是一种软件体系结构,用于集成多个较大的组件。它将系统分解成多个模块或组件,让每个模块或组件都独立提供离散、自治、可复用的服务能力,然后通过服务的组合和编排来实现上层的业务。微服务是一种架构设计模式,通过将业务逻辑拆分成一系列小而松耦合的分布式组件,共同构成较大的应用。每个组件都被称为微服务,每个微服务都在整体架构中执行单独的任务或负责单独的功能。

SOA 和微服务都是用于抽象系统能力的技术,以服务的形式开放,通过服务的组合和编排来构建应用,以实现服务的重用。SOA 更侧重于粗粒度的应用集成,通常采用中央管理模式来确保应用之间的交互运作,适用于传统的信息管理型应用的能力开放;微服务组件化更彻底,服务的粒度更细,着重于分散管理和快速有效地扩展,更适合面向互联网和面向生态的平台建设。

(3)平台化

除了分而治之和服务化之外,我们还需要考虑平台化。无论是业务方面还是技术方面,在某些领域都存在普遍的规则、通用的模式和规范。这些固有的元素可以被总结和沉淀下来作为一个整体,然后基于这个整体来衍生新的事物。

这样可以降低成本、缩短研发周期，简化生产和设计步骤，同时能够提升质量稳定性。

在企业信息化领域，通过平台化来节约成本、提高生产效率的方法一直在实践和发展，尤其是在系统建设方面。信息系统包含基础运行环境和应用软件，应用软件又是软件技术与领域业务的结合。因此，信息系统的平台化是按照基础环境、技术和业务分别进行的。

1）基础环境平台化。在基础环境的底层，用户可以在通用设备（如服务器和存储）上安装不同的系统和存储不同的数据，这就是平台化。云计算的 IaaS 在这些基础设施的基础上进一步平台化，通过虚拟化封装，提供更便捷的打包服务。中间件和数据库也是一种平台化，它们为上层应用软件提供支持，并通过标准接口隔离上下层，允许上层应用软件个性化。云计算的 PaaS 则是对它们进一步封装，提供更高级别的平台化服务。

云平台是一种更高级的基础运行环境平台化形式，它打包整个底层支持体系，为上层应用提供标准化的支持。通过统一的平台建设和运维，可以提高效率、节约成本。

2）技术平台化。技术平台化包括 3 部分：技术框架、开发工具和通用组件。如果将开发系统比作建造房子，技术框架就是房子的预制骨架，开发工具就是建筑机械和脚手架，通用组件则是构建房子所需的基础构件。

在开发系统时，通常会先选择一些技术框架来搭建应用的基础架构，然后在此基础上开发业务功能。例如，对于 Web 应用的开发，从展现层、控制层、业务层到持久层，各层都有多种技术框架可供选择。这些框架隐藏了技术细节，提供了一套通用方法来实现业务逻辑，使得开发人员可以专注于业务实现，快速编写业务代码。

现在的开发工具不再仅仅是辅助编写代码，而是贯穿整个软件生命周期。需求、设计、构造、测试、配置管理、质量管理、过程管理都有专业的工具，这些工具能够减轻各个环节手工管理的负担，简化甚至代替手工，从而提高效率，使软件开发更加高效。

通用组件包括从程序中提取的公共方法，以及完整封装的流程引擎、报表引擎和任务引擎等。这些组件封装了某些通用技术能力，供应用程序直接使用，而无须应用程序单独实现。

3）业务平台化。业务的平台化是将基础业务与各方面的特性业务区分开来，实现特性业务之间的逻辑隔离，同时保持基础业务的稳定性，支持特性业务灵活变化。与基础环境和技术相比，业务更难以平台化，因为不同行业、不同企业之间的业务存在差异，即使是同一企业，业务也会随着企业发展和市场环境的变化而发生改变。

在某些通用领域，由于业务相对标准，更容易抽象出固定部分和封装变化，从而开发出一些业务平台化的系统产品，如 ERP 系统和 OA 系统。然而，在大多数行业应用系统中，业务部分仍然需要定制开发。一些有行业经验的软件厂商会沉淀系统原型产品，然后基于这些原型产品进行二次开发。

3. 烟囱式系统

烟囱式系统是由相互关联的元素紧密结合在一起的集合，每个元素都无法单独区分、升级或重构，各部分相互耦合。烟囱式系统通常会一直存在，直到新的系统完全取代它。保险企业的信息系统就是典型的烟囱式结构，就像雕版印刷的"刻版"一样。

在企业发展过程中，通常会以独立的业务为切入点进入市场。当形成一定地位后，为了扩大规模，开始涉及其他具有潜力的业务。为了不影响原有业务的发展，信息系统都是独立建设的。这些系统就是烟囱式结构，每个系统都是一个垂直的体系，有自己独立的服务器、独立的数据库和管理工具。不同的系统之间不能共享资源，也不能相互访问，每个系统都是一个资源孤岛和信息孤岛。这些系统在架构、流程、规则上基本是独立的，大部分系统包含相似的基础功能。对于支持相似业务的系统，可能大部分业务功能都是相似的。

（1）烟囱式系统的弊端

许多企业的信息系统都属于烟囱式结构，这种架构模式存在很多问题。

1）重复建设和重复维护。重复的系统建设不仅会消耗人力、财力，更重要的是时间。建设之后还需要进行持续的运维，重复的建设导致重复的运维，势必会增加运维成本。而重复建设的系统或功能可能会采用不同的技术体系，还需要储备不同技术体系的支持人员。

2）系统间集成、交互和协作成本高昂。烟囱式系统连接需要不同技术团队之间的协作，因此存在很大的协调和沟通成本。不同的系统架构和技术也会导致各种各样的对接方式，进而增加治理成本。

3）不利于业务沉淀和持续发展。在这种模式下，企业的信息系统平均生命周期只有六七年。之后原有的系统常规升级改造已经很难满足当下的业务发展诉求，必须进行大规模升级。然而，对于企业来说，重新建设一个系统往往比大规模升级更省时省力。如此反复，历史系统的业务积累不断地流失。

4）业务变化难，企业僵化。在烟囱模式下，一个业务变化可能需要重复修改多个系统，并重新调整系统之间的接口。随着各系统不断积累，逻辑变得越来越复杂，系统的修改和接口的调整会变得越来越困难，代价也会越来越大。

5）抑制业务创新。每一次创新都需要大量的重复建设。这使得企业在新业务和新项目上尝试时，不得不面临较大的前期投入。一旦方向出错，损失就会很大。反过来看，这会抑制创新。

（2）保险企业的烟囱式系统

保险信息化的独特发展历程、建设模式和管理方法，使得保险企业的信息系统形成了典型的烟囱式结构。

1）保险企业的大部分系统都是分阶段、逐步建设的。随着企业的发展，需要不断建设系统来支持新的业务。面对新的需求，如果改造现有系统来支持，一方面可能原系统建设时并没有考虑到此类扩展，硬改造成本巨大；另一方面，改造正在运行的系统，则必然会有影响其已支持业务的风险。因此，在大多数情况下，企业都会选择新建一个"烟囱"来支持新的业务。

2）保险企业的信息系统通常由业务部门主导建设。业务部门提出需求，技术部门组织采购和实施。系统上线后，归属于提出需求的业务部门。在信息技术属于公共资源的保险企业中，业务部门获得独立技术支持的最佳方式是拥有独享的信息系统。因此，大部分业务部门有动力推动建设自己独立的"烟囱"系统。

3）保险企业系统建设通常采用购买成熟的软件产品或者基于购买的产品进行二次开发的方式。在国内市场上，提供保险软件产品的厂商都有自己独立的技术和产品体系。为了降低风险，企业通常会使用多个厂商的产品，这导致企业内部的各个信息系统自成体系，系统间的异构性明显，形成了烟囱式结构。

4）保险企业的系统建设通常采用传统的项目制组建专门的项目团队，按照立项、采购、实施、上线、验收的流程进行。由于思维惯性，传统的保险企业认为：立项不产出新系统似乎难以被各方接受；没有以完整系统为标准的体系化项目文档，验收似乎无从下手；新项目应该配置专门的资源，也应该有单独的成果。这种项目制和观念也导致了大量的烟囱式系统。

（3）烟囱式系统是转型的沉重负担

企业数字化转型需要技术层面稳定、开放、灵活、敏捷、低成本。然而，在烟囱式系统林立的情况下，满足这些要求显然十分困难。对于保险企业而言，大量存在的烟囱式系统是数字化转型路上沉重的负担。

1）导致技术投入低效。每个烟囱系统的建设都需要大量的投入。以核心系统和互联网系统为例，单个系统软件的初始采购和实施费用至少数百万元。每个系统都需要配备服务器和基础软件。除了生产环境外，还要准备多套测试和开发环境。系统建设的基础设施投入甚至可能超过软件部分。系统上线后需要长期的需求开发和运行维护，这部分投入往往是初始建设费用的数倍。

2）制约技术能力的发展。持续开发和运维各个烟囱系统消耗了大量技术资源，技术人员疲于应对，导致用于发展的资源和精力不足。尤其在整体技术规划、新技术和新模式的探索方面，更加缺乏资源和精力。这些烟囱系统可能使用了不同的技术，因此在有限的技术人员中还需要储备不同技术类型的人才，导致人员技术能力分散，很难形成技术合力。

3）导致业务应变能力差。许多保险公司都有不止一个核心业务系统和多个前端销售系统。在推出新产品时，需要确保所有系统完成定义并同步上线，才能将产品推向市场。同样的业务规则可能分散在不同的系统中，即便是微小的变化也需要多个系统同步调整。每个系统都要制订计划、协调资源，而任何一处延迟都会影响整体进度。在这种模式下，即便是简单的业务变化也需要复杂的技术应对，效率自然会降低，业务应对变化的能力也会受到影响。

4）制约业务创新。数字化转型需要创新，特别是在业务方面的创新。然而，烟囱系统可能会抑制创新。就产品创新而言，保险公司必须在多个烟囱系统中重复定义和测试。此外，创新的产品通常采用现有系统无法完全支持的形式，需要对多个系统进行改造或建立新系统来支持。这些都需要巨大的投入，会让创新产品一出生就背上沉重的包袱。同时，系统的重复开发也会延长开发周期，等到创新产品真正推出时，可能已经不再是"创新"了。

10.3 信息技术体系中台化

即使在技术领先的互联网行业，像阿里巴巴、京东这样的巨头企业也曾经历过系统建设的烟囱式阶段。然而，一些快速发展的互联网企业随着业务的增长不断改进架构理念和模式。以阿里巴巴为例，其信息技术架构模式从"烟囱式"逐渐演变为"分布式"，再到"平台化"。自2015年起，阿里巴巴开始进行"中台化"改造，旨在"打造数字化运营能力，提高IT效能，赋予业务快速创新和试错能力"。

在保险企业的技术转型中，架构层面最重要的是系统解耦，通过分治、共享、复用、服务化和平台化，改变当前烟囱式系统模式，构建一个新的信息技术架构体系，使技术能够轻松实现稳定、开放、灵活、敏捷和低成本。显然，我们对这个未来架构的期望与"中台化"的出发点不谋而合。目前，中台模式已被广泛实践，各行各业普遍认为它是企业数字化转型的技术基石。因此，我们应该借鉴先进互联网公司的架构进化经验和中台化理念，通过技术转型，在架构层面实现整个企业信息技术体系的中台化。

10.3.1 什么是中台化

1. 中台的由来与启示

"中台"的概念最早由阿里巴巴提出，谈起中台就不得不提阿里巴巴的中台战略。

2015年年底，阿里巴巴集团启动了中台战略，旨在构建符合互联网大数据时代的"大中台、小前台"业务机制，使其更具创新性和灵活性。前台作为一线业务，将更敏捷、更快速地适应瞬息万变的市场。而中台将集合整个集团的数据运营能力和产品技术能力，对各前台业务形成强有力的支撑。

阿里巴巴实施中台战略受到一家国外公司SuperCell的影响，这家公司是芬兰的一家移动游戏公司。截至2016年3月，该公司向全球推出了4款游戏，每款游戏的收入都在数亿美元以上。

这家公司的研发模式非常独特。每个游戏的开发团队只有2～5个人，最多不超过7个人。团队自主决定开发产品的类型，然后以最快的速度上线公测，以了解用户的喜好。如果用户不喜欢，就会立即放弃该产品，并尝试新的产品。这种模式的成功既源于企业文化的力量，又源于公司强大的架构策略和中台能力。

小团队多了就会有问题，其中最常见的问题是重复劳动。两个团队很可能同时开发相同的功能，重复地解决同样的问题，同时写类似的代码。为此，SuperCell成立了中台部门，专门负责游戏基础功能开发、通用游戏素材开发和算法总结，解决团队所遇到的共性问题，开发基础设施性质的工具。经过长期的积累和沉淀，就形成了中台。

SuperCell采用类似于开源项目的管理模式，将企业的游戏开发视为一个开源项目。每个团队都是这个项目的开发者和维护者，各团队之间共享成果，并将新成果不断沉淀到中台。随着中台规模的不断扩大，在开发新游戏时，大部分资源都可以复用中台资源。以前需要几十人花费几年时间才能开发完成的游戏，现在只需要几个人用几个月甚至几周就可以完成。

总的来说，中台模式的架构是"厚平台、薄应用"的形式。厚平台提供可复用的资源和能力，薄应用则依托平台能力快速构建和变更。相比企业传统的烟囱式系统建设，中台模式提供了一种新的系统建设思路。中台沉淀系统的基础技术能力和通用业务能力，这样就不必每一个系统都自成体系开发所有部分。前台系统可以基于中台的资源和能力，像拼装积木一样建设。使用这种方式建设系统有以下优点：

1）速度快、成本低。就像建造房子一样，利用预制构件拼装肯定比一砖一瓦搭建速度快。中台资源能够被前台系统共享，而无须各前台系统单独实现，能够大幅降低前台系统的建设工作量，从而降低成本。系统对基础资源的使用是变化的。在烟囱模式下，每个系统都要按最大需求配置基础资源。而在中台模式下，资源是前台系统共享的，可以统筹基础资源的需求和配置，减少空置浪费。

2）有利于业务沉淀。通过中台，我们可以累积各种前台系统的业务能力、经验和模式，并将其中可抽象、可规范、可标准化的部分沉淀下来。这种做法的好处是，即使前台业务发生变化或人员流失，中台仍然可以保持不变。传统的烟囱式系统则需要应业务变化而不断重建，中台则可以不断地吸收业务变化的营养，变得越来越强大。

3）系统的稳定性好。中台资源是经过时间沉淀和业务验证的，因此，采用这些资源建设的系统的稳定性必然比完全独立建设的系统要更好。采用中台模式后，企业不需要像以前那样重点维护很多独立的系统，而可以将技术资源集中到中台，从而保证其稳定性。

4）能促进业务创新。在开展新业务、打开新市场时，企业内部的任何人、任何团队都需要内外部的资源和支持。技术是最重要的内部资源，因为创新业务需要信息系统的支持，而且这一部分往往是最耗时和投入最大的。中台模式能够提高系统建设速度和降低成本，从而提高创新速度并降低试错的成本，促进创新。

2. 解读中台化架构

中台是一种信息系统建设和架构模式，被称为"中台化架构"。这种架构模式是平台化架构的一种自然演进，以平台化为基础。其主要目的是将企业的IT基础环境和技术全面平台化，并实现业务的整体平台化，以应对企业发展和转型的需求。

云平台是基础环境平台化的主流方案，主要用于提高基础设施的运营管理水平，降低运行环境建设和运维成本，增强环境对应用层的反应能力。通过为应用提供一个标准的、易于扩展的运行环境，可以提高应用的弹性、部署和运维效率。

技术平台化意味着升级工具，包括统一技术栈、制定技术规范、沉淀技术组件和使用自动化工具。通过框架、组件等的封装，可以过滤技术细节并降低开发层的技术复杂度。借助复用和自动化工具，可以减少重复劳动并提高开发效率。

传统的业务系统平台化通常从技术角度出发，其目的是快速实施。然而，真正有利于创新的业务平台化应该面向业务战略整体性思考。我们需要以发展视角识别固定和变化的方面。对于固定的方面，需要进行沉淀；而对于变化的方面，则需要进行封装和配置化。此外，我们需要改变服务抽象的角度，由面向技术转变为面向业务。这样抽象的服务更有利于业务使用。

中台立足于整合技术资源，支持客户端和市场端应用的快速构建与变更。在实践中，应用构建和变更的效率受到多方面因素的影响，如基础环境的准备时间、基础环境的扩展能力、研发人员的效率、组织的协同效率以及业务和技术组件的积累与复用程度等。因此，我们需要对基础环境、技术和业务全方位平台化并强化治理。在中台模式下，就是建设各种中台，从多个角度进行赋能，如技术中台、业务中台和数据中台。

技术中台为其他中台和前台应用建设提供简单一致、易于使用的技术基础设施和能力接口：一方面提供标准的、易于使用和易于扩展的基础环境；另一方面归集通用的技术能力，标准化接口输出，让应用能够简单、快速地拥有这些能力。

业务中台为前台应用提供业务功能层面的构件支持和中心化的通用业务处理能力支持。前台应用能够通过组合服务的方式，快速拥有通用性业务功能和业务处理能力，自身只需实现个性化部分即可。

数据中台汇集企业后台、业务中台和前台应用的数据。它负责数据存储、计算和产品化包装，屏蔽处理细节，以服务的形式提供给前台使用。前台应用无须自行处理复杂的数据，只需集成数据中台服务即可快速开发基于企业级数据整合的数据应用。

10.3.2 如何实现中台化

分析完中台架构后，我们来看看中台模式最早的提出者和实践者——阿里巴巴是如何实现中台落地的，以及保险企业如何实现中台化。

1. 阿里巴巴中台案例

阿里巴巴建设了许多中台，包括业务中台、数据中台、技术中台、研发中台、运维中台等。其中，业务中台、数据中台和技术中台最具代表性，这里重点介绍这3个中台。

1）业务中台。阿里巴巴的业务中台是一个承前启后的业务中间层。它的主要目的是整合中后台资源，并将基础业务能力封装成可供前台共享的通用服务。业务中台以"共享服务"体系为基础，建设了许多"共享服务中心"。其中，用户中心提供用户注册、登录、变更等管理能力，并统一用户数据存储和服务接口；商品中心提供商品描述、商品发布、商品管理、商品巡检等能力；交易中心提供交易相关的服务能力，包括购物车、交易流程、订单管理、支付、结算等功能；店铺中心提供卖家店铺管理、店铺装修、店铺生命周期管理、店铺日常管理等能力。

2）数据中台。阿里巴巴的数据中台主要负责整合企业级数据，为上层应用提供多维度的数据产品服务。数据中台具有数据采集、存储、计算、建模、开发和产品化能力，包括数据基础设施、业务模型、数据开发管理、数据产品及服务等部分。其中，数据基础设施提供数据存储和计算能力；业务模型规范数据标准，降低数据存储和计算成本，提升数据互通和使用效率；数据开发管理提供开发平台，简化数据同步和数据开发任务的创建、发布、调度、运维；数据产品及服务通过数据服务中间件统一服务的管理。

3）技术中台。阿里巴巴的技术中台位于应用软件下方，是支持应用运行的技术层，以 IaaS 和中间件体系为基础。其主要作用是整合和封装"使用基础设施的能力"和"应用技术中间件的能力"。在基础设施方面，它将计算、网络、存储等资源虚拟化，构建了一个无界的基础资源池。中间件体系主要是在基础设施和应用软件之间构建一个支持分布式的环境。

4）其他中台。除了业务中台、数据中台、技术中台外，阿里巴巴还有研发中台、运维中台、移动中台、算法中台等。研发中台是将企业的研发最佳实践变成可重用的能力，通过流程管理和自动化工具提高研发效率。运维中台主要提供运维平台和工具，旨在提升业务交付效率和运维自动化、智能化水平。移动中台构建在其他中台之上，主要为了更好、更快地利用中台能力，快速迭代移动端产品。算法中台是数据挖掘体系的一部分，旨在从各种挖掘场景中抽象出几类具有代表性的场景，并形成相应的方法论和实操模板。

2. 保险系统如何划分前、中、后台

将保险信息技术体系中台化，首先需要明确前、中、后台的含义。对于保险企业的信息系统，应该按照中台思想将其划分为前、中、后台。这不仅要考虑系统的用途，也要注重应对变化的能力。

（1）根据系统定位划分前、中、后台

企业通常以市场为导向，将企业的职能分为前、中、后台。传统保险系统大多是烟囱式结构，每个系统都有明确的定位和固定的用户，这与企业职能的前、中、后台恰好对应，如图 10-1 所示。

前台	2A	移动展业	代理人微店	代理人门户	电话销售
		银保行辅	远程出单	弹性福利	OpenAPI
	2B	银保通	建议书		
		团险行辅	网销接入		
		邮保通	电子商务		
	2C	医保通	官方App	自助终端	
		官微	小程序		
		手机站	NPS		
	客服	电话中心	CRM		
		智能客服			
		在线客服	移动柜面		

中台	业务核心	个险核心	业务辅助	销售管理	投资管理
		团险核心	单证管理	个营销管	交易
		健康险核心	规则引擎	银保销管	估值
		短险平台	电子保单	团保销管	信评
			保单打印	分销管理	风控
			影像管理	收付管理	
			智能核保	产品工厂	
			体检管理	外包录入	
			双录管理	TPA管理	
					数据
					BI/报表
					数据仓库
					ODS
					ECIF
					精算
					精算软件
					准备金
					再保险

后台	监管报送	统信报送	财务管理	办公、审计	公共（能力）平台
		偿付能力	财务总账	OA	身份认证	电子签章	手写签名
		分类监管	资金管理	HR	知识库	CMS	文件管理
		稽核	费控管理	培训	短信平台	邮件系统	OCR
	保单登记		财务报表	项目管理	BPM	ESB	WiKi
	服务评价		移动费控	视频会议			
	反洗钱		资产管理	物品管理			
	意健险		预算管理	差旅管理			
				固定资产	审计	风控	客户风险	

图 10-1 典型的保险企业应用架构

一般将客户、业务员、合作伙伴与企业内部管理信息系统之间的接入应用作为前台,如面向代理人使用的 A 端应用、连接合作伙伴的 B 端应用、客户直接使用的 C 端应用,以及客户服务相关的应用。

通常与保险业务直接相关的管理型应用被划分为中台,包括:支持保险业务运营的核心类应用,与核心应用配套的业务辅助类应用,辅助营销渠道管理的销售管理类应用,投资、精算类应用,数据基础设施和数据产品类应用等。

通常情况下,与客户、市场和业务开展不直接相关的系统或平台被归类为后台。这些系统或平台包括与行业无关的通用型企业管理类应用、保险行业特色的监管和风控类应用,以及通用支撑性质的技术能力平台。

(2)围绕敏捷应变划分前、中、后台

中台化是为了应对变化而提出的一种解决方案。它通过分治、服务化等手段实现隔离,让不同的部分能够独立演化,某一部分可以被其他部分复用。一般来说,易变化的、个性化的部分作为前台,而固定的、通用的部分经过平台化之后则成为中台。

保险企业信息系统的变化与多方面因素有关。技术层面主要是新技术的迭代和业务发展导致的技术扩张。业务层面主要受客户因素、市场因素、监管因素的影响。管理层面主要是企业内部管理方式的变化,如组织、流程、规则等。理论上,这些因素与应用或能力的直接相关度更高,需要更敏捷,因此应成为前台。

在技术层面上,尽管保险企业并不是科技公司,但技术的更新和扩展依然是必要的,不过它们并不像业务变化那样频繁。因此,我们无须将技术分为前台、中台和后台,只需将技术视为一种中台能力即可。我们可以像阿里巴巴一样,将纯粹的技术能力平台化、服务化,从而使技术更加简单易用、易于扩展,即技术中台、研发中台和运维中台。

在业务层面上,前台应用涉及客户和市场。例如,面向销售人员的 A 端应用、面向团体客户的 B 端应用、面向个人客户的 C 端应用,以及面向分销商的 D 端应用。数据报送类应用和企业内部办公管理类应用也被视为前台应用。中台则按照业务能力、数据能力和管理能力 3 个维度进行抽象,并沉淀通用的能力,形成业务中台、数据中台和管理中台。

还有一部分应用基本很少出现变化,只要做好基本的运维即可。这部分应用与前台应用变化没有直接关系,如投资、精算、审计、财务管理等。因此,可以考虑不将这部分应用中台化。

3. 中台化的整体架构

根据系统用途和应用角度划分前、中、后台,这样就形成了信息技术体系中台化的基本架构,包括基础环境、技术中台、研发中台、运维中台、业务中台、数据中台、管理中台,以及面向 A 端、B 端、C 端、D 端、办公、监管的一系列轻量级前台应用,如图 10-2 所示。

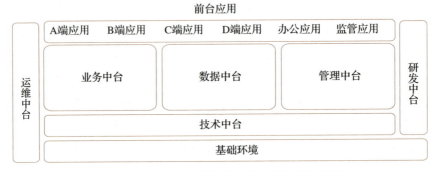

图 10-2 保险信息技术体系中台化的基本架构

1)基础环境。基础环境是指将服务器、存储、数据库、中间件等基础设施云化,通过资源服务化和云平台管理提高灵活性。虽然公有云非常灵活,但绝大多数保险企业已经建设了机房或者租用了 IDC,拥有自己的软硬件基础设施。另外,由于保险行业受到强制性监管和金融属性的影响,无法完全依赖公有云,因此,私有云与公有云结合的混合云模式是更适合的选择。

2)技术中台。技术中台是指除基础环境以外的公共技术能力。在保险信息系统中,很多应用系统都需要一些能力,如规则引擎、流程引擎和文件管理。通过将这些能力抽象、封装成公共技术资源,各应用系统就可以共享,从而减轻系统开发负担,提高效率并降低成本。此外,这些能力中的一部分需要使用外部服务,如通信类、识别类和认证类服务,这些服务可能由多个供应商提供,也可能经常切换供应商。将这些能力统一封装,将异构的外部服务转换成标准的内部服务,将更有助于使用。

3)研发中台。研发中台的主要目的是提高 IT 研发效率。通过技术框架和技术组件的封装与使用,过滤掉技术细节,降低开发层面的技术复杂度。同时,通过基础开发资源(框架和组件)的复用和自动化工具的使用,可以减少重复劳动,提高开发效率。此外,还可以沉淀企业的最佳研发实践,通过框架、组件、工具等方式将其固化下来,形成企业的通用实践。同时,利用自动化设计、自动化开发、自动化测试、持续集成和持续部署工具,可以提高研发效率。

4)运维中台。运维中台的主要目的是提高各个中台和前台应用的运维效率,并实现运维自动化和智能化。首先需要进行集成,将监控、日志、安全、调度、文件分发、配置管理等各类运维工具集成起来。然后是沉淀,将企业运维的最佳实践不断沉淀,形成一种通用的、可以推广的能力。最后需要推进自动化,通过工具集成和实践沉淀,不断提高运维自动化和智能化水平。

5)业务中台。业务中台的主要目的是沉淀保险业务能力和服务,包括产品、客户和保单管理能力,承保、核保、理赔、保全、批改、续期、续保等业务运营能力,渠道、人员、绩效等销售管理能力,以及面向业务的财务收付、账户管理能力等。实际上,这些能力都包含在传统的核心业务系统中。只是传统核心业务系统是烟囱式系统,其设计的出发点是能够完整地模拟业务,没有考虑需要与许多前台应用衔接、协同的情况。虽然业务数据最终仍落地于核心业务系统,但一些相似的过程性能力仍然需要各个系统分别实现。这显然无法满足企业数字化转型对技术的要求。因此,我们有必要将核心系统平台化,使之成为被前台应用共享能力的业务中台。

6)数据中台。数据中台将企业的各类数据能力整合,为不同的应用提供多维度的数据服务,包括数据采集、存储、整合、交换、开发、服务和资产管理等多种能力。数据中台是构建适应数字时代的企业数据应用体系的基础。保险企业有很多数据应用,包括报表系统、领导驾驶舱、统信报送、反洗钱、准备金计算等。这些应用大多是烟囱式的,都有自己的数据采集、存储、处理和展现方式,即使一些企业建立了企业级数据仓库也不能完全覆盖。如果企业建立了数据中台,就可以将各种数据汇总成一个数据资源池,进行统一的挖掘和处理,让这些应用能够直接使用数据成果,而不必自己实现所有处理过程。

7)管理中台。管理中台主要是整合企业内部管理相关的能力和服务。保险企业的员工每天需要使用多种信息系统(如核心业务系统、财务系统、客服系统和协同办公系统等)来完成大量工作,然而,这些系统通常是孤立的,每个系统都是一个流程孤岛和操作孤岛。为了提高运营效率并实现流程驱动,企业必须在流程和操作层面将它们整合在一起。这就是管理中台的目的,具体来说,需要完成以下3个方面的工作:第一,整合企业的管理型应用,开放它们的能力,使其成为可共享、可复用的资源;第二,向内部员工提供统一的工作平台,统一操作、待办、提醒等;第三,将传统职能型应用的能力(如培训、费用控制等)开放给前台。

8)前台应用。前台应用是指直接面向A端业务员、B端团体客户、C端个人客户、D端分销商、E端企业员工以及监管机构的系统。这些系统常常会因内外部因素而发生变化。按照中台架构模式,这些系统应该轻量化,主要依托中台能力构建。当然,这些前台应用也是独立的应用,只是它们的大部分能力来自中台,而自身只是整合中台能力并实现个性化部分。

10.4 打造敏捷的技术组织

技术敏捷是企业所追求的目标。中台化可以从技术架构层面提升敏捷性,但也需要从组织管理层面同步提升。"康威定律"告诉我们,设计系统的组织所产生的设计等同于其内部和外部的沟通结构。也就是说,想要什么样的系统,就要有什么样的组织。那么,为了充分发挥中台架构的敏捷性,保险企业需要建立什么样的技术组织呢?

1. 保险企业技术组织的形式

《保险公司信息化工作管理指引》明确提出:各公司应建立组织结构合理、人员岗位分工明确的信息技术部门。信息技术部门负责信息化工作相关的规划、建设、管理和运维等工作。《保险中介机构信息化工作监管办法》明确要求:保险中介法人机构应设置信息化部门或信息化岗位,负责信息化工作的正式工作人员不少于一人。因此,保险企业和大型保险中介机构基本都有自己的技术团队,这些技术团队主要有以下几种组织形式。

1)职能型组织。技术团队被分成不同的职能部门或处室,例如需求、开发、运维和基础架构。每个部门或处室都有自己的职能负责人,员工通常只负责自己部门或处室内的事务。技术团队会设定一系列制度和流程,以确保需求开发、运行维护等任务在不同的部门、处室、业务部门和外部厂商之间像流水线一样顺畅流转。

2）矩阵型组织。这种组织形式仍然保持职能型结构，但更加注重项目管理和对重点业务、领域的服务。根据项目需求，一般从不同的部门或处室中挑选合适的员工组成一个项目团队，这个团队提供面向服务对象的端到端服务。在项目结束后，该项目团队可能解散，也可能长期为特定业务或领域提供服务。

3）平台化组织。将基础架构、项目管理、开发、测试等资源和能力平台化，形成相应的职能部门或处室。对于不同的领域，如车险和非车险、传统应用和互联网应用、不同的业务条线等，设立独立的技术部门或处室，分别负责各自领域的系统建设工作。职能部门或处室提供公共资源和服务，领域部门或处室共享这些资源和服务。

2. 敏捷对技术组织的要求

为了匹配中台化的技术体系，并从组织层面进一步提升敏捷能力，企业的技术组织应该具备以下要求或能力：

1）组织平台化。中台化的技术体系就是将基础设施、研发、运维、数据等领域都平台化。既然技术体系已经平台化，那么技术组织也应该跟着平台化。根据康威定律，组织架构必须与技术架构相匹配，这样才能确保技术架构长期不会失衡。此外，平台化也符合组织发展的趋势。平台化组织的特点是大量自主小前端、大规模支撑平台、多元的生态体系、自下而上的创新，这与中台思想和数字化转型的方向不谋而合。

2）具有一定的柔性。柔性组织是一种能够适应环境和自我调整的组织形式。柔性组织具有以下特点：领导关系经常变化和调整；每个员工或团队有独立处理问题和履行职责的能力与权限；职责分工比较笼统，需要通过横向协调来明确和调整。柔性组织有多种类型，如虚拟组织、项目小组、网络组织、无边界组织和自我管理小组。企业的技术组织虽然不能完全成为柔性组织，但可以在平台化的基础上尽量增加柔性。

3）高效沟通决策。沟通效率是影响敏捷的重要因素之一。然而，只要组织有分化，团队之间就会出现"隔阂"。无论组织如何扁平化、权力如何下放，都存在需要审批、决策的情况，都需要跨团队沟通。因此，在设计组织时，需要考虑两个方面：第一，如何划分组织，以尽可能减少跨团队沟通和跨层级决策；第二，要建立端到端的"超级链接"，使团队能够快速对接和高效沟通，确保需要决策的事项能够快速到达相应的决策者。

3. 先行企业的探索与实践

下面来看看先行企业是如何配合中台化设置技术组织的，以及为了提高灵活性，它们在组织管理层面采取了哪些措施。

1) 独立的中台团队。大多数建设中台的企业都会成立独立的技术团队来负责中台的建设。例如，SuperCell成立了专门的中台团队，负责开发游戏基础功能、通用素材和基础设施性质的工具；在阿里巴巴内部，业务中台、数据中台和技术中台都有专门的技术团队负责。

2) 部落制组织架构。"部落制"最早由音频流媒体公司Spotify施行，后在大型科技企业得到应用。如图10-3所示，部落制是一种柔性网状组织结构，由小队、部落、分会、行会4种组织单元组成，类似于矩阵型组织的进化版，核心是通过建立对齐业务的端到端交付团队，提高沟通效率并加速响应。相比矩阵型组织，部落制弱化了矩阵中的职能部分，强化了项目或任务团队部分。值得一提的是，许多金融企业都非常青睐部落制，许多银行和券商正在积极推进部落制在组织中落地，把部落制看作破解业务和技术之间矛盾、助力研发管理向敏捷转型的一剂良药。

- 小队：端到端交付的最小单位，包含所需的需求、开发、测试、运维等人员，一般10人左右。
- 部落：相同业务领域所有小队的集合，面向具体业务领域稳定输出，一般小于100人。
- 分会：同一个部落中相同能力领域内拥有相似技能的人员，负责发展员工、设置薪水等。
- 行会：跨部落的兴趣社区，定期进行知识和实践的分享。

3) 协调支持性组织。技术组织无论是按职能分化还是按项目分化，都存在需要跨团队协调、管控和支持的情况。因此，许多企业会成立跨职能或跨项目的横向组织，可能是独立的职能团队，也可能是跨职能或跨项目组合的虚拟组织。这些组织负责把握宏观方向、协调跨团队合作、解决难题等事务。例如，一些大型科技企业常常设置技术委员会或企业IT部门下的PMO组织。

第 10 章 技术转型的底层逻辑

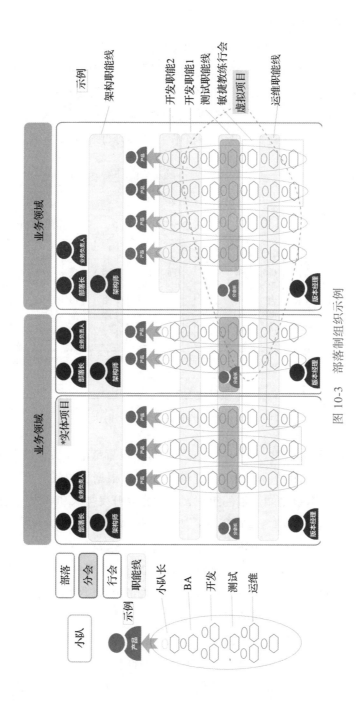

图 10-3 部落制组织示例

4. 未来保险技术组织示例

通过前文的分析，可以看出企业未来的敏捷技术组织将拥有 4 个特征：一是组织扁平化，减少管理沟通层级；二是按照领域和应用架构的布局来分化团队；三是仿效部落模式建立端到端的交付团队，以提高沟通效率和响应速度；四是建立跨团队的虚拟组织，以加强横向管控和衔接。按照这样的思路，再与中台化整体架构对应，保险企业未来的技术组织示例如图 10-4 所示。

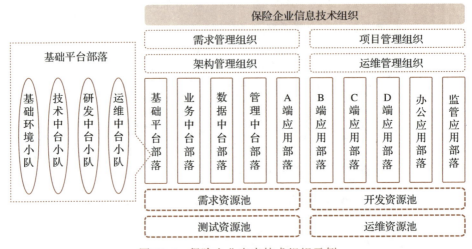

图 10-4　保险企业未来技术组织示例

1）端到端的部落组织。大的领域或平台可以设置部落，负责该领域或平台的整个需求、开发、测试、运维工作。部落内可以根据子领域、子平台或系统划分小队，每个小队也是端到端的组织，能够独立开发需求和解决问题。另外，还要重点强调 3 点：第一，基础环境、技术中台、研发中台和运维中台技术性比较强，与业务本身的关联也不大，而且都属于 PaaS 层，它们可以放在一个部落中；第二，对于前台应用，相关部落可以内部沉淀自己的"小中台"，以推动领域通用能力共建和共享；第三，业务部门的人员也可以虚拟到部落、小队中，这样更有利于业务与技术之间的衔接和转化。

2）虚拟的人力资源池。在部落和小队中，通常都有需求分析人员、开发人员、测试人员和运维人员。然而，这些人员不能仅局限在自己所在的组织中，应该让他们在不同的部落和小队之间流动，变成"活水"。为此，我们可以将人力资源也平台化,建立需求、开发、测试和运维人力资源池,将所有人员虚拟到资源池中,由资源池进行统一配置和调度。保险企业通常会外包大量技术人员,他们也应该虚拟到资源池中,由资源池进行统一调配和管理。此外,资源池还要发挥部落制中"行会"和"分会"的作用,本着部落主战、资源池管建的原则,由资源池统一负责员工发展、员工培训等工作。

3)横向的协调性组织。需求分析、项目管理、系统设计、系统运维是保险企业技术组织中最重要的4项工作。从整体管理的角度来看,我们应该在部落之上建立跨团队的横向组织,针对这4个方面进行整体把控和横向协调,包括建立需求管理组织、项目管理组织、架构管理组织和运维管理组织。这些组织可以是职能团队,也可以是虚拟组织。它们的主要职能包括:引领相关领域方向,制定制度、流程、规范等;在部落和小队之间进行横向协调,提高团队之间的协作效率,保证个体团队的工作方向符合整体方向;整合更大范围的资源,攻克难题,帮助具体团队解决困难。

第 11 章
技术基础设施云化

在企业推动数字化转型时,技术基础设施也需要进行转型。"云化"是技术基础设施发展的主要趋势,企业可以通过云化将这些基础设施的能力转化为统一、标准、弹性的服务,从而降低成本及使用和管理的复杂度,使其对上层应用更加友好。

本章主要介绍保险企业技术基础设施如何云化,即按照 IaaS 加 PaaS 的思路将技术基础设施平台化,具体包括:构建公有云与私有云结合的混合 IaaS 和混合 PaaS 底层;抽象通用技术模块、技术组件,构建应用开发的技术基座,同时起到屏蔽多云差异的作用;搭建研发与运维中台,支持基于云底层和技术基座快速开发应用、进行高效运维管理。

11.1 保险企业 IT 基础架构的发展

技术在不断进步,需求在不断变化,保险企业的 IT 基础架构也在不断发展。保险企业 IT 基础架构发展的内在逻辑包括以下几个方面:一是不断降低基础架构复杂度,二是不断提高底层资源利用率,三是不断提升业务服务弹性,四是不断降低人力需求和管理成本,五是不断追求服务标准化和敏捷,六是应对信息系统越来越复杂的应用架构和技术架构。下面从多个角度梳理保险企业IT基础架构发展脉络,借鉴历史经验,以更清晰地认识其未来转型发展的趋势和方向。

1. 从自建机房到系统上云

存放服务器和存储等设备的空间需要满足坚固、防火、恒温、恒湿、不间断电力供应等要求。过去,保险企业通常自行建设机房,包括企业中心机房(数据中心)和各个职场的小机房。这些机房的面积不一,从十几平方米到数千平方米不等。中心机房的建设有相关的标准,通常要求比较高。即便只有几十平方米,也需要安防、空调、消防、备用电源等,还需要专门的运营维护力量。对于大型企业来说,这些并不是问题,但对于中小型保险企业而言,中心机房的要求可能只是几十平方米和数个机柜,花费大量的时间和精力来建设显然不划算。2000年之后,随着互联网数据中心(Internet Data Center,IDC)的逐渐兴起,一些保险企业放弃了自建中心机房,开始选择租用IDC。

IDC是一种超大型机房,利用互联网通信技术建立起标准化的数据中心环境,能够为企业提供包括服务器托管、租用以及相关增值服务在内的全方位服务。相比自建机房,IDC的稳定性更有保障。企业在拥有服务器所有权、独享性的基础上,能在基础建设、网络价格、人力资源等方面节约成本。在保险行业,许多中小型保险企业租用IDC作为主数据中心,中大型保险企业则主要利用IDC做灾备建设。

基础架构是应用架构的底层支撑,通常会随着应用架构的变化而变化。在完成IT集中和系统整合之后,保险公司运营主要依靠核心业务系统和核心财务系统。然而,随着业务的快速发展,单一的核心系统已经无法很好地满足业务需求。因此,传统的集中架构在应用层面逐渐分解,业务系统和财务系统拆分,边缘应用也开始涌现。随着技术架构理念的发展,尤其是负载技术、SOA、微服务、RPC框架等的出现,以及线上业务的迅速增长,保险企业对业务规模和频率的预期也在不断增加,这促使保险系统在技术层面也逐渐从集中走向分布。

集中式和分布式对基础架构的要求是不同的。集中式的单个负载较重,依赖纵向扩展,对底层的稳定性要求很高。分布式的单个负载较轻,强调横向扩展,不要求单点的极致稳定。随着这些需求的变化,服务器应用也经历了从小型机到低端 PC 服务器的转变。单点的负载越来越小,即使是低端 PC 服务器,单个应用独占服务器也可能导致硬件性能过剩。为了充分利用资源,最好是多个应用共用一台服务器。

2010 年前后,"虚拟化"技术开始在保险企业的 IT 基础架构中出现,并逐渐流行起来。虚拟化是将一台服务器虚拟成相互隔离的多台"虚拟服务器",也称为"虚拟机"。多台虚拟机共用服务器硬件,但在应用程序看来,它们使用的 CPU、内存、硬盘、网卡等资源是完全独立的,彼此隔离、互不冲突,这就完美地解决了多个应用共用一台服务器的问题。此外,虚拟化技术实现了应用软件与底层硬件的隔离,为基础架构管理带来了更大的灵活性。例如,可以支持异构操作系统整合,支持运行中的虚拟机从一台服务器迁移到另一台服务器上。

既然 IDC 提供机房、服务器和维护服务的租用,同时虚拟技术能够实现应用软件和底层硬件的解耦,应用程序就不再需要关心硬件的位置或类型。那么,能不能进一步将应用程序的整个运行环境变成可租用的服务呢?答案是可以的,"云计算"在其中起到了关键性的作用。自 2006 年正式推出以来,云计算已经成为技术领域的热门话题。在过去的十几年中,各行各业都在拥抱云计算。以众安保险的核心系统云化为标志,保险行业也从 2014 年正式开始上云之路。

2. 对云的应用越来越深入

保险企业最初尝试使用云计算技术是将一些边缘系统和测试系统部署在云上。2014 年,众安保险在云上搭建了核心系统"无界山",开创了重要保险系统上云的先河。2016 年,安心保险开业,其核心应用全部部署在云上,成为国内首个全系统在云上通过验收的保险公司。同年,和泰人寿和爱心人寿筹建,在信息化建设伊始便选择将应用全部放在云上。2020 年 6 月,中华财险与阿里云达成协议,希望借助阿里云的技术能力,利用云计算技术从基础架构到业务应用全面重构中华财险的信息技术体系。

除了使用公有云,一些保险企业还在内部应用云管理技术,利用企业的现有技术基础设施来构建私有云。例如,太平保险从 2017 年开始建设集团私有云"太平云",华泰人寿从 2017 年开始实施容器化私有云,太平洋保险从 2018 年开始按照自建私有云的方式建设"太保云"。此外,一些保险企业还将公有云和私有云统一管理形成混合云。例如，中国人寿的混合云平台"稻客云"打通了私有云和公有云之间的壁垒，能够实现应用在私有云和多个公有云之间无缝混合部署。太保云在建设模式上保留了公有云的对接能力，未来将成为以私有云为主、公有云为补充的混合云。

保险企业除了使用云服务器、云硬盘、云负载等 IaaS 服务外，还越来越广泛地应用云上的 PaaS 服务，如云数据库、云对象存储、云消息队列、云缓存、云视频、云语音和云短信等。通过使用云 PaaS 服务，保险企业可以以较低的成本在业务流程中应用新技术，包括人脸识别、语音识别、文字识别、机器翻译和智能对话等。如果这些能力完全由保险企业自建，不仅成本巨大，而且难以保证跟上技术发展的步伐。因此，保险企业使用云上的 PaaS 服务是一种性价比非常高的选择。根据 Novarica 数据，截至 2021 年 6 月，已有超过 90% 的保险企业在其业务流程中应用了云服务。

传统的保险系统采用单体式架构，这种架构在灵活性和扩展性方面存在很大的限制，无法充分展现云的特性。为了更好地利用云，保险系统的技术架构和应用架构也在不断朝着适应云的方向发展。从分布式到微服务，现在最流行的是"云原生"。云原生能够帮助企业在公有云、私有云和混合云等动态环境中构建和运行可弹性扩展的应用。云原生的代表性技术包括容器、服务网格、微服务和声明式 API 等。这些技术可以充分融合云的优势，构建兼容性好、易于管理和便于观察的松耦合系统。

现在保险企业已经普遍采用云原生技术建设新系统，有些还用云原生技术改造现有系统，还有些则建设融合云原生的 PaaS 平台。例如，保险行业的主要技术服务商都推出了基于云原生的技术解决方案和系统产品。2016 年，众安保险开始逐步尝试云原生技术，并基于云原生设计并落地了新一代保险核心系统"无界山 2.0"。2022 年上半年，民生保险完全基于云原生技术的新一代寿险核心系统上线，标志着寿险领域最重要的系统也进入了云原生时代。

3. 从商业软件到拥抱开源

对于基础软件、中间件和技术工具，以前保险企业普遍采用商业软件。但随着开源软件的发展和保险企业对技术的把控能力的提升，近年来越来越多的企业开始在各个领域拥抱开源。例如，Web 中间件从商业 WebLogic 变成开源

Tomcat，数据库从商业 Oracle 变成开源 MySQL，负载均衡从普遍使用商业 F5 硬负载变成开源 Nginx 软负载，规则引擎从商业 ILog 变成开源 Drools，系统开发使用的技术框架基本都开源了，研发过程管理工具也从 QC 等商业软件向 Jira 等开源软件过渡，而云原生、DevOps 相关的技术和工具基本上也都是开源的。

保险企业对系统的稳定性要求很高。过去，使用商业软件是因为商业软件稳定、可靠、服务有保障。如今随着开源社区的发展，开源软件越来越成熟，其可靠性几乎可以与商业软件媲美。分布式架构的发展使得单点的可靠性不再那么至关重要。应用可以采用集群部署，缓存和数据库也可以分布式，这使得即使开源软件单点不那么稳定，也不会影响整个系统的稳定性。云计算的发展也是推动开源应用的重要因素。云上的服务需要对外出租，采用商业软件会存在一定的障碍或性价比较低。因此，云上的 PaaS 服务多是云厂商自主研发或基于开源软件二次封装的，一般都会向下兼容同款开源软件。此外，保险企业自身的技术能力不断提升，对底层软件的掌握能力也不断增强，在使用开源软件时，保险企业变得更加自信。

使用开源软件有很多优点。首先，成本更低，基本上没有或只有很少的采购成本。其次，更加可控，开源软件的源代码是公开的，可以根据自己的需要进行更改和定制，而且不用担心被供应商绑架。当然，使用开源软件也存在一些弊端：其一，支持差，开源软件没有针对性的支持，如果找相关服务商，同样也是需要付费的；其二，文档不够完善，开源软件普遍缺乏良好的文档；其三，更容易发现漏洞，因为开源软件的源代码可以被任何人查阅，也就更容易被发现漏洞。笔者认为，对于开源软件，保险企业可以持这样的态度：技术底蕴强的企业可以完全拥抱开源，技术能力一般的企业可以在测试系统及非重要系统或工具上使用开源软件，为了保持连续性，生产系统则使用同类型的云 PaaS 服务。

11.2 基础设施即服务

云计算的出现旨在更好地管理资源，使各种技术资源能够像水和电一样随时按需获取。云计算有 3 种服务形式：IaaS、PaaS 和 SaaS。IaaS（基础设施即服务）是指云服务提供商为客户提供计算基础设施服务，客户无须知道基础设施的具体管理方式和位置，只需要根据自身需求获取和使用即可。

笔者认为，保险企业可以运用 IaaS 的思路，将企业的技术基础设施云化，成为一种可以随时按需获取的服务，就像水和电一样。企业的 IT 基础架构团队就是云服务提供商，而应用开发和运维团队则是用户。基础架构团队提供"云"一样的基础设施服务，应用团队无须关注底层细节，比如设备在哪里、使用的是公有云还是私有云、会不会出现故障以及资源是否紧张等，只需要关注自己的需求，并专注于应用层面的建设即可。

11.2.1 云化的管理模式

云计算的特征包括资源池化、按需服务、弹性伸缩、高可靠性和标准化。一个企业的技术基础设施可能建立在公有云、私有云或混合云上，也可能只是做了虚拟化，或者多种形式并存。无论哪种情况，基础架构团队都应该像"云"一样管理企业的技术基础设施，并像"云"一样为上层应用提供服务。所谓"基础设施即服务"，其管理和服务的方式也应该符合"云"的基本特征。

1）资源池化。企业的基础技术资源及相关服务应该被纳入一个统一的资源池进行管理。最重要的是整体性，无论使用了几种云服务，资源以何种形式存在，宏观上都要统一管理，作为整体进行分配。计算资源、网络资源、存储资源和底层 PaaS 与 SaaS 能力都要进行虚拟化。从使用者视角看，它们都应该是虚拟的服务。

2）按需服务。云计算的"按需服务"是指用户根据需要有计量地使用服务。此外，它还应包括以下方面：首先，整体规划，提供主动服务而不是被动响应，能够预见性地满足用户需求。其次，使用服务的范围和时间应真正实现"按需"；最后，构建云服务体系时，要根据行业特色和企业特点进行构建，而不是生搬硬套。

3）弹性伸缩。基础设施应该具备按需弹性伸缩的能力。首先，对使用者来说，资源数量应该没有限制，可以根据需求申请任意数量的资源；其次，具备动态伸缩能力，能够在应用不停机的情况下完成伸缩，或者配合应用层负载来完成伸缩；最后，具备自动伸缩能力，伸缩的过程不需要过多的人工干预，甚至完全是自动化完成。

4）高可靠性。基础设施应该保证自身服务的可靠性，成为应用层可信赖的底层环境。具体措施包括3个方面：一是高可用的设计，如分布式计算、跨机房集群、多云备份、分布式数据库、分布式存储、网络冗余、软件定义网络等；二是实施可靠性管理，如监控、告警、日志管理、灰度升级、在线无损扩容等；三是能够快速恢复，通过业务冗余部署、融合灾备设计，具备故障后快速恢复的能力。

5）标准化。无论使用什么硬件、什么中间件、多少种云服务，都应该将它们封装起来，为上层应用提供统一、标准的服务，包括利用虚拟化技术和容器技术将服务所依赖的底层基础设施标准化，从而屏蔽多样的环境差异，整合和封装同类型的服务，并为应用提供统一的服务接口等。

11.2.2　多点混合云架构

我们知道，云服务有3种类型，即私有云、公有云和混合云。

私有云是由企业自建机房或租用IDC，并购买服务器、存储、网络和云计算软件搭建的平台。私有云的优点在于可以充分利用企业自有资源，完全由企业自主掌握，不依赖外部资源。然而，它的缺点是一次性投资较大、建设周期较长，需要具备一定技术来进行长期维护，而且资源有"边界"，并不能充分发挥云计算的弹性特点。

公有云的所有资源都由云服务商建设，用户无须自建机房或购买服务器等资源，只需开通云服务商的账号并购买一定数量的云资源即可。它的优点是即开即用效率高，按需付费使用方便，而且资源无界、具有极大的弹性。缺点是依赖互联网和云服务商，资源不在自己手中，可能不够可靠。同时，从短期来看经济性较好，但长期来看未必便宜。

混合云是前述两种云的混合形式。企业可以将一部分依赖于互联网的应用放置在公有云上，将一部分线下生产相关的系统以及需要绝对安全的核心系统放置在私有云上。这两个云之间可以实现相互灾备和可控的系统迁移。当私有云上的系统需要更多资源时，可以在公有云上弹性地开通资源来扩容节点。当公有云出现问题时，私有云可以临时接管运行。

显然，混合云能够完美平衡资源的弹性和安全关切。对于数字化转型的保险企业来说，混合云是更合适的选择。而且，最理想的混合云模式应该是"一私多公的多点混合云"。

1. 为什么是一私多公

大部分保险企业拥有自有的基础设施资产，特别是大型保险企业，这部分资产的数量很庞大，它们仍然需要继续发挥价值。保险属于金融行业，其中包含的敏感数据较多，而且保险是虚拟商品，就连实物保险单都电子化了，数据真的就是保险业务的核心和保险企业的命脉。因此，为了保证数据的绝对安全和可控，主观上还是放在企业自己的"地盘"上更加稳妥。监管机构对保险机构技术基础设施的建设标准、管理标准、安全和监控等都有严格的要求。相比公有云，可控的私有云更容易满足这些要求。

在这里，"一私"不是指企业只能有一个数据中心，而是指企业需要按照私有云的标准统一管理自己的基础设施。无论企业拥有多少数据中心和设备，都需要统一进行管理，从而形成内部统一的云环境，在内部管理和服务方面实现统一和标准化。

公有云具有私有云所不具备的巨大资源弹性。同时，如果由保险企业自行建设公有云上的 PaaS 服务，如人脸识别和智能语音等，其成本将会很高，而且很难跟上技术发展的步伐。此外，保险企业自行建设灾备中心时，经常会遇到设备资源利用率低、维护成本高等问题。利用公有云来进行灾备则可以解决这些问题，有效降低灾备成本。因此，如果保险企业希望实现敏捷、降低成本、提升效率并低成本应用新技术，使用公有云是现实且必要的选择。

"多公"是一种策略，指使用两个或更多的公有云服务商的服务，主要是为了降低风险、追求更好的服务。使用多个供应商的服务可以减少对特定供应商的依赖，避免因供应商锁定而影响服务质量。同时，保险企业的灾备建设通常要做"两地三中心"，使用多个公有云可以自然地满足相关要求。此外，不同的云平台提供的服务有所差异，即使是相同的服务也会有优劣之分，使用多个云可以让服务选择更具灵活性。

2. 多云之间如何协作

采用混合云架构，就要充分利用公有云和私有云的不同特点，发挥多云混合的优势。目前，保险企业使用混合云的方式主要有以下几种：一是将核心系统和办公系统放在私有云上，将互联网应用放在公有云上；二是将核心数据放在私有云上，将前端应用放在公有云上；三是将传统业务依托私有云，将创新业务依托公有云；四是将私有云作为主环境，公有云作为容灾备份；五是将私有云作为生产环境，公有云作为开发和测试环境。

哪些系统或服务应该使用公有云还是私有云，没有绝对的标准，企业应结合自身系统建设情况和云布局，根据以下几个原则做出考量：

第一，敏感数据少的系统优先放在公有云上，敏感数据多的系统应该放在私有云上；第二，在应对互联网流量上公有云更有优势，因此访问量大的系统或服务应该放在公有云上；第三，资源预期不明确或者可能出现爆发性增长的系统或服务应该放在公有云上，资源需求相对平稳的系统或环境可以放在私有云上，临时性或阶段性存在的系统或环境应该放在公有云上；第四，公有云的网络接入更灵活、安全机制更健全，因此与外部平台交互频繁、衔接复杂的系统应尽量放在公有云上；第五，相比大部分保险企业，公有云服务商的技术能力更强，那些技术迭代快的服务首选公有云，比如人工智能相关的服务。

虽然保险企业的信息系统庞杂，但也是一个逻辑严谨的整体。由于基础环境多云并存，信息系统也要进行多云部署，因此必须考虑如何划分部署边界。例如，哪些系统、模块、组件和服务应该部署在同一云上，哪些可以跨云部署。笔者认为，最重要的考虑因素是系统、模块和组件之间的交互规模，以及对响应实时性和容灾备份的需求。

第一，跨云交互尽可能采用异步方式，即使出现延迟，也不会严重影响业务和体验。第二，对于响应要求高或并发量大的操作，最好将整个调用链路所关联的系统、模块和组件部署在同一个云上。第三，应该尽量避免不同云之间的大规模实时交互，以及避免跨云的大规模非结构化数据传输。第四，要兼顾灾备需求，适当进行跨云应用冗余和合理的跨云数据备份，这样，配合有效的容灾负载策略，在需要时才能利用云的弹性快速扩展，实现主备的平滑切换。

3. 统一的云管理平台

多云意味着使用多个独立的云管理平台，这可能会给企业带来一些管理上的挑战。首先，每个云管理平台都有自己的一套规则和指导方针，要适应这些不同的规则和使用要求，就会直接带来成倍的技术负债。其次，使用不同的云管理平台会增加安全管理团队和运维团队监控每个平台的资源、性能、威胁、费用等指标的复杂度。此外，多个云独立管理很容易产生资源孤岛，这不利于企业技术基础设施资源的统筹管理。

为了以统一的方式集中管理私有云和公有云资源，并提供全面的资源供给和运营服务能力，以及按需、自助、敏捷、弹性地为上层应用提供服务，我们需要一个开放的云管理平台，能够连接不同的云服务供应商，实现资源一体化管控和自动化运维管理。

首先，该平台能够进行一体化资源管理，支持多级云、混合云和异构云场景，并提供"一朵云"的统一资源管理体验，使用者可以直观地了解每个云中的资源分布、告警及使用情况，并进行统一管理。其次，该平台能够进行自动化集中运维，提供多维度、一体化的资源监控能力，支持告警汇总处理和根源定位能力，并提供库存水位的预测能力，从而实现自动化运维。最后，该平台能够进行精细化运营管理，提供基于多组织的云资源管理及灵活的角色授权能力，通过配额管理、计量计费、流程审批和服务目录等方式，帮助使用者实现精细化的运营管理。

4. 应用与云环境解耦

由于许多不同且不兼容的虚拟化技术在多个云中发挥作用，可能导致应用跨云部署和迁移存在障碍，因此，可以考虑将应用系统容器化，借助容器技术来屏蔽底层环境差异，实现应用快速部署和扩容，以便在云间快速迁移。

由于容器提供了统一的软件交付标准，应用与整个运行时环境分离，因此用户可以在多个云上的容器服务之间轻松迁移这些应用，而不必担心环境依赖性。同时，由于容器的秒级弹性机制，用户可以快速地对不同云上的应用和资源进行弹性伸缩，使多点混合云整体上具备"单云"的弹性。

2022年1月，中国保险行业协会发布了《保险行业基于容器的云计算平台架构》，该文件由保险行业协会、中国信息通信研究院、多家保险公司和科技公司参与起草，对保险行业基于容器的云计算平台从总体架构、功能要求等方面做出具体指引，为保险企业设计、建设和应用基于容器的云平台提供规范性参考。

混合云不仅提供 IaaS 方面的运行时环境，还包含一些 PaaS 方面的服务。这些服务可能是来自私有云上的自建服务，也可能是来自某些公有云上的商业服务。应用程序通常会依赖这些服务，例如数据库服务和中间件服务。为了让这些服务与应用程序解耦，我们需要统一交付并遵循标准，以实现跨云切换。这样，应用程序只需要知道如何使用这些服务，而不必关心服务如何提供。

11.3 重新定义技术中台

技术中台就是整合和包装使用云或其他基础设施的能力以及应用各种技术中间件的能力。通过过滤技术细节，提供简单、一致且易于使用的基础设施能力接口，有助于快速开发前台应用、业务中台、数据中台等。在实践中，企业会根据自身需求调整技术中台的定位。例如，有些企业将通用业务和技术组件的集合称为技术中台，而有些企业则将各种技术工具归纳到技术中台。

1. 技术中台的能力定位

我们要建设的技术中台主要有两个作用：一方面，整合企业通用和公共技术能力，将它们封装成标准服务，使应用系统能够共享；另一方面，在云环境和应用系统之间构建一个中间层，以适配服务，为应用系统屏蔽多云 PaaS 服务差异。

（1）整合公共技术能力

保险企业的信息系统中存在一些通用能力，如用户管理、流程处理、规则处理和文件管理等。这些能力与具体业务无关，但许多系统都需要它们。根据中台思想，应该将这些能力抽象出来，封装成公共技术资源，以便各应用系统共享。这样可以提高应用系统开发效率，降低技术成本。在保险企业中，公共技术能力主要包括以下几个方面：

1）应用系统包括系统管理模块，如组织管理、用户管理和权限管理等。这些模块可以抽象到技术中台统一管理，提高安全性、降低应用系统的负担。同时，监管部门也倡导对保险企业的信息系统权限进行集中管理。

2）企业的人力和客服系统都包含知识管理模块，而网站和协同办公系统都具备内容管理功能。在过去，这些能力都是各个系统独立建设和使用的。在中台模式下，它们应该被单独提出来，并由技术中台进行统一建设，相关系统进行集成和共享。

3）企业原有的一些公共技术平台、模块、组件应纳入技术中台，由技术中台统一建设和维护，包括影像管理、流程引擎、规则引擎、短信管理、邮件网关、电子签章、PDF 合成和 OCR 等。

4）目前应用系统普遍采用分布式架构，大量使用缓存、消息、负载等中间件，如 Redis、Kafka、Nginx 等。这些中间件也应该纳入技术中台，由技术中台统一建设和维护，应用系统只需按需使用。

5）企业数字化转型必然会应用一些新技术，如深度学习、区块链、智能语音、智能语义等。如果企业自建这些能力平台，可以将其纳入技术中台管理，进行标准化和通用化，以服务的形式向外输出。

6）技术中台还应提供微服务运行环境，以屏蔽微服务架构的复杂度。例如，Spring Cloud、Dubbo、Service Mesh 等框架提供服务注册、发现、鉴权、路由、限流、调度等治理能力。

（2）屏蔽多云服务差异

容器屏蔽了 IaaS 层的运行时环境差异，而 PaaS 层的服务差异（如数据库、对象存储、消息和缓存中间件、短信服务等）则需要由技术中台来屏蔽，具体措施包括：统一服务应用标准、跨云的分布式调度、接口封装与适配等。

技术中台需要面向上层应用提供统一的服务标准和使用方式，同时还需要适配不同的服务提供者，这些提供者可能是自建的平台或应用，也可能是公有云的服务。技术中台的目标是将这些不同服务提供者的服务进行标准化，以便上层应用能够统一使用和对接。这样，即使服务提供者发生变化，上层应用也不会察觉到。

应用系统已经普遍采用分布式，云中间件和数据库等也基本都是分布式的。笔者认为，技术中台应该借鉴这种分布式思路，整合多云服务、实施跨云调度，实现服务的跨云分布。例如：将自有的文件存储系统与公有云的对象存储相结合，搭建跨云的分布式对象存储体系；使用数据库中间件将应用和数据库解耦，匹配应用扩展和迁移策略，建立云间数据同步机制，在中间件层面实现跨云数据库路由；将消息、缓存等中间件私有部署与公有云服务相结合，由技术中台统一调度，构建企业级的跨云分布式服务。

2. 技术中台的表现形式

技术中台并非单一的系统或技术平台，而是一个由多个技术平台、系统、模块、组件等松散地组合而成的能力集合。例如，知识管理、内容管理等是信息系统，分布式缓存、对象存储等是技术平台，而流程引擎、规则引擎既是信息系统又是技术组件。

技术中台的服务形式可以是组件、接口或功能页面，原则是最易于应用系统使用。技术中台的部件应该是高度精练化、高度去重的，要辨识具有通用意义的技术服务，并去除冗余的部分，以提高通用性与复用性。技术中台的服务既要保障标准化、通用性和可管理性，又要保障安全性及调用的稳定性和效率。

3. 技术中台的建设案例

某保险科技平台拥有保险中介、汽车服务、科技服务等多种业务，其系统建设以自主研发为主，自建私有云，同时还使用了两个公有云厂商的服务。随着企业的发展，业务快速增长，系统不断增多，为了使系统建设既保质保量又敏捷高效，需要有一种机制能将企业内部的技术、服务等资源有效整合，统一为应用建设提供支持和帮助。因此，需要建设一个技术中台，抽象出各个应用系统的共性技术能力，使其平台化、组件化、服务化，以服务的形式提供给各应用系统使用。这样可使应用系统开发迭代、创新拓展更灵活，同时最大限度地减少重复开发，降低技术成本。此外，面对多个云平台的服务差异，技术中台还可以起到一定的屏蔽作用，在云和应用之间形成一道缓冲。

该技术中台主要由以下 12 个部分组成。

1）用户管理：为应用系统提供用户体系支持。它能够统一管理应用系统的操作用户，并封装了相关的管理功能和服务接口。

2）权限管理：为应用系统提供角色权限体系支持。它能够统一管理应用系统的操作权限和数据权限，并封装了相关的管理功能和服务接口。

3）门户管理：为各类系统用户提供个性化、差异化的工作平台。它能够对菜单、内容和消息进行汇聚，根据需要为不同人群配置登录入口，并提供密码、短信等多种身份验证服务。

4）应用管理：为接入中台的应用系统提供管理配置支持，包括标识系统身份、管理菜单和接口等系统能力，以及为应用系统配置中台服务权限等。如果应用系统进行商业化输出，还可以管理应用集成，建设和维护"应用商店"。

5）内容管理：包含一个完整的 CMS，具备多站点管理能力。它可以被网站、OA等系统直接集成，也可以让各个门户独立管理内容。最重要的是，可以帮助企业实现内容集中生产、集中分发和集中管控。

6）消息管理：提供发布消息的能力，支持消息即时和定时发送，包括系统消息、短信、邮件、微信消息和钉钉消息等。同时，它为应用系统提供标准的消息管理接口，可连接多个消息通道。尤其是在短信服务方面，连接了多个公有云的短信服务，可以统一管理路由。

7）规则管理：包含一个完整的规则引擎产品。它具备模型管理、规则管理、执行管理等功能，支持决策表、决策树等高级配置。

8）流程管理：包含一个完整的流程引擎产品，可以为应用系统提供流程控制和管理能力。这个引擎主要用于集中配置和监控流程，并从外部驱动应用系统流程流转，这样，应用系统只需要关注流程的具体环节实现即可。此外，通过技术中台实现流程的集中可视化管理和跨系统的流程调度，企业可以更好地实现流程驱动。

9）任务管理：主要负责应用系统中需要定时执行、批量处理的任务。它通过整合定时调度、任务编排、分布式处理等能力，集中管理各应用系统的定时任务，从外部统一调度和监控。这样，应用系统只需要关注任务的具体实现即可。

10）对象存储：为应用系统提供非结构化存储支持，如PDF、图片等小文件存储。它为应用系统提供标准数据存取接口，支持私有云NoSQL存储以及常用的公有云对象存储服务。此外，还可以通过实现多云路由管理来控制数据跨云冗余、备份和迁移。

11）缓存和消息：相关的中间件由技术中台集中管理，包括自己搭建的Redis、Kafka集群，以及集成的相关公有云服务。为了方便应用系统使用，技术团队专门封装了客户端，应用系统只需要将客户端引入自己的工程中，就可以通过标准API使用相关服务。多源、多云服务集成也是通过客户端实现的，客户端会根据管理端配置信息和负载策略来控制服务的路由选择。

12）分布式基础设施：是指除分布式文件系统、分布式缓存、分布式消息之外，支撑应用系统运行的分布式框架，包括注册中心、服务网关、全局ID等构件，它们也是由技术中台统一建设和管理。

此外，技术中台为应用系统设计了统一的页面生命周期规则，包括初始化、页面渲染、Token 失效和续期等。系统按照生命周期规则进行实现，这样当集成到技术中台时，功能页面只需包含功能操作部分，无须包含页面标题和菜单。技术中台拥有统一的接口管理系统，各服务集成 Swagger 进行接口管理，并且通过 Swagger 集成到网关。网关集成了 Knife4j 作为接口前端展示，以方便调用者查看和调试。

这样的技术中台就像是企业应用系统建设的技术地基。在它的基础上开发应用，只需要关注业务功能如何实现和自身服务如何开发，应用的集成、服务的调度、访问的控制以及常规技术组件等均由技术中台实现。这样，应用系统建设就能够轻装上阵，快速开发、敏捷迭代。

11.4　研发与运维中台

各种平台、系统和工具都需要技术人员进行开发和运维。如何赋能技术人员，使其能够更高效地开发和运维，也非常关键。按照中台思路，可以像阿里巴巴那样建设研发中台和运维中台。研发中台通过技术框架、技术组件等的封装和使用，过滤技术细节，降低开发层面的技术复杂度。同时，通过框架、组件等基础开发资源的复用和自动化工具的使用，可以减少基础性和重复性的劳动。运维中台则将监控、日志、配置管理等各类运维工具整合起来，通过工具集成和经验沉淀，提高运维自动化和智能化水平。

首先，研发中台关注 IT 研发效率，运维中台则关注 IT 运维效率。这两个中台的出发点一致，都是为技术人员服务的。其次，研发和运维工作本就密不可分，而且开发运维一体化 DevOps 已经成为主流。此外，保险企业很难像科技公司那样拥有大规模的技术团队，也不会像互联网公司一样大规模进行自主研发。因此，保险企业没有必要单独建设研发中台和运维中台。相反，可以考虑将两者整合，建设一个统一的研发与运维中台。其建设模式以运维为主，研发部分则根据企业实际情况选择建设深度。

11.4.1　研发与运维工具体系

软件开发和系统建设是一项工程，涉及项目管理、需求、开发、构建、测试、部署、监控等多个方面。从需求分析到部署上线，从研发过程管理到上线后的监控，每个环节、每个领域都有自己专业的工具。

- 项目管理、需求管理、任务管理工具，如 TAPD、JIRA、PingCode、禅道。
- 代码管理、版本控制、协作开发工具，如 GitHub、GitLab、SVN。
- 制品管理及自动化构建工具，如 Nexus、JFrog、Ant、Maven。
- 功能、性能、接口、安全等测试工具，如 Junit、Postman、JMeter、REST-assured、Selenium、SQLMap。
- 集成开发环境及代码检查工具，如 IDEA、Eclipse、SonarQube、Scanmycode。
- 界面、用例、数据库等设计工具，如 Mockplus、Axure、Rational Rose、PowerDesigner。
- 持续集成及交付工具，如 Jenkins、Bamboo、GoCD。
- 自动化部署工具，如 Shell、Ansible、Saltstack、Helm。
- 日志收集、传输、处理及搜索工具，如 Elasticsearch、Logstash、Kibana。
- 监控、告警及分析工具，如 Zabbix、Prometheus、Nagios。

上述工具多数是领域工具，在实际应用中，企业通常会将多种工具整合在一起，形成开发与运维一体化平台。例如，阳光财险的 SAAB3 平台整合了 TAPD、GitLab、SonarQube、Jenkins、Nexus、Swagger、EasyMock、Zabbix、Prometheus、SkyWalking 等工具。该平台能够支持整套线上化需求版本管理、线上化 API 文档管理和 Mock 测试，以及主机和容器级别的监控告警、服务性能监控及慢事务跟踪。

此外，软件开发脚手架也非常重要，它是另一种形式的工具。利用脚手架可以快速搭建项目初始工程，节省原有的项目初期大量基础架构搭建和调试成本。脚手架主要由 4 部分组成：开发框架集成、技术中台集成、研发运维工具集成和工具类集成。

1）开发框架集成。开发框架是整个或部分系统的可重用设计，是可被应用开发者定制的应用骨架。基于成熟框架开发系统可以事半功倍。系统开发的各个部分基本上都有成熟的框架，例如，展现层有 React、Vue，控制层有 Spring Boot、Struts，持久层有 Hibernate、Mybatis。企业有自己的技术栈，脚手架应该集成相关的开发框架，过滤掉集成细节，把多个领域框架变成一个集成的全栈框架，让开发者像使用一个框架一样使用。

2）技术中台集成。脚手架应该集成使用技术中台的能力，包括集成技术中台的终端组件，整合服务注册、服务网关、接口管理，整合存储、缓存、消息等服务，让应用开发者可以像使用本地服务一样使用技术中台服务。

3）研发运维工具集成。脚手架应该集成使用研发运维工具的能力，例如集成相关组件、固化相关配置，使得基于脚手架开发的应用工程与这些工具无缝衔接，可以顺畅地使用它们的能力，并接受它们的管理。

4）工具类集成。在应用开发时，经常会引入一些第三方工具类，也可能会自己开发一些工具类。这些工具类也应该在脚手架中进行维护。脚手架应该提供各种符合安全和规范要求的工具类，让应用工程可以自动继承并直接使用。

11.4.2　中台建设的关键点

为了充分利用工具，建设和使用好研发与运维中台，发挥其最大价值，还需要把握几个关键点：首先，要制定规则，建立相应的运营管理机制；其次，要进行工具集成，发挥它们的组合优势，这也是自动化的基础；最后，要沉淀经验，将最佳实践沉淀下来，变成可重用的能力，并不断地进行优化。

1. 建立机制

首先，需要完善信息技术相关制度、流程和规范，以确保研发和运维工作的方方面面都有章可循，并且有共同遵守的规则。这是推动研发和运维自动化的基础。

其次，需要统一工具和技术栈，这样更易于管理，可以降低学习成本和沟通成本，减少问题出现的概率，并且更容易处理兼容性问题。

最后，需要建立持续发展和有效应用的中台建设模式与管理机制。例如，阳光财险 SAAB3 平台采用内部开源协作模式，由技术委员会负责制定架构原则，收集优化需求和制订更新计划。各个技术团队既是平台的使用者，又可以是平台的贡献者。

2. 工具集成

我们希望实现研发和运维的自动化，而工具整合是实现自动化的重要手段和方法。保险企业可以基于现有工具，同时拥抱开源，通过集成各个环节的工具来形成满足持续集成、持续交付和持续运维反馈的工具链。也可以引入商业的集成化平台产品，如阿里云效平台和腾讯蓝鲸平台等，直接应用它们的最佳实践。

例如，泰康保险依托 Jira 集成研发运维全流程工具链，包括：使用 Confluence 从需求收集到拆解，进行需求内容管理和需求条目化；利用 Jira 和 Confluence 关联实现条目化需求到 Jira 任务的转换。Jira 开发任务和 GitLab 代码直接关联，GitLab 代码库和 Jenkins Job 直接关联，Jenkins Job 和制品库自动关联。通过 Jira 将需求和测试用例关联，测试用例和 Bug 关联，再通过在 Jira 对应的 Issue 上创建分支实现任务和代码的关联。因为整个流水线是打通的，代码扫描、自动化测试等工具也自然地集成在一起。

3. 沉淀经验

保险企业的研发和运维方式比较传统。虽然已经在探索敏捷开发、DevOps、CI/CD 等方法，但真正规模化应用这些方法的保险企业并不多。随着研发与运维中台的建设，保险企业可以借鉴互联网先进经验，结合自身特点，形成一套最佳实践并沉淀到中台，使其成为企业范围内可以重用和推广的能力。

例如，引入全套的 DevOps 工具和敏捷方法，将需求管理、配置管理和测试管理的最佳实践固化到工具中，使其成为中台的标准服务。除此之外，中台还要不断演进和优化，形成使用、反馈和优化的良性闭环。

第12章
重塑核心业务系统

核心业务系统是支持保险企业日常经营最重要的系统,它是业务运营的核心,也是历史积弊最多的系统。随着企业数字化转型的推进,传统的烟囱式核心系统是绕不开的障碍。而且,保险企业数字化转型也多是从核心业务系统开始的。本章将介绍如何改造核心业务系统,首先介绍核心系统架构的演进历程及发展,然后总结核心系统改造的架构目标和设计思路,最后分别从产品管理、保单管理、客户管理、业务运营、销售管理和业财融合几个主题入手,介绍改造的思路和方法。

12.1 核心系统架构演进

通常认为的保险核心业务系统范围包括保单管理、产品管理、客户管理、理赔管理、单证管理、收付管理、销售管理,以及常规的系统管理、综合查询和相关报表。其中,保单管理主要负责保险合同的缔结、延续和变更,包括承保、核保、保全批改、续期续保;产品管理和客户管理主要维护产品和客户相关信息;理赔管理实现了从报案到结案的整个理赔流程线上化;单证管理主要管理有价单证、普通单证及宣传材料，管理从征订、印刷、入库到领用、核销、作废的全生命周期；收付管理负责保险业务费用的收和付，管理整个收付过程，支持多种收付方式；销售管理主要维护销售组织和销售人员，管理相关的薪资、考核、手续费等。

随着计算机、网络和软件技术的发展，保险信息系统不断更新，核心系统的发展也经历了从最初的主机终端模式，到 C/S 架构、B/S 单体架构，再到分布式、云原生架构的变革。在这个过程中，核心系统的业务架构、应用架构和技术架构都在不断演化。如果按照大的架构变化来划分发展阶段，可以分为以下 5 个阶段。

1. 主机/终端阶段

随着计算机的引入，保险业务运营在 20 世纪 90 年代初告别了纯手工作业，开始进入"电算化"时代。当时的软件基本上都是单机系统，采用主机终端架构。每个机构或网点都配备一台主机，通过终端进行多用户访问。终端没有任何事务处理能力，只能输入和显示信息，所有的逻辑和事务处理都在主机上进行。软件的数据库一般使用 Informix，开发语言采用 C 或 Informix 4GL，操作系统使用 SCO UNIX 等。

虽然这些系统的架构相对简单，但已经具备核心系统的雏形。系统可以模拟承保、保全批改、续期续保、理赔等全过程，并且按照实际岗位和操作步骤设置了流程，具备单证管理和收付管理等功能，可以连接针式打印机打印保险单等凭证。这些系统基本按照险种划分，每上线一个新险种都需要开发一套新的系统。系统部署在各个机构或网点的主机上，相当于每个机构都拥有独立的系统，相互之间不能连通。

2. C/S（客户机/服务器）阶段

在主机终端架构下，所有的压力都集中在服务端。随着业务的增长和终端数量的增加，主机的压力也越来越大。一个险种需要一套系统，一个机构部署一套系统，而每部署一套系统都需要一台主机。显然，各个机构不可能大规模采购高端机器。随着保险营销的引入，产品种类越来越多，为每个险种单独开发系统已经不太现实。个人计算机的普及和处理能力的逐渐提升，以及图形化操作系统的出现，让 C/S 架构成为主流。所有这些因素推动了核心系统的进化。

在这一阶段，核心业务系统从主机终端架构变为两层 C/S 架构，并逐步从分险种独立建设系统变为支持多险种的通用型系统。C/S 系统将程序代码分为服务端和客户端两部分，服务端部署在服务器或小型机上，用于处理数据，大量使用存储过程实现业务逻辑；客户端部署在个人计算机上，负责封装和执行业务功能，同时能够进行一些简单的规则校验和逻辑处理。系统引入了产品引擎，可以通过产品定义支持多个条款、费率计算、投核保规则等参数化实现，这样就在一套系统中实现了对多个不同险种的管理，成为通用的业务系统。

采用 C/S 架构并图形化操作后，系统开始能够使用扫描设备并处理图片，保险合同中开始包含投保单影像，原本只能在网点现场处理的业务，也可以扫描材料后传到远端集中化处理。C/S 架构下客户端的处理能力更强，操作体验也更好。在新的模式下，承保、核保、理赔、单证、收付等功能有条件做得更复杂，整个系统的功能也越来越丰富、完善。业务系统通用化之后，可以在更大的范围内集约化建设，核心系统开始由省公司或总公司集中建设，分发给下面的机构使用。

引入保险营销机制后，业务得到了更大的发展。然而，一些问题也逐渐暴露出来，例如：渠道销售需要更高效的管理手段；财务收付费存在漏洞，财务数据经常出现滞后、不连贯、不准确的情况。为了解决这些问题，核心系统的销售管理模块逐渐完善，能够细粒度地分渠道管理销售组织、销售人员、代理机构和网点。此外，还能够管理佣金、手续费、考核和晋升等。同时，不断完善收付管理功能，开发财务接口与财务系统全面对接，在系统层面实现了业财一体化。

C/S 架构核心系统的典型代表包括科比亚的 CBPS、CSC 的 FutureFirst 和 LifeAsia 系统，它们分别由中国人寿、太平洋保险和泰康人寿引入并使用。CBPS 的服务端采用 C、4GL 等语言开发，客户端使用 VB、Delphi 等语言开发，数据库使用 Informix。服务端部署在安装了 AIX、SCO UNIX 等操作系统的服务器上。FutureFirst 系统使用 GraphTalk 语言开发，而 LifeAsia 系统使用 COBOL 语言开发。

3. B/S（浏览器/服务器）阶段

C/S 架构的客户端程序更新困难，经常出现更新下发后一些终端未能及时更新，导致服务端报错的情况。随着互联网的发展和计算机病毒的猖獗，C/S 客户端由于拥有大量逻辑和控制，容易受到病毒侵袭，安全隐患很大。随着互联网的全国连通，各个机构之间有了连接的基础，保险企业紧随银行业步伐也开始使用信息系统和进行数据大集中。随着 Oracle 数据库和应用中间件的使用，三层架构和集群模式得到广泛应用，服务端压力得到分散，承载能力变得更强，轻前端的 B/S 架构开始成为主流。所有这些因素又推动了核心系统的进化，B/S 架构的核心系统逐渐成形。

B/S 核心系统普遍采用 Java 语言实现，使用 JSP 和 JS 实现页面，采用 Oracle 数据库和三层架构。浏览器取代传统客户端，可以集中更新和动态扩展，业务逻辑主要在应用层实现，仅在部分批量数据处理方面仍然使用数据库存储过程。应用依赖于 WebLogic 等中间件进行单机或集群部署，数据库采用单机部署或 RAC 集群。B/S 核心系统在业务架构和功能方面基本延续了 C/S 核心系统的逻辑。由于正值保险科技大集中浪潮，系统采用集中模式设计，数据统一存储，支持多级组织和数据权限管理。

Java 语言是面向对象的，拥有丰富的技术生态资源，这为 B/S 核心系统的设计与开发带来了很大的灵活性。系统开发普遍应用 MVC 框架来提高开发效率和稳定性。同时，技术组件进行了封装，将规则管理、流程管理等与具体业务无关的技术能力独立出来，形成公共技术组件。以市场占有率最高的中科软核心系统为例，它自行设计了 MVC 开发框架，前端界面展现由 JS 渲染，后端 BL 层处理业务逻辑、DB 层处理数据操作，同时还封装了工作流组件，可集成 ILog 等外部规则引擎产品。

B/S 核心系统采用典型的单体式架构，所有功能模块、展现层、业务层和持久层代码集成在一个工程中，并作为一个整体进行部署，使用同一套数据库。B/S 核心系统还是一套 all-in-one 系统，同时支持多组织、多险种、多渠道管理。除了业务管理模块，还包括各类辅助模块，几乎涵盖了保险业务运营的各个方面，完全就是一套"综合业务系统"。此外，虽然系统按照业务模块、技术组件进行了划分，但由于共用应用工程和数据库，应用层有大量跨模块 API 调用，数据操作有大量跨模块表关联，整个系统的各个部分实际上是耦合在一起的。

在 B/S 核心系统的使用过程中，有几个变化对系统发展的影响较大。首先，随着非现金支付的发展，系统开始与银行、第三方支付通道对接，支持银行转账、POS等收费方式，系统的传统现金收付功能使用得越来越少。其次，随着单证逐渐电子化，如电子保单、电子发票以及电子化的档案和宣传材料等，系统的传统单证管理和影像管理功能的作用越来越小。最后，随着前台业务线上化和自助化，如在线投保、自助理赔和自助批改等，传统面向柜面的系统功能使用得越来越少，反而与各种前台营销服务系统的对接越来越多。

4. 分布式阶段

B/S核心系统的规模庞大，各个部分之间紧密耦合。随着时间的推移和需求的变化，逐渐暴露出一些问题。第一，单体式架构使得任何一个修改都会影响整体，加上技术债不断积累，系统更新和维护变得越来越困难。第二，随着历史数据的增长，系统变得越来越慢，而互联网业务的发展使系统需要更高的性能，但单体式架构在性能扩展上很容易出现瓶颈。第三，核心系统最初是作为管理信息系统设计的，它集成了各种业务功能，以便通过一个系统完成整个业务闭环操作。然而，随着前台营销服务系统的增加，核心系统更多的是与前台系统对接，为其提供核心的业务能力支持。系统自身的管理功能不断弱化，反而越来越像一个"平台"。

解决以上问题的常见思路是采用"分布式""SOA"和"微服务"等架构，将核心系统服务化，变成一个分布式系统。具体的做法主要有3种：第一种是采取"分而治之"的方式，将大系统分割成多个独立运行的小系统；第二种是建设一个新的互联网核心系统，放在传统B/S核心系统和前台系统中间作为缓冲；第三种是将B/S核心系统直接搬到云上，利用云的弹性机制和分布式能力来减轻压力。

（1）核心系统拆分

从系统结构的角度来看，核心系统的拆分通常从4个维度进行：第一，拆分业务管理功能，建设各种职能管理系统；第二，将技术和业务分离，抽象出共享的技术平台和技术组件；第三，将繁重的数据分析和应用能力剥离，使用专门的数据平台来实现；第四，将通用的辅助管理功能抽象出来，形成一个统一的支撑平台。最后，这些不同的部分再通过单点登录、服务总线、数据总线等方式集成在一起，从宏观上形成一个整体。

下面以某寿险公司的核心系统重构项目为例，介绍系统拆分的基本逻辑，拆分方案如图 12-1 所示。

图 12-1　某寿险公司核心系统的拆分方案

拆分逻辑为：通过松耦合、模块化、服务化，实现 SOA 架构下的"核心系统群"；构建"小核心"，突出各子系统的专业性；通过流程引擎、规则引擎、服务总线实现业务流程、规则及服务的灵活配置，从而打造一个灵活的核心，快速响应业务变化。另外，系统拆分后压力得到分散，可以根据每个部分的特点针对性地优化资源配置。

保单管理分为 4 个子系统：个人、团体、健康险和短意险。每个子系统负责相关保险产品的保单管理，包括承保、保全和续期等操作。其中，个人保单管理适用于传统个人寿险，团体保单管理适用于传统团体保险，健康险保单管理适用于疾病保险和医疗保险，短意险保单管理适用于意外险。理赔作业系统管理整个保险理赔过程，实现个人、团体、健康险和短意险的统一理赔作业，提供以客户为中心的一站式理赔服务。渠道管理和单证管理从核心系统整体迁出，成为两个独立运行的系统。收付管理和银行接口一起成为独立运行的系统，统一支持各业务子系统的收付费、日结等操作。

建立一个独立的产品管理系统，用于管理公司的全部保险产品，并为后续的系统和流程提供支持。建立一个独立的客户管理系统，用于集中管理客户信息。建立一个影像管理系统，专门用于统一管理各系统的影像信息，并提供影像上传、下载和调阅等服务。为了更好地处理数据，引入报表工具来统一实现核心系统的报表。数据源可以是业务数据库，也可以是ODS或数据仓库。集中管理组织机构、销售人员、数据字典等主要数据信息，以便拆分后各系统使用统一的数据源。

引入商业规则引擎产品，抽取各系统通用、普遍性的规则在规则引擎中实现，再作为服务提供给各个系统使用。同时引入企业级流程管理产品，统一管理业务流程，为各系统提供流程管理及驱动相关的服务。将用户管理、权限管理、登录管理等抽象成一个独立的系统，统一管理系统用户和权限，实现拆分后各系统的统一登录。抽象核心系统的批处理管理功能，作为一个独立的系统从外部管理各系统的批处理任务。建立文件管理系统，统一管理业务中的电子文件，为各系统提供文件管理相关服务。搭建企业级服务总线，统一管理各系统的服务，管理核心的各个部分、核心与前端系统、核心与周边系统之间的交互。

（2）建设互联网核心系统

互联网核心系统是独立于传统核心部署和运行的系统，主要应对移动、互联网接入或传统渠道接入请求。经过承保、批改、理赔等流程处理后，互联网核心系统将结果数据或待内勤处理的数据发送至传统核心系统。互联网核心系统在前台系统与传统核心系统之间充当桥梁的作用，有人也称之为互联网中台。在保持传统核心系统稳定和安全的前提下，它帮助传统核心系统解决3类问题：一是应对来自互联网、第三方的大流量并发交易；二是应对各种前台系统、外部网络平台的对接需求；三是尝试解决产品快速上线、系统快速对接、业务流程自动化、新技术应用等问题。

互联网核心系统通常由3部分组成：上层的统一接入平台、中间的业务能力平台和下层的数据交互平台。统一接入平台负责前台系统及外部平台接入。它统一接收前端的请求，调用后端的服务，并支持服务编排、接入协议适配、报文格式适配、数据规则校验、接入安全校验等功能。在内部服务标准化的基础上，它实现了外部服务接口的可配置。业务能力平台相当于一个精简的服务化核心系统，有产品、承保、批改、理赔、收付等模块，一般采用微服务架构，进行模块级、服务级以及应用分层解耦，支持水平扩展。它面向外部提供标准化的服务。数据交互平台负责与后端传统核心系统及其他周边系统进行交互。它支持ETL定时推送、消息队列传递、实时接口调用、定时轮询服务调用等方式,并具备协议转换、数据转换、批处理调度等能力。

(3)核心系统上云

将核心系统上云是指通过适当的技术改造,在不改变传统核心系统应用架构的情况下,使其能够运行在云环境上,并且能够利用云上的分布式能力。例如,将数据库从 Oracle 改为 MySQL 并使用 TDSQL、RDS MySQL 等云分布式数据库,将文件存储改为使用 OSS、COS 等云对象存储服务,使用云上的 CLB、SLB 等负载均衡服务来做应用集群,通过云消息队列来实现核心系统与周边系统的异步交互等。这样做可以大幅提高业务承载能力,降低运维的复杂度,同时还无须对核心系统进行颠覆性改造。

5. 云原生阶段

云原生应用能够充分利用云平台的优势,实现按需伸缩、快速部署和敏捷交付。许多企业的互联网核心系统已经有了云原生的特征,可以在公有云、私有云、混合云等动态环境中构建和运行,并应用了微服务、容器、DevOps 等相关技术。然而,互联网核心系统本质上仍然是传统核心系统的附属,只是进行了局部的改进。同时,两套技术风格迥异的核心系统并存,增加了运维的压力。因此,一些企业索性进行彻底变革,基于云原生架构构建新一代的核心业务系统,例如民生保险新一代寿险核心业务系统和中华财险新一代分布式核心系统。

这里提到的两个云原生核心系统一个属于寿险,另一个属于财产险。它们分别与不同的云厂商和应用开发商合作,但在规划设计上的基本逻辑是相似的。例如,它们都以双中台为核心,深度融合了云的分布式能力,并践行 DevOps,推动研发与运维自动化。

在业务中台和数据中台的双中台体系下,系统边界已经不再清晰。一切皆为平台,传统核心系统的业务应用能力落到业务中台,数据应用能力落到数据中台。如图 12-2 所示,民生保险新一代核心系统就是通过建设 11 个平台来实现"业务服务中台"与"数据服务中台"的双中台体系,包括智能营销平台、智能运营平台、智能风控平台、用户服务平台、全渠道客户平台、统一产品管理平台、统一合同管理平台、统一业财管理平台、大数据平台、统一监管平台和统一接入平台。

图 12-2 民生保险新一代核心系统架构

除了采用微服务架构和容器化部署外，云原生核心系统还进一步融合了云的分布式能力，包括融入分布式多云环境，采用分布式云原生框架、分布式中间件、分布式数据库等技术。例如，中华财险新一代核心系统部署在单元化多活混合云上，使用分布式中间件系统 SOFAStack、分布式数据库平台 OceanBase，并大量应用消息队列、缓存等云分布式中间件。

随着系统分布式和微服务化，大型应用程序被拆分成许多小型应用程序，其研发和部署节点数量成百上千。这给应用程序的研发和运维带来了很大的复杂度，因此需要引入一些自动化工具来应对这些挑战。新的云原生核心系统基本都配备了自动化的开发和运维体系。例如，民生保险的新核心系统建立了从开发到上线再到运维监控的全生命周期管理和治理能力，搭建了自动化的投放测试和准生产环境，实现了从投产到上线演练的全流程自动化，还内置了一站式的原生运维系统，支持 8000 多个监控指标和自动化巡检能力，只需要 2～3 名人员即可支撑整个运维流程。

12.2 未来核心系统架构设想

下面笔者将谈谈对未来保险核心系统架构设计的一些想法。

1. 未来核心系统的架构特征

保险核心系统架构的探索从全险种、全流程的"大而全的核心"再到"小核心、大外围"再到"中台化、无核心"一直没有停止过。从核心系统架构发展的历程和趋势来看，未来的保险核心系统架构至少应该具备以下几个特征：

1）平台化。相较于系统，平台更侧重于能力建设而非具体功能，追求能力的输出、共享和复用。未来的核心系统必然是平台化的，除了自身的业务管理和运营操作职能外，更重要的是沉淀能力、输出能力，聚焦于能力抽象以及如何为关联系统更好地提供服务。

2）专业化。技术归技术，业务归业务，数据归数据。将技术与业务分离，技术作为工具并与统一的技术平台结合，核心专注于业务。将数据应用分离，并与统一的数据平台结合，核心专注于交易和过程管理。将业务应用部分按领域划分，分而治之，并形成一个个独立的领域平台。

3）云原生。无论是微服务、容器、DevOps，都是为了使系统更加灵活和敏捷。在微服务架构下，系统被拆分成细粒度的服务，这样更便于扩展，可以更灵活地组合，而且各部分相互隔离，可以任意替换、独立演变。这样，核心系统就不需要像前几代那样大规模地重建了。容器可以降低系统运维复杂度和系统扩展的操作难度，而且能够将应用与环境解耦，使它们可以独立演化而不会相互影响。DevOps 是从开发和运维层面提升灵活性和敏捷性，这样系统变更和需求响应的速度就能更快。未来的核心系统需要更加灵活和敏捷，再加上云的广泛应用，云原生是必然的选择。

4）融合服务。为实现服务与保险真正融合，应该从核心架构层面考虑它们的结合。这种结合包括与产品、保单和运营管理的结合，以避免在管理上出现脱节。未来的核心设计应充分考虑这种融合，并考虑与外部各类服务机构和服务主体在运营上的衔接，特别是系统的连接。

2. 小核心融合大中台

我们知道，保险就是一种契约关系，承载的实体是保险合同，俗称"保单"。保险公司的整个业务运营都是围绕保单进行的，所以保险业务的核心就是对保单的运营管理。这样，与保单运营相关的系统就是保险业务应用的核心，包括与保单的订立、变更、履行等相关的系统。

（1）分解保单运营能力

如果将保单运营相关的能力拆解，可以分为两大类：一类是对保单相关静态信息的维护，包括保单的基本信息，如产品、客户、机构、业务员等主数据信息，以及信息的增加、保存、修改、查询等管理行为；另一类是围绕保单相关信息的业务过程管理。保单相关信息的产生、变更等需要一定的条件，有管理的流程和规则。例如：保单产生要经过投保、核保、缴费等过程；保单变更要经过保全或批改过程，还可能涉及核保、缴费等过程；保单兑现要经过理赔过程。这些过程都有自己的管理逻辑。

首先讲一下静态信息。客户购买保险公司的产品，产生交易并生成保单，产品和客户是保单的两个端点。保险公司开发产品并进行销售，即使不依附于保单，产品也是存在的，而且产品与保单是多对多的关系（附加险作为产品），因此产品信息都是独立管理的。投保人、被保险人、受益人都是保险公司的客户，企业希望以客户为中心，客户与保单也是多对多的关系，所以最好将客户信息集中并独立管理。除产品和客户之外，保单信息还涉及其他一些主数据。这些主数据通常变化缓慢，并在多个系统之间共享，保单通过关键字与其关联，如机构、业务员、数据字典等。这些主数据也应该进行统一集中管理，以保证其一致性和权威性。除了产品和客户信息，保单相关的信息还包括财产险标的信息、保额、保费及相关财务信息、销售代理信息、重要的核保结论或约定、生存金及红利信息等。这些信息与保单基本是一对一的关系，可与保单主体一同记录和维护。

接下来谈谈过程管理。保险运营相关的业务过程主要包括承保、保全批改、续期续保和理赔过程。这些过程都有各自的流程，并由流程串联起一系列的活动。例如，承保过程包括投保信息采集、自动核保、人工核保、缴费、承保及签发保单等活动。在实际操作中，这些活动又由一系列关联的操作组成，如投保信息采集包含报价试算、投保信息录入、部分人身险产品的健康告知等操作。每个过程、活动、操作都有自己的逻辑和规则。系统就是实现这些逻辑，并形成规则约束下的功能或服务。这些由系统支持的过程、活动、操作以及相关的功能或服务就是系统具备的业务能力。

（2）信息维护与业务过程管理解耦

保险营销和服务具有多渠道、多媒介的特点。保险公司面向个人代理、专业中介、银行及外部网络平台为代表的兼业代理、电话销售、自营互联网业务等都有相关的渠道系统，对于柜面（核心系统自身支持）、电话、互联网等服务渠道都有相关的系统支持。这些系统面向多种媒介呈现出多种形态，可能是电脑端系统、公众号、小程序或App，也可能是与外部对接的平台。在传统模式下，它们都是独立的系统，各自开发实现闭环管理的完备功能或服务。实际上，这些系统无论面向什么渠道、展现什么形态，核心的"业务能力"都是相似的，而且都涵盖在核心系统的能力范围内。例如：核心系统支持投保信息采集相关的操作，代理人展业App、企业的微信公众号、网站等也都支持；核心系统支持理赔的报案过程，客服系统、企业的微信公众号、网站等也都支持。从架构的视角看，我们肯定希望这些能力是共享的、复用的，没必要每个系统分别独立开发。

前面提到了保单的静态信息维护和业务过程管理，笔者认为，未来的核心建设应该将二者解耦、分离，分别形成独立的平台。信息维护重点关注数据模型的稳定性和扩展性，过程管理按照中台模式，重点关注业务能力的抽象和复用、对关联系统更好的支持、实现过程的自动化等。信息维护部分不仅被业务管理系统使用，还会被诸多其他系统使用，这样解耦后提供标准的服务，更利于能力复用和保持自身的稳定，也有利于业务管理类系统之间的解耦。解耦也更利于各自扩展，例如未来保单信息维护应用区块链技术，过程管理应用智能化技术等。另外，企业如果觉得整体更换核心系统后数据迁移的风险太大，可以将传统核心按照这个逻辑精简，作为解耦后保单数据维护管理的平台继续使用。

（3）渠道管理中台化

与业务过程管理相似，核心系统具有完备的渠道管理功能，而且越来越多的前端营销系统也开始引入相关的能力。例如，在移动展业系统中出现了代理人的增员、入职、离职、团队管理、薪资管理等。更重要的是，大部分销售渠道都拥有自己的管理系统，并且它们的功能相似。在传统模式下，各个渠道独立建设甚至复制某个渠道的系统代码改造成另一个渠道的系统，实际上这里更需要共享和复用。因此，渠道管理系统建设也应该像业务过程管理一样，按照中台模式沉淀通用的能力。中台做能力的抽象和共享，各个渠道管理系统基于中台建设，前端系统直接复用相关能力。此外，营销相关的客户运营能力和其他管理型能力也可以融入其中，按照中台模式建设，这样，需要这些能力的系统就不用单独进行建设了。

（4）服务管理中台化

增值服务和保险责任有相似之处，它们都是保险公司做出的承诺。然而，保险责任有完备的系统做精细的运营管理，而增值服务的管理则非常粗放。首先，保险责任由保险公司承担，而增值服务多由第三方提供。其次，保险责任形成契约要经过核保，还要提取准备金，而增值服务主要由保险公司集中采购，承保后客户直接使用，保险公司承担相关成本。最后，保险责任兑现要经过理赔流程，有复杂而严谨的管理逻辑，而增值服务在使用前后并没有太细致的过程管理，与外部服务机构的交互也不够。

我们知道，以前保险企业很重视单证（尤其是有价单证）管理，建设了专门的管理系统，细致管理单证征订、印刷、核销等过程。仅从"进存发用"的角度看，增值服务与单证很像，但服务是虚拟的，且涉及更多的外部实体，比单证管理更复杂，有必要花更大的力气做精细化管理。

管理增值服务应该成为业务运营的核心之一。就像运营保单一样运营服务，服务运营能力也将是未来保险核心系统的重要能力。像保单运营一样，服务运营也分成静态信息维护和动态过程管理，静态信息维护可以与保险产品管理和保单管理结合，而动态过程管理则必须建立独立的平台。这个平台应该按照中台模式沉淀面向服务的通用运营能力。增值服务的使用经常伴随着保险服务，例如车辆出险可能需要理赔服务和救援服务，医疗险理赔可能需要绿通、护理等服务。因此，这个平台的能力需要能够被保险运营平台复用。一些前台系统包含与增值服务相关的频道和入口，需要相应的管理能力，并且它们也需要复用平台的能力。除此之外，平台还要负责与各类外部服务机构对接，对于信息技术能力较弱的机构，甚至直接封装自身能力输出给它们。

（5）业财管理中台化

同样，传统核心系统的财务部分也应该按照中台模式建设，形成独立的平台。传统核心系统主要包含3种与财务相关的能力，即收付能力、业务到财务的凭证转化能力、业财对账能力。几乎所有支持出单的前台系统都需要收费能力，且需要支持多种支付方式。这些功能看似简单，实则后端需要与多个支付通道进行对接，非常复杂。从技术角度，我们希望将这些能力平台化，集中建设，且多个系统共享使用。由于业务部分进行了拆分，数据来源增加，凭证转化和业财对账将需要连接更多的系统或模块。可配置的开放连接能力也是平台化必须考虑的，另外凭证转化应该向配置化发展，实现业财映射关系的灵活配置与调整。

（6）形成小核心与大中台模式

虽然中台化之后核心系统的边界已经变得很模糊，但笔者认为仍然应该确立"核心"。具体来说，我们应该将围绕保单相关静态数据维护的保单管理、产品管理、客户管理和主数据管理作为"小核心"，将按照中台模式建设的，聚焦于过程管理和能力抽象/共享/输出的业务运营、渠道销售、服务运营和业财融合能力平台构成业务中台。小核心既是整个业务中台的底层基础，又是数据中台的核心数据源，这样它与业务中台、数据中台的融合就形成了广义上的"大核心"体系。

3. 未来核心系统的参考架构

根据"小核心、大中台"模式，我们为未来的保险核心系统设计提供了一套参考架构，如图12-3所示。

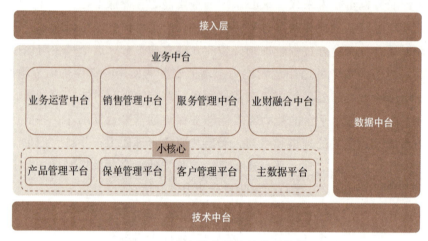

图12-3 未来核心系统的参考架构

可以看到，整体架构由3个中台体系构成，分别是技术中台、数据中台和业务中台。传统核心系统的技术组件沉淀到技术中台，数据应用依托数据中台实现，业务应用落地到业务中台形成各类平台。后面将有专门章节详细介绍组成业务中台的产品管理平台、保单管理平台、客户管理平台，以及业务运营中台、销售管理中台和业财融合中台。在此之前，我们先简要介绍主数据平台和服务管理中台。

主数据平台维护除产品和客户外的其他主数据信息，包括管理机构、系统用户、销售组织、业务员、数据字典等。该平台的数据是企业级标准，数据的产生、修改等过程可以在其他系统中管理。例如，业务员可以在销售管理中台管理，系统用户可以在技术中台管理，但这些数据最终都必须落实到主数据平台上。其他系统可以适当地冗余存储数据，但主数据平台上的数据是最权威的。这些数据的使用频率很高，但变化频率并不高，应结合缓存技术来提高性能。

仍以前文提到的某寿险公司核心系统重构项目为例。机构、用户和权限由专门的平台管理，销售组织、业务员在渠道管理系统中管理，但是它们的数据都是落实在主数据平台上的，数据字典的整个管理都是在主数据平台上完成的。

所有的数据都实时更新到分布式缓存中，并封装了客户端 SDK。使用者只需要引入 SDK，就可以调用本地 API 查询数据。对于变化频率很低的数据字典和管理机构数据，可以在使用者本地缓存中存储，若数据发生变化，则由平台分发变更；对于可能经常变化的系统用户、销售组织、业务员等数据，可以从分布式缓存中查询。

服务管理中台负责保险增值服务和衍生服务的细粒度运营管理，它将管理行为抽象为可复用的系统能力，并在内外部共享，从而将保险运营人员、客户和外部服务机构等连接起来，形成一个有机的运营整体。

以某保险公司的服务管理平台为例。该平台可维护服务商、管理合作协议和费用结算等，还可维护服务产品和服务项目，并具备服务申请、任务分发和过程监控等能力。针对不同类型的服务，该平台还提供站在服务提供者视角的完整服务闭环管理能力。除了拥有完整的管理功能，该平台还封装了标准服务。保险核心系统可以在流程中嵌入这些能力。前台系统也可以嵌入这些能力，或通过开放平台向外部服务机构开放对接，或封装成管理 SaaS 提供给外部机构使用。

12.3 产品管理平台

产品管理平台可以统一管理企业的保险产品、产品形态的增值服务，以及产品从策划到停售的全生命周期。该平台对外提供标准服务，如信息查询、保费计算、利益演示、加减保费等。

1. 产品全生命周期管理

产品的全生命周期包括产品的策划设计、生产开发、审核发布、上线监控以及停售下架。保险企业应该围绕产品建立一套从设计到上线的流程机制，覆盖精算、渠道、运营、客服、财务、合规法务、信息技术等多个部门，并通过产品管理平台实现对这套流程机制的全面线上管理。

除了在线上串联各个环节，产品管理平台还要打通与精算系统、数据中台、前台系统的连接。例如：通过前台系统收集一线业务人员及客户对产品的需求和建议；通过精算系统的模型、数据中台的数据和算力进行产品测算；根据数据中台汇集的一线反馈、舆情信息、业务数据等动态监控产品；结合产品平台计算引擎、精算系统的模型、数据中台的数据和算力等动态评估计算保费。当然，产品管理平台结合数据中台、前台系统并不困难，毕竟都是技术上可控的系统平台，但与精算系统结合就比较困难了。目前使用的精算软件多是单机版本，自成体系且相对封闭，它们在设计上并没有考虑与大数据结合、使用外部数据和算力等。

2. 产品定义

产品定义是产品管理平台的核心能力。具体而言，产品定义包含以下内容。

1）定义产品基本信息。产品基本信息包括产品的标识（代码、名称、开始日期、结束日期等）、产品的结构（包含的责任、关联的条款等），以及产品之间、责任之间、产品与责任之间的关系（组合规则）等。

2）定义业务处理规则。每个产品的保单都有承保、理赔等业务处理过程，不同产品的保单在业务处理过程中的大部分处理逻辑都相同，只有少部分有自己的个性化处理逻辑。为了使核心系统更加通用化，这些业务处理差异通常会抽象成产品的配置参数，业务过程根据这些参数为不同的产品执行不同的逻辑。配置参数主要包括以下几方面。

- 投保信息相关：不同的产品对投保信息的要求不同。例如，健康险和短期意外险对投保信息的完整程度要求不同，财产险对投保需提供的信息要求也不同。即使同是车险，新能源汽车和传统燃油车对投保信息的要求也不同。
- 投保规则相关：符合哪些条件才能投保，如性别范围、年龄范围、投保人和被保险人的关系范围、团险的最少被保险人个数等。
- 核保规则相关：主要是自动核保规则，还有人身险的告知项目、体检项目等。
- 缴费规则相关：如可选的缴费年限、缴费频次、缴费方式等。
- 理赔规则相关：如责任限额、免赔形式、保额使用方式、给付比例等。
- 续保规则相关：如不续保、续保方式、保证续保限制等。

支持的保全或批改项目等也会配置成产品的参数。

3）定义保费计算规则。保费计算规则包括：费率表、加费表、现金价值表等；与保额、保费计算方式相关的算法要素和计算公式等；产品允许的最高折扣率、可选的特别约定等。

4）定义账户相关信息。账户相关信息主要是人身险方面的，如缴费账户、分红账户、万能账户、团体公共账户等。

3. 高度配置的产品引擎

随着产品的配置化程度越来越高，产品的创新性和业务管理的灵活性也越来越高，但系统实现和产品配置变得更加复杂。即使要面对这些复杂性，笔者也倾向于更高的灵活性。通过一套高度配置化的产品引擎，尽可能地覆盖不同产品的差异，并通过配置来解决问题。

目前产品引擎主要应用于寿险和非车财产险。这两种产品引擎各有特点。寿险保单周期长，标的相对固定，业务过程管理更为严谨，因此产品引擎更侧重于过程性业务规则的管理。非车财产险责任多样，标的多样，而业务过程管理并不精细，因此产品引擎更侧重于投保信息和保险责任的多态管理。

不同的寿险产品对投保信息的要求各有不同。过去，业务人员会指导客户填写投保单，柜面人员完成录入，他们对于产品所要求的投保信息也非常了解。因此，只需要一个大而全的录单功能就可以做到不出错，也不需要考虑体验。然而，未来投保将主要由客户自助完成，因此相关功能的约束性和体验越来越重要。当然，我们不希望为不同的产品单独开发投保页面，所以寿险产品引擎也应该精细管理不同产品的投保信息差异。

非车财产险的业务过程管理粗放有多方面原因，但未来肯定是越来越精细。同样，非车险产品引擎也需要加强业务过程管理，能够精细管理不同产品的业务过程处理差异。因此，如果结合寿险和非车险产品引擎的特点，重新抽象与扩展相关参数以面向业务转型和产品创新，完全有可能设计出一个高度配置化的保险产品引擎。

针对不同产品差异，产品引擎管理投保录入，控制过程规则，进行保费计算。在设计上，希望它能平台化、模块化，并与业务系统尽可能解耦。为了满足这些要求，笔者认为，首先需要按能力解耦产品引擎，分成配置引擎、页面引擎、规则引擎和计算引擎 4 个部分。其中，配置引擎负责管理产品及参数，实现可视化配置。页面引擎根据配置参数驱动投保录入、健康告知等页面。规则引擎提取业务系统中与产品相关的规则，统一维护和执行。计算引擎负责保费计算、加减保费、退保计算等。

将产品引擎解耦后，4个部分可以独立发展，各有侧重。例如，配置引擎可以重点考虑产品模型以及如何提高产品配置效率；独立的规则引擎有利于产品配置和过程处理的解耦，可以在保持配置引擎稳定的情况下，利用规则引擎提高产品引擎的扩展性；页面引擎实现页面级别的配置与控制解耦，可以与业务系统深度集成，并且针对不同终端的展现特点分别实现；计算引擎将配置与计算进行解耦，独立的引擎可以与数据平台深度融合，既是产品引擎的一部分，也是数据中台上的一个应用。

4. 如何快速配置产品

提高产品配置效率，快速上线产品，是设计产品管理平台必须考虑的问题。

1）配置模板化。目前，在非车产品引擎中，模板形式被广泛使用。例如，将某类投保约束和某种产品责任的配置信息封装成模板，然后通过模板的组合来定义产品。这样，配置信息就可以一次性操作，被多个产品复用。实际上，投保约束、核保规则、保费计算规则、产品责任、理算规则以及它们的某些组合都可以定义为模板。通过对这些模板进行组合或基于模板进行微调，可以将产品配置工作变得更加简单。然后，新的配置信息仍然可以定义为模板，继续被新的产品使用。

2）业务自定义。产品定义通常包括两个阶段：首先是产品信息采集，各部门按照要求填写信息收集模板；然后技术人员阅读并理解收集到的信息，抽象出产品参数，并按照系统规则将信息配置到系统中。如果能让业务人员直接完成产品主体配置，那么技术人员只要进行技术性较强的配置和配套的系统开发，就能降低中间成本，提高配置效率。当然，这需要两方面的努力：一方面，产品引擎的设计需要足够友好，以便业务人员能够轻松理解和操作；另一方面，需要有企业高层的强力推动，让业务人员愿意参与其中。

5. 服务也是一种责任

我们知道，保险产品是一种包装形式。一个产品包含一个或多个保险条款，而一个条款则包含一个或多个保险责任。责任是计费的基本单位，核保和核赔也是围绕着责任进行的。同时，责任还有可选和必选之分。因此，产品引擎会将责任作为单独的一层进行抽象和管理。

实际上，增值服务与保险责任非常相似，也是保险企业的一份承诺，它们应该像保险责任一样在产品引擎中进行配置和管理。这并不是说服务一定要进入条款或单独计费，甚至表现形式可以只是可选的特别条款。但是，在技术层面上，服务的管理方式应该与保险责任一致。因此，责任可分成两类，即保险责任和服务责任，这两种责任都可以用于组装产品。但是，在业务处理方面，保险责任需要按照保险的处理逻辑进行处理，而服务责任则需要按照服务的处理逻辑进行处理。

12.4 保单管理平台

保单管理平台可以统一管理企业的保险合同和增值服务合同。该平台可对保单进行分类管理，支持个人保单、团体保单和家庭保单的结构，主险和附加险的组合，以及多主险的保障方案。平台还支持信息的批量管理，如满期处理、账户结算、红利派发和投连清算等。此外，平台还根据不同的业务场景，提供信息生成、变更、查询等相关服务。

下面将从 6 个方面介绍保单管理平台，也是平台的 6 种主要能力，分别是保单信息管理、保单账户管理、增值服务管理、信息维护服务、批量管理服务和保单查询服务。

1. 保单信息管理

保单信息管理主要包括 3 个方面。首先是状态和版本管理。保单的形态有 3 种，承保前是投保单，承保后是保单，批改后形成批单。因此，保单在生命周期内会有多个版本、变换多种状态。其次是多产品线信息管理。不同的保险产品，其保单所包含的信息不同，对应的数据结构也不同。例如，车险包含车辆信息，货运险包含航线及货物信息，航意险包含航班信息。如何管理这些信息差异是个问题。最后是保单组成多态管理。从投保人类型和被保险人数量看，保单有个人保单、团体保单、家庭保单。从产品组合形式看，保单可能只是单一产品，也可能是主险与附加险组合，还可能是多份保单组成保障方案。这 3 个方面是不同的维度。无论是个人保单、团体保单、家庭保单，都可能经历 3

种状态，都可能由不同类型的产品组合而成。目前，主流的核心系统都有自己的实现逻辑来管理投保单、保单、批单以及保单状态，很难说哪种更好。下面重点分析多产品线信息管理和保单组成多态管理的设计思路。

（1）多产品线信息管理

就单个保险产品而言，保单管理并不复杂。但是，将多个产品放在一起时，就需要系统体现每个产品的特性，这并不是一件简单的事情。不同类型的保险产品可能在保单数据结构、业务处理和计算方式方面存在差异。目前，主流的核心系统都是按照产品大类分别建设的。例如，人身险企业的寿险系统、健康险系统、年金系统、团险系统等，财产险企业的车险系统、非车险系统、信用险系统、农险系统、意健险系统等。本书采用保单静态信息维护与业务过程管理解耦的设计方式，因此这里只考虑数据结构差异。

在数据结构设计方面，最理想的情况是将所有的信息都放在一个大结构中，并使用一套模型来支持所有的产品。但理论上，人身险可以设计出这样的数据模型，财产险基本上不存在这样的模型。此外，采用这种大而全的设计结构的专业性不强，不同产品的数据含义和存储结构很容易混淆，维护起来比较困难。因此，一般采用分而治之的策略，将数据结构差异较大的产品拆分出来单独管理。拆分的原则是将数据结构相似的产品放在一起管理，而将差异较大的产品分开管理。

除了考虑数据结构差异外，分类管理还需要考虑业务价值和数据量。例如，车险的投保单结构与某些涉车责任险非常相似，但由于业务规模和价值相差较大，因此车险需要单独进行管理。一些非车险种的业务规模很小，虽然投保单结构差异较大，但仍然通过元数据放在一起管理。当然，除了这些因素，还需要考虑对历史数据的兼容性及对现有系统建设成果的复用等。具体如何分类没有最佳答案，需要综合考虑几个方面的情况。

（2）保单组成多态管理

保单的组成元素包括投保人、被保险人、产品和标的。若将附加险和车险险别视为独立的产品，保单可以抽象成6种形式，如图12-4所示。

图12-4a是人身险个人保单，关联一个投保人、一个被保险人、一个或多个产品。

图12-4b是人身险团体保单，投保人是一个组织，包含多个被保险人、一

个或多个产品。有些系统的设计是保单关联被保险人、保单关联产品，这样被保险人个性化很难实现。如果保单关联被保险人、被保险人再关联产品，则可以更加灵活。

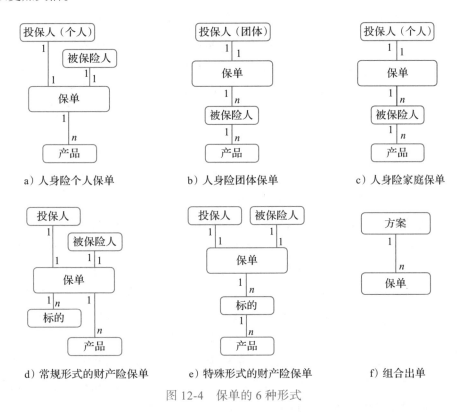

图 12-4　保单的 6 种形式

图 12-4c 是人身险家庭保单，模式与团体保单相似，只是投保人是自然人。

图 12-4d 是常规形式的财产险保单，关联一个投保人、一个被保险人、一个或多个标的、一个或多个产品。

图 12-4e 是特殊形式的财产险保单，不同的标的可能保障内容不同。例如，车险团单下每辆车的保障可以不同，因此设计上最好是保单关联标的、标的再关联产品。

图 12-4f 是多份保单组合出单的情况。例如，车险通常是交强险和商业险同时出两份保单，人身险保障方案通常包含多份保单。为了便于管理和统一的服务，这些保单会以某种方式关联在一起。

211

显然，要提高保单组成的灵活性，最好的办法就是将信息分层管理，分成产品层、被保险人或标的层、保单层、方案层。每一层管理不同的信息，并通过层与层之间灵活的关联来实现结构的灵活性。

按照前文所述，可以通过产品层对数据进行分类管理，将其关联到被保险人、标的或保单上。被保险人与保单相关联，标的也与保单相关联。为解决标的信息多样化的问题，可以将其分成标准信息和个性化信息两部分。个性化信息可以分类管理，并与标准信息关联。标准信息则与产品和保单相关联。保单层也可以逻辑上分类，例如，民生保险新一代核心系统按个人保单、团体保单和家庭保单分别进行管理。方案层主要用于保单关联，根据业务需要，这一层可以拥有自己独立的属性信息，也可以只做 ID 的关联。

2. 保单账户管理

这里所说的保单账户是指保险公司为投保人开立并与保险合同关联的账户，用于投保人缴费、分红和保单资产管理等。这些账户依附于保单存在，与保单或团单下的被保险人（如团体年金的个人账户）一一对应，包括分红账户、投连账户、万能账户、年金账户等。保单账户理论上是保单的一部分，但这里单独进行介绍是为了将账户管理与保单信息管理在逻辑上解耦。毕竟账户管理是更偏向于财务的另一种管理模式，而且多数保险产品并没有账户的概念，只有特定的保险产品才会关联特定的账户，某些保险产品的一张保单还会同时关联多种账户、多个账户。这些账户与通常意义上的资金账户、积分账户有很大区别，而且不同类型账户的管理逻辑差异较大。目前主流的核心系统都是对账户进行分类管理，如分红、投连、万能、年金分别是不同的账户。技术实现上则大量运用数据库存储过程，将数据和处理逻辑封装在一起，这样账户处理速度更快，事务也更容易控制。

关于保单账户体系的重塑，笔者认为可以沿用目前的账户分类管理策略，但是要将处理逻辑抽象到应用层实现。虽然数据库存储过程处理效率高、控制事务容易，但也存在一些弊端。首先，性能的扩展性差，存储过程是单机数据库时代的产物，分布式数据库、云原生架构并不支持或不推荐使用；其次，存储过程是一种面向过程的语言，可维护性差且很难复用，尤其是账户管理，无论什么类型的账户都会遵循通用的账户管理逻辑。如果将处理逻辑放在应用层实现，则可以横向扩展或者利用数据中台的算力，而且账户管理也可以平台化，如账户的开通、关闭、流水管理等可以做成通用能力，在整个账户体系内共享。

3. 增值服务管理

从系统设计的角度来看，增值服务的记录形式可能是产品下的责任，也可能是独立的产品，还可能是一份独立的合同。在设计未来系统时，希望能同时支持这三种形式。增值服务如果作为产品下的责任进行记录，则与保单信息一同管理。

服务信息应该与保单信息一样，分成产品层和合同层。如果增值服务是独立的产品，则产品层信息直接关联到保单，若要实现团体保险标的或被保险人的个性化服务，产品层信息应关联到标的或被保险人；如果增值服务是独立的合同，则产品层关联到合同层。如果保险合同与服务合同需要关联，可以通过方案层把它们关联在一起。

4. 信息维护服务

保单管理平台对外提供一系列用于维护保单信息的 API 服务。这些服务的抽象粒度非常关键。如果粒度太粗，则不利于复用；如果粒度太细，则过于复杂，不便于使用。随着微服务的发展，领域驱动设计（DDD）逐渐进入人们的视线，成为指导平台化服务抽象与设计的主流方法和思想。DDD 的核心思想是从业务视角出发，建立业务领域模型，划分领域边界，建立通用语言的界限上下文，以此作为服务设计的参考。

在保单管理平台的服务设计中，也需要站在业务视角而非技术视角，分解业务领域并抽象业务行为，针对引起投保单、保单、批单信息变化的业务行为，封装通用服务。例如，在投保领域，可以抽象出投保单保存、核保结果提交、缴费结果提交、签单等服务。这些服务面向业务领域，而不是具体的产品或渠道。对于信息结构差异很大的产品，部分服务可以单独封装。此外，服务应该是通用的，适用于不同产品和渠道。对于确实存在的差异，可以通过业务运营中台、规则引擎和服务网关进行管理。

5. 批量管理服务

前面提到的服务是由外部业务行为触发的事务型服务。保单管理还有一类服务，它们不是由业务行为触发的，而是根据业务规则定时执行的。它们对数据进行批量管理，即通常所说的"批处理"，包括满期批处理、保单失效批处理、红利派发批处理等。

这些批处理的改造主要有两个方面：一是将处理逻辑放到应用层实现，这与账户处理的理由相同；二是将调度与执行分离，保单管理平台实现批处理的执行逻辑，并对外开放调度服务，由技术中台的任务管理集中调度管理。此外，还需要建立数据核对机制，并由平台开发相应的核对服务，技术中台通过这些服务对执行结果进行监控。

6. 保单查询服务

保单数据模型设计比较复杂，信息分层管理并按照产品分类存储，这增加了数据查询的复杂度。为了屏蔽这些技术细节，保单管理平台应提供标准的信息查询服务，包括查询API和查询功能。查询API主要围绕业务场景，提供标准的查询接口。例如，投保阶段的查询主要是根据投保单号查询投保单信息；保单查询则多是根据合同号或客户标识进行精确查询。此外，传统的核心系统都有通用的保单查询功能，保单管理平台可以实现这些功能，并让业务应用直接嵌入使用。

这些服务的设计和实现并不复杂，关键在于如何保证查询性能并实现数据权限控制。

保单管理平台主要用于事务处理。如果不需要实时查询，则应尽量避免使用该平台，而是通过数据中台来处理。在技术处理方面，应尽量使用缓存。保险业务通常会捕捉热点数据，因此缓存非常适用。例如，投保单提交后在承保前会被多次查询，理赔报案或批改申请提交后相关保单在短时间内会被多次查询等。

数据权限控制主要分为两个方面。首先，在查询逻辑中预置过滤条件，如机构、渠道、业务员等。其次，在合适的位置植入控制参数。笔者认为，像机构和渠道这种粗粒度、预设的控制可以通过在服务网关上植入来完成，而像业务员、出单网点这种细粒度的控制则可以由业务应用来完成。

12.5 客户管理平台

作为企业级客户主数据平台，客户管理平台可统一管理企业的客户信息，并可基于传统 ECIF（Enterprise Customer Information Facility，企业客户信息系统）建设。其主要定位如下：一是整合客户信息，包括整合各系统/平台中的客户信息、维护全局客户 ID、为每个客户分配唯一身份；二是维护客户关系，包括客户之间以及客户与产品、保单、服务等的关系；三是统一管理 C 端系统用户，建立企业级权益账户视图，并维护它们与客户体系的关系。

1. 基于 ECIF 建设

保险企业的系统建设是逐步进行的。由于前期没有规划客户信息统一管理，各系统都有自己独立的客户管理体系。因此，系统之间的客户数据存在冗余和不一致，无法共享，以客户为中心的服务和洞察比较困难。为此，许多企业建设 ECIF，以在企业范围内整合客户资源，实现客户信息的集中管理。进一步地，在 ECIF 基础上可以建设客户运营类系统（如 CRM）。

ECIF 有两种类型：整合型和交易型。最初建设的 ECIF 多为整合型，是事后系统，通过 ETL 技术将客户基本信息和相关数据抽取到 ECIF 中。在此过程中需要对信息进行清洗合并，可能还需要服务人员介入确认。交易型 ECIF 类似于传统核心的客户管理，是独立的公共系统，由企业内的所有系统共享。这样就不再是事后整合，而是实时参与到业务交易中。在这里，我们的客户管理平台采用"交易"模式进行客户信息管理。如果企业已经建设了交易型 ECIF，可以基于交易型 ECIF 进行建设。

2. 管理全局客户

客户管理平台旨在进行企业级全局客户信息管理，重点在"企业级"和"全局"上。它包括以下内容：为每个客户创建一个贯穿企业内部各系统平台的全局 ID，该 ID 作为客户在企业内的唯一身份标识；维护客户的全局静态信息，如个人客户的基本信息、联系信息、银行账户信息等；维护客户的业务行为信息，如客户拥有哪些保单、进行过哪些理赔或批改、与客服进行过哪些联系等；维护客户的关系信息，例如，某个客户与另一个客户可能是父子关系或夫妻关系，也可创建企业 ID、家庭 ID 来维护某个客户与某个企业或某个家庭之间的关系。

维护全局客户 ID 涉及客户识别与客户合并的问题。客户信息进入系统后，首先要识别是新客户还是老客户。通常采用固定的识别规则，例如，客户五要素（证件类型、证件号码、姓名、性别、出生日期）相同识别为相同客户，姓名、性别、出生日期相同但证件类型、证件号码不同识别为相似客户。如果无法判断是否为相同客户，就生成新的客户 ID。对于相似客户，一般还需要人工介入进行判断。如果确定是相同客户，则进行客户合并。客户识别的关键是效率，可以将需要识别的客户五要素、手机号、银行账户等信息缓存，利用缓存技术来提高判断效率。客户合并需要业务人员介入，且需要源系统支持变更，因此，客户管理平台需要具备相关的管理功能和服务接口，业务应用也需要开放相关的变更服务。

客户管理平台维护客户的全局静态信息，各系统只使用其中的一个子集。通常有两种管理方式：一种是数据集中管理，数据只在平台保存一份；另一种是各系统分别冗余存储。每种方式都有利弊。集中管理会让所有系统共享数据，这样可以确保数据一致性，而且围绕客户信息的保全和批改更容易处理，但任何用户对客户数据的修改都可能影响到其他用户的业务数据。冗余存储则可以满足某些系统或保单客户信息差异化的需求，但不能保证一致性。笔者更倾向于集中管理，因为这更符合主数据管理的逻辑，但需要引入数据版本的概念，以支持和管理确实存在的数据差异。

客户统一视图是传统 ECIF 的重要功能，通过它可以一次性查询到客户相关的所有业务信息，而不需要分别到每个系统进行查询。通常有两种实现方式：一种是实时调用各个系统的数据，整合在统一视图中展现；另一种是将客户相关的业务数据从各个源系统抽取到 ECIF 中，集中存放、集中查询。客户管理平台也支持客户统一视图，但采用的是另外一种模式。平台只保存客户与业务的关联，具体是与相关业务号码的关联，如关联的投保单号、保全申请号、理赔报案号、客服工单号等。基于这些关联关系，将相关的数据在数据中台整合，由数据中台来实现统一查询支持。

3. 管理 C 端个人用户

用户是企业信息系统的使用者，包括企业内部系统用户、A 端代理人用户、B 端团体用户及 C 端个人用户等。这里的用户特指 C 端个人用户。如果 B 端系统包含被保险人的个人子用户，也同样视作 C 端个人用户。

（1）统一管理用户的好处

将 C 端个人用户统一管理并与客户信息共享平台有以下两个好处。

1）可以很容易实现信息系统一账通。保险企业通常会有多个 C 端互联网系统，可能是 Web 电商平台、微信公众号、小程序、App 等。企业肯定希望客户只需使用一套用户体系即可登录所有的系统，例如使用一套用户名和密码登录所有系统，使用证件号和手机验证码登录所有系统。这样就可以免去大量的注册和认证环节，极大地方便客户的使用。此外，不同系统采用不同的认证方式和用户名及密码，确实很难记住。

2）有助于整合更全面的客户信息。前文提到的客户信息主要包括客户的静态属性信息和关联的业务信息。这些信息大部分需要客户提交或者实际发生业务才会产生。实际上，客户信息还应该包括客户的互联网行为信息，比如浏览了哪些商品、看了哪些文章等。这些信息往往与系统用户关联，如果各个系统用户独立管理，或者没有与客户体系形成有效关联，那么整合这些信息就比较困难。

（2）如何实现统一管理

首先，需要统一用户信息管理，即建立一个全局用户 ID，用于维护该 ID 与用户名和密码、微信 OpenID、手机 IMEI 地址、手势密码、人脸 ID 等的关联关系。这样就能够通过用户名和密码、微信 OpenID、手机 IMEI 等方式获取全局用户 ID，不同身份识别方式通过全局用户 ID 进行关联，从而实现交叉使用和叠加运用。

其次，需要维护全局用户 ID 和全局客户 ID 之间的关联，以将用户信息与客户信息打通。这样就可以通过用户获得客户信息，或通过客户获得用户信息。例如，通过证件号和手机验证码就可以登录所有系统，通过身份绑定或任意一种身份识别就可以打通多个系统账户，通过客户信息就可以获得其作为 C 端个人用户的行为数据。

4. 管理全局账户

账户由企业为客户建立，用于管理客户的资产、权益等信息。一个客户可以有多个账户，如保单关联的分红账户、万能账户、年金账户，以及客户运营体系的积分账户、管理增值服务（如救援、代检等）的服务账户。如果是集团性质的企业，还可能有其他不同业态的账户。

笔者在此要介绍的账户不同于上述账户，是指企业从全局视角为客户建立的唯一全局账户。这个账户不管理任何实际权益，只关联到每一个具体账户。通过构建企业级账户视图，可以统筹客户在企业的资产和权益。

一般情况下，企业的各类账户是分散管理的。不同的账户落地在不同的系统，管理着不同的信息。它们都属于客户的资产或权益，但客户很难直观了解它们的全貌。另外，不同账户的资产或权益可能会相互转化，如积分抵缴保费、分红抵缴保费、步数兑换积分等。如果有一个全局性的账户可以统筹管理这些处理规则，那么这些操作就会相对简单和清晰。

账户、客户和用户之间有着紧密的关联。每当企业增加一个客户时，就应该为其创建一个全局账户。如果企业为准客户开展权益类活动，那么在准客户成为用户时也应该为其创建一个全局账户。平台维护这些账户信息，并维护这些账户与客户和用户体系之间的关联。为了更好地统筹管理，平台还需要维护整个企业账户体系的描述，如账户类型、管理方式、账户间的清算规则等，并维护全局账户与不同业务类型的子账户之间的关联。通过这些账户描述和关联，可以轻松勾勒出每个客户在企业中的账户全景。这样前台系统不仅可以方便地查询和管理账户，还可以轻松管理账户间的资金流动、权益转化、清算和对账等。

12.6　业务运营中台

业务运营中台其实就是传统核心的"业管"部分，但要运用中台思想，以新的架构模式进行改造。如何定位、设计和呈现这样的业务运营中台呢？下面从几个方面进行具体分析和介绍。

1. 中台的能力定位

业务运营中台主要承载传统核心业务运营相关的系统能力，包括支持承保、保全、批改、续期、续保、理赔相关的业务管理能力，以及核保、核赔相关的风控管理能力。就像民生保险新一代核心系统的智能运营平台一样，它也包含新契约、保全、续期、理赔模块。

首先，业务运营中台是一个能力平台，是保险企业业务运营系统化的能力基础。相较于传统的信息系统，业务运营中台更侧重于能力的建设，而不是具体功能的实现。与使用系统功能模拟各类业务场景的操作相比，业务运营中台更追求通用能力的沉淀和复用。

其次，业务运营中台是一个整合平台。它可以整合企业的保险业务运营能力，在前台系统一体化呈现；整合对多险种、多渠道的支持，使得企业不再需要多个核心系统。同时，它还整合了多个业务环节和中后台能力，为前台系统屏蔽了复杂度。例如，投保对于前台系统可能只需要调用一个标准服务，但是中台实际上整合了多个业务环节，并且与多个关联系统进行了交互。此外，新技术应用能力也应该整合到中台，面向前台系统共享。

最后，业务运营中台追求业务过程自动化、智能化。业务运营中台管理业务运营过程，过程自动化和智能化可以提高运营效率，是数字化转型的方向和企业追求的目标，例如实现一键投保、智能核保、智能核赔、自动化保全和自动化理赔。因此，业务运营中台应该将推动业务过程自动化和实现业务智能化作为重要的建设目标。

2. 建设的重点和难点

业务运营中台建设的难点不在业务功能，也不在技术框架。毕竟，传统核心系统的业务功能已经沉淀了几十年，云计算、分布式、微服务等技术也相当成熟。实际上，业务运营中台建设的难点在于业务架构设计。设计时需要考虑如何抽象能力、封装变化，在设计上更加开放、灵活，让前台系统容易使用，让中台能力得到"复用"。我们希望的中台能力复用就像是乐高组装，而不是器官移植。

- 如何基于能力的识别与规划，最大化沉淀可复用的能力，并通过扩展、编排和组合等形式应用到更多的场景？
- 如何抽取不同产品、不同渠道、不同业务的共性能力，集中管控与演进，同时允许部分个性化？
- 如何设计"模式"和"能力"，对业务进行合理的抽象，从而识别相似度，并抽象和提炼出可复用的模式？如何在模式和能力的基础上进行扩展，以适应不同业务的差异？
- 业务和技术发展都存在不确定性，唯一能确定的就是变化。如何保证平台的开放性和灵活性，能够拥抱变化并以低成本应对变化？

以上都是业务运营中台设计需要重点考虑的问题，也是中台建设成功与否的关键。因此，我们需要寻找一套方法论，能够面向这些问题，指导业务运营中台及其他中台的设计。

3. 设计思想和方法

近年来，越来越多的企业采用企业架构框架作为信息化建设整体规划设计的指导和方法，特别是用业务架构指导平台化设计。2021 年，ThoughtWorks 发布了《现代企业架构白皮书》，对经典企业架构框架进行了进一步完善，针对以业务平台化为代表的企业转型过程中的背景和挑战，探索和总结出了一套更加轻量级、敏捷的框架。笔者比较喜欢其中的业务架构部分，认为这是一套可以指导业务运营中台设计的很好的方法。

在这套方法中，能力根据粒度的不同，分为基础能力、能力组件和解决方案三个层级。基础能力是对领域对象的原子操作，完成一个领域对象上单一且完整的职责。能力组件是对基础能力的进一步封装，目的是更方便使用。它可以根据需要编排、封装一组关联的基础能力，从而提供完整的服务。解决方案是针对一类共性业务设计端到端能力模板，基于模板快速定制某个业务的特定流程和能力，从而达到业务模式级别的复用目的。

不同业务之间的差异通过能力的"扩展点"设计和不同"业务身份"在扩展点上的"扩展实现"进行区分。业务身份是业务在平台中的代名词，可以基于业务身份匹配特定的流程和规则，实现服务路由、需求溯源和业务隔离。扩展点是对能力可变性的设计，在技术侧体现为能力实现中某一步骤的接口定义，而接口的一个实现即为一个扩展实现。

识别构建能力的过程分为业务梳理和模式设计两个阶段。在业务梳理阶段，需要对流程、组织、业务服务和业务规则进行细致完整的梳理，作为模式设计的基础和输入。在模式设计阶段，通过流程建模、领域建模、身份建模、能力建模 4 个步骤，完成能力的识别和构建。

- 流程建模：识别共性业务，提取通用流程，并设计可变点。通过以下方式可逐层提炼和收敛通用模型与可变点：按阶段、活动、任务、步骤和业务规则进行设计，同时结合自上而下和自下而上的方法。
- 领域建模：基于流程建模结果，识别领域事件和领域对象，并划分子域的边界。领域对象构成提供可复用能力的基本单元，对领域对象进行操作是基础能力。
- 身份建模：定义业务身份识别的要素和业务身份解析规则。
- 能力建模：最终完成三类可复用能力的设计，包括基础能力和扩展点的设计、能力组件的设计，以及解决方案的设计。

4. 流程和规则分离

为了提高平台的灵活性，我们需要将流程和规则分离出来，让业务流程、业务规则与业务处理解耦。

传统业务系统的业务处理和流程处理交织在一起，经常相互影响，造成服务不能共享、流程调整困难的情况。在架构上，流程处理应从业务应用中剥离出来，交由专业流程引擎来管理，这样就可以从外部进行调度，业务过程成为由配置化、动态路由的流程串联起来的一系列业务活动，业务服务能够复用，流程也能够快速调整。

同样，规则处理应从业务应用中剥离出来，交由专业的规则引擎来管理，这样就可以动态调整规则，提高复杂逻辑的可读性和可维护性，同时也能够提高规则的可理解性。通过修改规则，就能够适应多变的业务逻辑，由外部规则引擎管理不同的规则，这有助于保证业务服务本身的稳定性和可复用性。此外，规则引擎还能够调用外部服务，从而帮助业务运营中台与其他系统解耦。

如果流程引擎和规则引擎能够很好地结合使用，则可以实现业务服务与流程引擎解耦，真正做到流程型应用动态控制。例如，通过流程模板和审批权限完成流程流转的动态控制，利用规则引擎配置性高的特点，把流程引擎中复杂且难修改的逻辑判断交给规则引擎来完成。避免业务服务直接调用流程引擎，而是业务服务调用规则引擎，再通过规则引擎调用流程引擎，即利用规则来驱动流程。这样在实际业务中，一些复杂易变的逻辑就可以轻松地实现。例如，标准理赔流程和快赔、直赔、预付等流程灵活地融合，甚至一些判断依托外部系统或数据平台的结果；可灵活地实现分级、分类核保，不同的投保单根据规则走不同的核保流程，由不同的核保人员处理。

5. 标准化与个性化

业务运营中台需要在标准化的基础上兼顾个性化。标准化部分在中台实现无可争议，但个性化是相对的，哪些在中台支持、哪些由前台实现，很难找到严格的标准。但是，我们可以通过一些方法让中台形成更多的标准化，同时能够拥抱个性化。

1）过程分类管理。前文提到，保单数据可以考虑按结构差异、业务价值、数据量分类管理。其实，静态数据维护与业务过程管理解耦之后，业务过程也可以根据自己的逻辑分类管理，比如按照业务模式差异或者大的流程差异分类管理。民生保险新一代核心系统的智能运营平台就做了分类管理，例如，承保分标准作业流程、线上投保、银保出单、税优出单等几部分，理赔分普通案件、简易案件、在线理赔等独立的过程。分类之后，每一类都更容易抽象，一些业务过程本来对于整体是个性的，但在具体分类中可能就是标准的。

2）提前预留扩展。通过业务身份、扩展点和扩展实现机制，可以在标准化的同时支持个性化。但需要在平台设计时尽量预留扩展点，因为在现有扩展点上为业务身份增加扩展实现比新增扩展点容易得多。因此，在初始设计时就应充分梳理各种可能的情况，并有前瞻性思考。但也不是扩展点越多越好，因为扩展点越多，设计实现就会越复杂，需要找到一种平衡。

12.7　销售管理中台

销售管理中台是沉淀企业渠道管理和营销服务相关的基础性、通用性系统能力，并以中台的形式实现不同渠道和不同应用的共享。在建设思路上，它与业务运营中台类似，以业务架构思想和方法为指导。在能力定位上，前文提到了"渠道管理平台"和"智能营销平台"，销售管理中台就是要落实这两个平台的能力。

1. 渠道管理基础能力

基本法是保险企业渠道管理的基本准则。企业通常围绕基本法来建设渠道管理系统，包括组织管理、人员管理、薪资管理、考核管理等模块。这些渠道管理系统的能力应该沉淀到销售管理中台，以实现多渠道、多应用的能力共享。

（1）组织管理与人员管理

组织管理包括内部的销售组织（如区、部、组等）的管理，以及外部的分销组织（如专业中介机构、代理网点等）的管理。对于不同的渠道，组织的层级和名称可能不同，因此需要灵活配置。

人员管理包括：记录并管理业务人员的基本信息、入职离职、用工合同、执业登记、培训和奖惩等情况；管理从招募、说明会、面试到入职的整个增员过程；管理 A 端用户，就像客户管理平台管理 C 端用户一样；管理营销人员的业务权限（如为特定级别或类型的营销人员配置基本的核保、保全权限等）。

组织和人员基本信息属于公共数据，被多个系统使用。因此，它们应落地到主数据平台。人员管理只是管理数据的产生、变更等过程，以及记录相关的详细信息和衍生信息。

（2）薪资管理与考核管理

薪资由各种薪资项目构成，如基本工资、岗位津贴、业绩奖金、育成奖金、加扣款等；同样，考核也由很多考核项目构成，如标保指标、继续率指标、业务品质指标等。薪资和考核计算都需要处理大量数据，且数据维度相对固定，在设计时，可通过以下方法提高系统处理的灵活性。

1）面向对象设计。计算逻辑全部在应用层实现，薪资项和考核项进行碎片化封装，形成一些小的处理单元，然后采用组装式开发。

2）动态扎账计算。薪资和考核月度计算主要是出于渠道管理的需要。实际上，一线业务人员有动态了解薪资和考核情况的需求。从管理角度来看，这样还可以实现指标的动态监测和预警。当然，要实现这种模式有一定的技术难度，主要是如何以个人或组织维度进行动态的扎账和计算。

2. 销售过程管理能力

渠道管理更多的是维护整个营销体系，是宏观的管理。此外，还需要进行微观的管理，即销售过程管理，包括营销活动、销售行为、售后服务等。

（1）营销活动管理

首先是活动量管理，即对目标实现的跟踪。通过记录各项业务行为并进行分析和整理，将销售行为的无序性变为有序性、可衡量性，这样可以更有针对性、更合理地规划工作，让业务人员养成持续、定量、有效的营销习惯。活动量管理具体包括日程管理（安排客户拜访、渠道跟进等日程）、会议管理（按时、按质、按量地组织或参加早、午、夕会）、行动管理（拟定每日、每月、每个季度等的详细工作计划，定期进行业务检视）等。

其次是荣誉激励机制，即在薪资、考核之外另一套激发营销人员热情的方法。这些方法也应该通过系统管理起来，如管理竞赛活动、激励方案、各种维度的排名，管理"营销之星""白金会员"等荣誉称号。

（2）销售行为管理

销售行为可以分为售前行为、售中行为和售后行为。在这里，销售行为管理指的是售中行为管理。对于保险售中行为管理，有多份监管文件做出规定。其中比较著名的是"销售行为可回溯"。保险企业和保险中介机构根据不同的销售方式，采取录音、录像、销售页面管理和操作轨迹记录等方式，对保险产品销售行为实施可回溯管理。

为了对销售行为进行回溯，保险企业建设了一些信息系统，如双录系统、可回溯系统，这些系统也应该实现平台化，落地到销售管理中心。这样做有两个好处：一是销售可回溯能力可以在多个渠道和应用系统之间共享；二是回溯管理可以与业务管理、人员管理和活动量管理等更好地结合起来。

（3）售后服务管理

这里的售后服务管理主要是指"孤儿单"管理。保险销售人员或保险中介机构在出单后一般都要对投保人提供一些咨询、保全、理赔等方面的长期服务。当销售人员离职或保险公司与中介机构终止合作时，原本由该销售人员或该中介机构签订的尚未履行完毕的保险合同就暂时处于无专人服务的状态，成了"孤儿单"。孤儿单通常会进行再分配，转交给新业务人员进行后续服务。但这个过程可能存在服务真空期，新接手人员对服务不太了解，甚至让服务不连续，从而导致客户满意度下降。

要提高孤儿单管理效率，就需要建设相关的系统。孤儿单因销售人员变动、中介合作变化而产生，与渠道管理有很强的关联性，所以最好将孤儿单管理落地在渠道管理平台中。具体而言，需要考虑以下3个方面：

1）监控孤儿单的产生。如果销售人员或中介合作发生变动，需要及时识别孤儿单并确保其被处理。

2）管理孤儿单的分配。孤儿单的分配通常都是根据主管的个人意愿来进行。未来，可以探索智能化、自助式分配，例如，根据客户画像和代理人画像匹配最佳的人员，允许客户在特定情况下自主选择和变更服务人员。

3）跟踪孤儿单的服务。使用系统跟踪孤儿单服务的过程，包括变更通知、重建联系、持续服务，甚至再次挖掘销售机会。

3. 销售支持服务能力

前面提到的都是管理手段。此外，还需要从服务视角给业务人员赋能，帮助他们提高效率。这些能力包括知识培训能力、客户运营能力等。这些能力具有通用性，因此应该沉淀到销售管理中台。

（1）知识培训能力

企业通常拥有培训系统和知识库系统，但这些系统通常属于企业级别。有些渠道在自己的应用程序中开发了培训模块和知识模块，但这又造成了重复建设。按照本书的逻辑，培训管理和知识管理应该平台化，作为企业级能力平台。企业级能力平台再由销售管理中台面向营销领域进行二次封装，以便更容易用于本领域的前台系统。

（2）客户运营能力

业务人员主要与客户打交道，因此需要具备数字化客户管理和客户运营的能力，包括管理客户信息，如基本信息、家庭信息、健康信息、财务信息等，并与客户管理平台、数据中台的客户视图打通，关联客户的财务分析、建议书、保单信息、接触记录等。同时，业务人员需要进行客户触达管理，打通电话、短信、邮件、微信、App 等通道，能够与 C 端系统连接，通过在线聊天、视频等方式，精准触达客户，实时交流互动。此外，业务人员还需要进行客户活动管理，融入传统 CRM 的能力，管理面向客户的活动，如宣讲会、任务、红包、签到、抽奖等。

4. 打破渠道间、内外部壁垒

中台有"横向打通"和"能力共享"的作用，这也是建设销售管理中台的重要意义所在。因此，我们要通过销售管理中台打破壁垒，实现渠道间、内外部的融合。

1）跨渠道能力共享。每个销售渠道都有自己的特点。在这些渠道中，个人营销的管理最为复杂，而前面提到的三类能力以及对应的信息化建设也最完备。通过中台实现能力沉淀，这些能力就可以在多个渠道间共享，赋能到个人营销外的其他渠道。

2）渠道间交叉融合。渠道融合最重要的是管理融合和一体化的工具，因此需要通过中台实现人员管理、薪资管理和考核管理的交叉，例如人员跨渠道兼岗和迁移、薪资和考核跨渠道计算等。此外，通过中台打通各个渠道的信息系统（一体化不代表只能有一个系统），将流程和数据连通，从而形成跨渠道的系统闭环，实现高效协作。

3）向外部技术赋能。打通和共享不仅仅是针对内部各渠道，还应该向合作伙伴赋能。例如，将部分能力延伸出去，封装面向中介机构的系统，让合作的中介机构能够与保险企业的渠道管理在线联动；封装面向中介机构的 SaaS 服务，全面赋能它们的渠道管理和销售过程；输出可回溯等工具能力，帮助中介机构降低信息化建设成本。

12.8 业财融合中台

业财融合中台的主要作用是为业务交易提供收付费能力支持，并通过统一记账和统一对账搭建业务与财务之间的桥梁。业财融合中台采用模块化设计，根据职责的不同，整体可以分成 5 个部分，分别是统一收银平台、统一支付平台、通道对接平台、统一记账平台和统一对账平台，如图 12-5 所示。

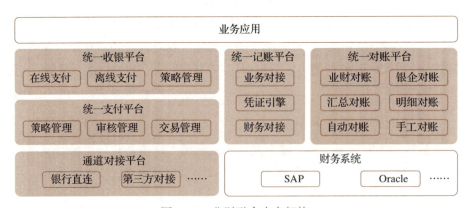

图 12-5　业财融合中台架构

1. 统一收银平台

统一收银平台的主要作用是将保费收取过程从业务中剥离出来，成为一种通用的能力，所有业务应用都可以共享。该平台集成了多种收费方式，支持在线支付和离线支付，并能够灵活地配置收银策略。

1）在线支付。随着互联网应用的发展，在线支付逐渐成为主流。保险企业的电商系统、移动展业系统等都集成了在线支付功能。在中台模式下，不能每个系统都单独开发，而应该形成企业统一的在线支付能力，让各个系统集成使用。就像一些互联网企业，实际上只有一个统一的收银台，不同的系统平台都是通过集成这个收银台实现对在线支付的支持。收银台通常集成多种支付方式，包括网银支付、认证支付、快捷支付、扫码支付等，同时提供通用的前端页面和标准API，方便业务系统进行集成。此外，还要提供一种扩展机制，可以很方便地增加新的支付方式。

2）离线支付。离线支付的主要作用是为非互联网在线支付方式提供统一支持，包括语音支付、POS支付、传统柜面支付等。虽然这些支付方式使用得越来越少，但平台仍需提供支持。

3）策略管理。收银台支持多种支付方式，但并非所有业务场景都需要全部支付方式。此外，不同的支付方式或不同的支付通道，手续费也有所不同。因此，平台需要提供一种配置能力，可以根据销售渠道、产品类型、金额区间等属性配置推荐的支付方式以及优先使用的支付通道。

2. 统一支付平台

统一支付平台主要用于资金支付管理，一般通过银企直连或第三方支付，以转账的方式进行处理。在系统层面，"收"和"付"的关注点不同。"收"更关注多种支付方式的支持，而"付"更关注支付过程的管理。

1）策略管理。与"收"类似，不同的付款通道也会存在差异，例如到账时效和手续费率的不同。企业针对不同的付款场景通常采用不同的管控策略。因此，平台需要具备一定的配置能力，可以根据业务类型、时效要求、金额区间等做出配置，并路由到对应的管控流程和优先的支付通道。例如，付款原则上优先走同一银行的银企直连；快速理赔案件优先走实时支付，普通理赔案件优先走定时转账；小额理赔直接付款，而渠道手续费需要走特定的支付审批流程。

2）交易管理。交易管理主要承担几类工作：一是面向业务系统提供标准接口，包括单笔支付、批量支付、结果查询和结果通知等；二是维护付款单，包括生成付款单以及付款单全生命周期流转管理；三是根据付款策略选择相应的管控流程和支付通道；四是执行付款动作，包括实时、批量、自动和手动操作。

3）审核管理。这个审核是指财务角度的审核，业务角度的审核已经在业务系统进行。之所以把审核作为单独的一块，是因为它具有流程多样性的特点。因此，在这里需要与技术中台的流程引擎结合，通过流程引擎实现流程动态配置管理。

3. 通道对接平台

传统的核心系统通常都有"银行接口"模块，其主要作用是与银行对接，进行线上转账、划款和对账。保险企业通常需要与多家银行进行对接，不仅需要适配每一家银行的接口，还需要使用专门的前置机等设备。对接第三方支付或微信、支付宝等平台的过程也类似，虽然对接过程烦琐，但基本逻辑相似。

在实际建设中，这一领域可以抽象出一个专业化的平台，由平台统一负责与银行、第三方等收付通道进行对接。一方面，可以屏蔽通道对接的复杂性，向收银平台、支付平台等提供标准接口，降低它们的建设复杂度。另一方面，可以抽象出对接的一般逻辑，沉淀相关技术能力和经验，有助于提高对接效率。

4. 统一记账平台

传统的核心系统通常都有"财务接口"模块。该模块的主要作用是将业务数据转换为财务记账所需的数据，包括完成业务数据到财务凭证的映射，以及与财务系统进行对接。按照本书的逻辑，这部分也应该成为独立的平台。业务数据到财务凭证的映射、平台与业务系统和财务系统的对接都高度配置化，就能够快速应对业务侧、财务侧的变化。平台主要包含3部分：业务对接、凭证引擎、财务对接。此外，还需要一些系统运行必需的主数据，例如会计字段及其他数据字典等的维护能力（此处暂不介绍）。

（1）业务对接

业务对接主要是完成入账操作所需业务数据的接入，统一存储，用于后续凭证引擎使用。对接的理想模式是将系统对接开发放到业务侧，平台提供通用接口来满足所有场景的对接。要想使接口具有通用性，接口中的字段就不能与业务系统的字段耦合，数据进入记账平台后，实际上记账平台并不知道字段的具体含义，这就需要元数据来完成这个转换。

1）元数据定义。每一个有记账需求的业务场景都需要进行元数据定义。首先，确定所有业务场景并为每个场景设定标识、名称、描述等信息。然后，定义涉及的字段，尽量使用业务侧的命名习惯，这样平台就能拥有对业务场景的元数据描述。

2）通用接口。从凭证生成的角度出发设计一套通用财务接口，也可以理解为生成凭证的一套通用数据模型，用于统一接收和存储所有传入的业务数据。

3）对接配置。通过元数据定义描述业务场景，再将场景元数据与通用接口字段建立映射关系，记账平台就可以知道通用接口中的字段代表的具体业务含义。平台还需要提供可视化的配置界面，以便提高配置效率。

（2）凭证引擎

系统每天都会产生大量的记账凭证，而凭证引擎就提供了这种自动生成凭证的能力。业务系统的数据通过业务对接进入记账平台，然后凭证引擎根据凭证模板，通过定时触发的方式，将业务系统的数据转化为财务凭证数据。

1）配置引擎。其作用主要是可视化配置凭证模板。每一笔业务数据都有一个唯一的场景标识，平台基于这个场景标识进行凭证模板配置。场景标识的数据来源是元数据定义，凭证模板配置通常需要配置凭证的基本信息、凭证头、凭证分录等。

2）执行引擎。通常以系统定时任务的方式执行。执行逻辑如下：首先读取所有待生成凭证的数据，然后遍历这些数据，根据每条数据中的场景标识来匹配对应的凭证模板，最后解析凭证配置模板，获取元数据信息，从数据中提取字段值用于填充凭证模板，完成凭证数据的生成。生成凭证数据后，执行引擎还需要同步记录凭证与业务数据的映射关系，例如建立凭证编号到业务数据唯一标识的映射，这主要用于后续数据追溯。

（3）财务对接

财务对接主要是将生成的凭证数据传递给总账系统。这需要根据财务系统的特点来确定，可能是标准接口，也可能是数据中间表。如果可能的话，最好是财务系统开放一套标准的 API，由平台调用接口进行写入。

5.统一对账平台

在涉及跨系统的情况下，数据不一致很常见，因此需要进行"对账"。特别是涉及财务资金时,需要更谨慎地处理。在技术层面上,财务对账是一项非常重要的工作,但也比较难处理。通常情况下,对账需要多方数据支持,包括业务系统数据、财务系统数据和银行方面的数据。为了更专业地处理对账,我们将其独立成一个平台。

(1) 对账类型

对账通常有两种类型:自动对账和手工对账。平台应该支持这两种对账类型。自动对账是通过配置对账规则、创建对账任务、平台运行任务并按照配置的规则提取数据进行自动核对,结束后形成差异表供用户查看。手工对账是平台将对账的数据汇总形成统计报表,然后人工基于这些报表进行线下核对。

(2) 去中心化对账

对账需要多方共同参与。笔者曾试图找到一个"对账中心",各方都与这个中心对账,这样就可以避免多方交叉网状对账的情况。实际上这个中心很难找到。如果以资金收付为中心,许多财务记账并没有实际的资金收付;如果以业务系统为中心,企业费用类的管理并不在业务系统中;如果以财务系统为中心,又缺乏足够的交易数据作为支撑。因此,对账应该去中心化,包括业务与资金对账、业务与财务对账、银行与资金对账。

1) 业务与资金对账:对账的两方数据包括业务系统的运营数据和收银平台、支付平台的资金交易数据。对账规则为:按照日期区间,由系统逐笔核对业务实体状态和资金收付状态是否一致。

2) 业务与财务对账。对账的两方数据包括业务系统的运营数据和财务系统的记账凭证数据。对账规则为:按照日期区间,由系统逐笔核对业务数据是否正确生成凭证。

3) 银行与资金对账。对账的两方数据包括收银平台、支付平台的资金交易数据和银行方面的交易流水数据。对账规则为:系统将收付平台的交易流水和相关银行账户的交易明细逐笔核对。如果使用了微信、支付宝或其他第三方支付,还需要将收付平台的交易流水和微信等平台的交易明细逐笔核对。

第13章
构建企业数据中台

数字化转型的重点在于数据的应用，而数据中台是数据应用的核心支撑。本章首先介绍保险企业各类数据应用场景和数据应用技术的发展历程，从而引出数据中台；然后分析国内主要技术服务商的数据中台解决方案；最后基于保险特色应用场景，谈谈笔者对保险数据中台建设的一些看法。

13.1 保险企业数据应用场景

数据应用是数据产生价值的重要途径。除了应用系统自身的功能中会包含对数据的查询和分析操作外，还有一类利用数据的场景。这类场景不直接产生数据，而是通过数据的收集、查询、分析、转化、展示等方式产生价值，它们是数据中台的主要应用对象。从需求驱动的角度出发厘清这些场景，我们就能更有针对性地建设数据中台。保险企业的数据应用场景分常规应用和潜在应用两种。

1. 常规应用

常规应用指的是实现起来并不复杂，需求和方法也相对明确的应用。保险企业基本上都在开展此类应用，并且建立了专门的信息系统，具体如下。

1）业务报表。在保险企业的运营过程中，需要使用各种数据报表。为了支持这些报表，我们通常会建立专门的系统或平台。报表的数据主要来源于核心系统，为运营作业流程的各个环节提供信息参考和操作支持。常见的报表包括：承保、保全批改、续期续保、理赔等清单类报表，理赔服务时效、核保处理时效等运营管理类报表，以及退保率、赔付率等业务分析类报表。

2）监管报送。根据监管要求，保险企业需要报送各类数据，包括第二代偿付能力监管（偿二代）报送、统计信息报送、保单登记信息报送、服务评价数据报送、反洗钱数据报送等。这些数据报送需要对企业数据信息进行提取、加工和转化，并按照监管要求的格式输出。

3）渠道管理。渠道管理涉及大量数据应用，如业务员薪酬计算、人员考核、中介手续费计算及对账、业务品质控制（如续保率统计、自保件和互保件监测）等。这些应用需要根据规则进行大量数据的统计和分析。

4）运维监控。IT运维监控也是一个数据收集和应用的过程。通过监控，可以掌握多方面的数据，包括数据的完整性、应用及数据的可用性、主机及数据库的性能、应用系统错误、网络漏洞及入侵等。通过分析这些数据并制定及时的报警机制，可以快速分析和定位故障，保证系统的可用性。同时，分析应用服务性能可及时发现并优化低效环节，提升系统的整体运行效率。利用数据还可以有效地管理设备资源，提升资源利用率，及时发现系统漏洞，防止恶意攻击和数据泄露等。

2. 潜在应用

越来越多的人开始讨论大数据在保险领域的应用。如果将大数据与许多场景结合使用，将会带来巨大的变化。然而，尽管这类应用有着巨大的潜力，但目前并未在保险企业广泛应用。因此，目前只能将其视作"潜在应用"，具体如下。

1）产品设计。通过综合行业数据、同业销售数据、宏观经济数据等，对市场进行客观分析，深入了解消费者的需求和产品的竞争状况，从而指导保险产品的设计。对业内保险产品的费率、保障范围、投保条件等进行细致的分析对比，从而确定产品的最佳设计方案。利用数据对保险产品的风险进行客观评估，以确定保险产品的风险等级和保险费率。对客户的投保行为、投保需求等进行分析，指导客户管理和营销策略，从而设计出更好的产品包装方案等。

2）风险评估。在核保和核赔环节基于数据进行风险评估，以便决定是否接受投保申请、是否加费、是否接受赔付申请。随着大数据、人工智能和区块链等新技术的应用，保险企业有条件使用更多的数据，从更多的维度评估风险。例如，利用穿戴设备数据、车联网数据等了解客户行为和客户健康状况，从而精准评估承保风险；利用理赔历史数据、行业数据、征信数据、社交网络数据、犯罪记录等，结合有效的算法和模型，识别理赔中可能的欺诈行为等。

3）精准营销和服务。通过客户的消费习惯、收入水平和风险偏好等数据，可以将客户分层、分群，并通过数据归纳来形成客户画像。基于这些画像，可以精确定位客户群体，从而实现精准推荐产品和个性化服务。此外，还可以结合客户的行为轨迹和对某些内容的兴趣，考虑行为与行为、行为与产品、内容与产品以及内容与服务之间的相关性，为客户提供相对精准的推荐。

4）精细化运营管理。在全面数字化运营之后，所有工作都可以被量化。通过分析数据，可以监控整个运营过程，优化管理流程、人员配备和资源配置。此外，还可以优化人力结构、职场布局和组织分工，甚至量化投入产出，精确管理企业的现金流。通过精细化管理运营的每一个流程、每一个细节，可以让整个企业像精密机器一样高效运转。

5）舆情监控。通过社交网络、新闻媒体、搜索引擎和短视频等渠道收集网络上的舆情信息。利用数据技术对舆情信息进行挖掘，捕捉舆情变化，深入分析变化的原因以及可能带来的影响。对话题的热度、主题、潜在关系等进行多维度识别和量化，形成舆情预警指标。一旦指标超过标准，就会自动触发舆情预警。通过舆情监控，可以及时采取应对措施，防止舆情变化对企业造成不利影响。

13.2 从系统报表到数据中台

从业务视角梳理了保险企业的数据应用场景后，下面从技术视角来梳理数据技术的发展历程以及在保险企业中的应用情况。

1. 系统内嵌报表

保险企业早期建设的信息系统主要是将业务信息进行电子化记录，以便进行追溯和还原。这些电子化记录的数据保存在结构化的数据库中。为了方便业务人员进行分析和统计，系统开发者通常会根据业务需求在系统中开发一些内嵌的数据报表。这些报表使用与开发应用功能相同的技术，在数据库层面执行 SQL 语句完成数据输出。

这种方式的优点是开发技术多样、可提供高度定制化的报表、需求适应能力强。缺点是开发周期长、效率低、响应速度慢，同时可能影响应用数据库的事务效率，并且不具备通用性，需求有一点变化就要重新开发。随着报表需求的不断增加，应用系统的数据量越来越大，这种内嵌报表的弊端也越来越明显。随着商业智能（BI）概念的提出和相关工具的发展，一些保险企业逐渐将应用系统内的报表剥离，统一由 BI 平台/工具实现。

2. 使用 BI 工具

BI 工具的主要作用是提高报表开发的效率。通过将数据报表与业务应用解耦，使报表的数据来源、查询逻辑、展现方式等高度可配置，实现报表开发的通用化、快速化、标准化。利用 BI 工具，开发者只需要进行一些简单的配置，就可以快速地开发出所需的报表。这些报表可以独立展示，也可以嵌入其他应用中。除了各种数据表格，BI 工具还支持各种类型的图表配置。为了不影响应用系统交易，一般会使用 ETL 工具将应用系统的数据同步到一个新的数据库中，这个数据库作为 BI 工具的数据源。

传统烟囱式系统是一个个数据孤岛，数据分散存储在各个应用系统的不同数据库中。在一个数据库内做关联查询没有问题，但如果跨系统进行数据关联，则会存在困难。虽然可以通过 TPLINK 方式实现，但效率非常低；也可以将不同数据库的数据查询出来，在应用层面做整合，但这样实现起来非常复杂。为了解决这些问题，开发者将这些独立数据库的数据同步到一个集中管理的数据库中，从而实现更高维度的数据关联查询分析，这就是早期 ODS 的雏形。

3. 建设数据仓库

随着数据的来源、维度以及应用场景的不断增加，数据应用变得越来越复杂，对技术平台的要求也越来越高。因此，企业需要一个能力平台，这个能力平台可以将来自不同数据源的数据组合起来，并将分析数据与事务数据分离，通过二次转化使其更适合应用。同时，该平台还应该能够进一步提升数据分析和查询性能。由此可见，传统的 BI 工具和简易 ODS 已经无法满足需求，企业需要建设更为高级的"数据仓库"，以此来提升企业数据应用能力。

数据仓库是一个面向主题的、集成的、相对稳定的、随着时间不断变化的数据集合。它不仅是一个技术或平台，还是一个指导数据应用的方法体系，是一整套数据应用架构。数据仓库从技术层面解决了数据分散、数据集成和数据处理效率的问题。它通过对数据进行清洗、转化，并对数据口径进行统一，实现了数据的标准化。此外，它还能补充缺失数据、处理不一致数据，实现一定程度的数据治理。

数据仓库架构在逻辑上一般分为 3 层：源数据层、数据仓库层和数据应用层。源数据层也叫 ODS 层，是最接近数据源中的数据的一层，数据源中的数据经过抽取、清洗和传输之后装入本层。数据仓库层从 ODS 层获得数据，按照主题建立各种数据模型。这一层将数据拆分为面向不同主题的数据集，一个领域的多个主题数据集形成领域数据集。从颗粒度上讲，已经不再是明细的数据，而是进行了轻度汇总和处理的主题数据集。数据应用层主要是供给直接用于数据产品和数据分析的数据，例如根据需求从数据仓库的一张或多张表中取出数据，拼接成一张应用表，用于报表展示或接口查询等。

4. 应用大数据技术

随着数据体量越来越大，实时应用场景越来越多，常规的数据处理方法和技术越来越难以支撑业务发展。例如，数据采集不仅包括应用系统中的结构化数据，还包括日志数据、插码抓取的用户行为数据、语音和图片数据等。承保风控、日志监控、在线推荐等场景要求数据处理尽可能实时完成，这就需要一种新的数据处理模式，即大数据技术。

大数据技术可分为四大类：数据采集、数据存储、数据查询和数据计算。数据采集根据数据来源的类型和场景不同，分别有面向数据库、应用日志、多媒体以及消息的不同采集方式和技术。数据存储的方式和技术也有多种，例如文档存储可采用 DFS，关系型数据存储可采用 ClickHouse，K-V 型数据存储可以采用 HBase。数据查询主要解决海量数据检索的问题，查询引擎包括 Hive、SparkSQL、Presto 等。数据计算按处理模式分为流计算和批处理，按时效性分为离线计算和实时计算，对应的技术有 Storm、Spark、Flink 等。

5. 探索数据中台

随着中台概念的提出，人们开始思考能否在数据应用中采用中台模式，在数据源头和数据应用之间建立一个大型平台。这个平台可以进行统一的数据采集、存储、处理、分析、建模、挖掘等操作，并向各个应用提供标准服务。在前台，这些服务可以进行整合，形成各种数据应用。这就是数据中台。

对于企业来说，数据中台非常有价值。首先，它将所有数据汇集在一起，打开了不同业务、不同系统之间的数据流通和连接。其次，将数据资产管理与数据治理过程统一，可以清晰地了解企业数据的状况，形成全域闭环的数据资产。通过对数据进行转换和处理，形成统一的标准和口径，极大地提高了数据质量。最后，数据中台可以为各数据应用提供基础服务，减少了数据的重复存储和开发，从而降低了技术成本，提高了应用效率。

13.3　技术服务商的解决方案

网络上对数据中台的定义是：数据中台是一站式解决方案平台，从数据集成、数据计算、数据治理、数据工具、数据建模到数据应用，提供整套的综合解决方案。从定义可以看出，数据中台是以数据为核心的综合解决方案，是一个逻辑概念。关于数据中台，笔者的理解是：从广义上说，数据中台是一种思想和理念，其核心价值是围绕数据能力的复用，构建一套协同应用的能力基座；从狭义上说，数据中台是一个位于企业前台各种数据应用和后端企业可获得数据之间的中间平台，涵盖各种数据存储、加工处理、可视化展现的工具集合，将企业海量、多源、异构的数据进行整合处理，为前台应用提供数据资源和相关技术能力支持。

数据中台需要解决几个问题：一是数据孤岛问题，将各种数据源（尤其是业务系统）的数据整合，进行归集、汇总、合并，从而降低大跨度横向应用数据的门槛。二是数据标准化问题，通过数据中台进行数据清洗、转换，形成标准化的数据，从而提高数据质量。三是大数据量的存储与计算问题，支持海量数据的分布式存储、动态扩容及实时和非实时计算，无论是传统业务应用的结构化数据还是非结构化数据，都能够有效利用。四是数据管理的问题，对数据资产进行分类管理，对数据生命周期、数据资源权限、数据安全等进行管理。五是易用性问题,作为一个中间平台和前台数据应用的基础,应该易用、好用,对前台应用足够友好。

那么,这样一个数据中台应该如何设计呢?首先,我们来看看国内主要云供应商——阿里和华为的数据中台解决方案。

1. 阿里云数据中台方案

阿里云数据中台方案的方法指导是自创的 3One 体系,即 OneID、OneData、OneService。其中,OneID 指出要统一各个维度的数据,消除数据孤岛;OneData 指出要统一数据标准,避免数据歧义,让数据成为资产;OneService 指出要统一数据服务能力,让数据能力产生复用。图 13-1 所示的中间部分就是数据中台,它位于数据来源和数据应用之间。逻辑上,数据中台还可以分成 5 个部分:数据接入体系、模型存储体系、计算工具体系、管理开发体系和数据服务体系。

1)数据接入体系。数据接入体系主要完成数据同步、数据网关、数据传输、数据总线等功能。对于不同的数据类型,处理方式也有所不同。对于结构化数据,一方面,使用数据同步工具(如开源的 DataX,采用 T+1 模式)将各种不同来源的异构数据接入中台内;另一方面,采用实时方式将数据通过同步网关、数据传输服务、数据总线提供给实时流处理引擎作为输入。对于非结构化数据,通过数据收集服务读取文件,提供给上层实时流处理引擎作为输入。这样数据接入就具有比较高的适配性,基本能够覆盖企业全域数据采集。

2)模型存储体系。模型存储体系兼容传统数据仓库结构。在数据进入后,首先形成 ODS(贴源层),然后在 ODS 上对数据进行加工处理,依次形成 DWD(数据明细层)、DWS(数据汇总层)和 ADS(数据应用层)。这里践行 OneID 和 OneData 方法论,实现基于手机号、身份证、电子邮件、设备 ID 等的数据融合与连接。同时,对数据进行主题域管理,以维度建模理论为基础,定义业务过程、维度、原子指标和派生指标,以确保数据的规范性,避免数据不准确或数据各维度汇总后相互不匹配的问题。

3)计算工具体系。计算工具体系主要面向大数据量提供分布式计算能力,分为实时计算和非实时计算。阿里的方案主要是结合自己的云产品,例如,EMR 为阿里云开源大数据平台,存储引擎为 ClickHouse、StarRocks 等开源数

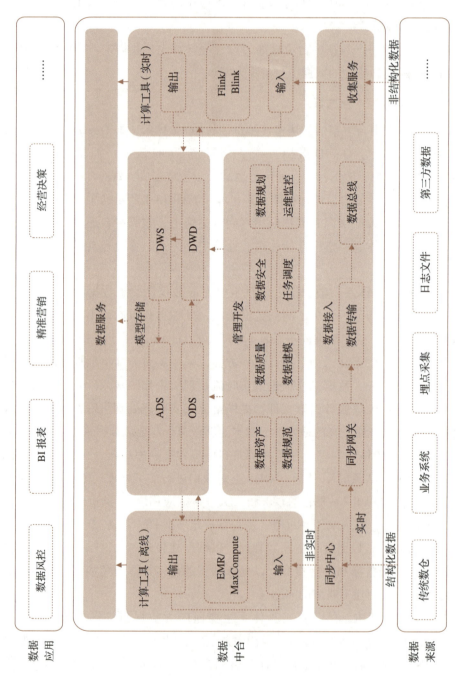

图 13-1　阿里云数据中台架构（源自阿里云官网）

据库，计算引擎为 Hadoop、Hive、Spark、Flink 等开源计算框架，能够支持实时和非实时数据计算；MaxCompute 为阿里云面向商用的云托管数据仓库服务，提供与 EMR 一致的数据存储和计算能力；Blink 是阿里云开源的实时流处理工具，提供实时数据计算能力。

4）管理开发体系。数据管理和数据开发均基于阿里云 Dataphin 和 DataWorks 产品，主要提供数据管理能力，并基于模型存储体系和计算工具体系提供数据开发能力。这些能力包括数据资产管理、数据质量管理、数据安全管理、数据规划、数据规范定义、数据建模、任务调度及运维监控等。

5）数据服务体系。根据 OneService 方法论，提供数据中台统一的服务能力出口，让数据复用而不是复制。通过数据服务能力，应用系统可以快速获取所需数据。例如，可以快速构建多数据源的 API。数据 API 服务支持工作流编排，以串/并行编排多个 API，以及对 API 调用进行统计和监控等。基于中台的数据服务可以构建两种形式的数据应用：一种是基于中台能力开发独立的数据应用，如智能风控系统；另一种是将数据服务能力集成到业务系统中，如集成 BI 报表。

2. 华为云数据中台方案

华为云数据中台方案结合华为自身多年的数字化转型经验总结而来。其核心是 DAYU 数据治理方法论，意指就像大禹治水一样对数据进行治理，从根本上解决数据利用上的各种问题。该方案的整体架构与阿里云类似，逻辑上也可以分为数据接入体系、模型存储体系、计算工具体系、管理开发体系和数据服务体系 5 部分。

- 数据接入体系：华为云提供类似于阿里云的工具，包括数据迁移工具 CDM 和数据接入服务 DIS 等。
- 模型存储体系：同样兼容传统的数据仓库结构，只是分层的逻辑和命名稍有区别。数据同样是按主题进行管理，并采用维度建模理论。
- 计算工具体系：分为实时计算和非实时计算两类，结合了自有产品，例如基于 MapReduce 实现离线服务和通过 DLI 提供"流批一体"服务等。
- 管理开发体系：主要是结合自有的 DataArts 产品。
- 数据服务体系：与阿里云的思路类似，只是没有在工具上独立出来，而是集成在数据治理产品 DataArts Studio 中。

13.4 保险数据中台的建设思路

从阿里云和华为云的数据中台方案来看，大家对于数据中台的理解和宏观架构设计基本一致。目前，企业建设数据中台也基本都是按照这个逻辑进行设计。在这种数据中台设计逻辑的基础上，笔者想谈谈自己对保险数据中台建设的一些看法，并提出一套保险数据中台的参考架构。

1. 兼容传统数仓架构

在华为的数据中台方案中，其模型存储体系既支持数据仓库又支持数据湖。但是对于保险数据中台的模型存储体系，笔者还是更倾向于数据仓库。第一，数据湖定位于提供原始数据而不是成品数据，重点解决数据供给侧的问题；而数据中台侧重的是服务上层，解决应用侧的问题。第二，保险数据应用以结构化数据为主，模型基本可定义，应用领域也比较明确，并不能充分发挥数据湖的优势。第三，保险企业已经建设的数据体系多是传统的数据仓库，人员技能也偏重于数据仓库，数据中台兼容数据仓库架构显然更利于复用现有资源。

当然，数据仓库也有局限性。例如，传统数据仓库的功能是做批处理报告、数据 BI 和可视化等，而我们期望的数据应用远不止于此。因此，笔者认为，保险数据中台应该以简化的数据仓库为基础，不必完全实现"湖仓一体"，但需要融合数据湖的一些设计理念以及大数据相关的存储和处理技术。

2. 与业务中台建设结合

数据中台建设虽然通常由独立的数据团队负责，但也必须充分考虑与业务应用的结合，尤其是与业务中台建设的结合。例如，业务中台已经将数据按领域归集，在一定程度上实现了 OneID，已经完成了保单数据归集、产品数据归集，统一了客户 ID，并实现了围绕客户 ID 的全局数据关联，尤其是完成了业务主数据的集中管理。这非常有利于数据中台建设和治理，因此，数据中台建设一定要充分利用业务中台的成果。

为了隔离、复用和提高扩展性，业务中台中的应用在逻辑上比较零散。例如，一个系统会拆分成多个微服务，每个微服务都拥有独立的数据库。数据存储也往往非常分散，这使得进行大跨度数据查询非常困难。但是在业务应用中，许多功能需要进行横向大跨度的数据查询，而单独的一个微服务无法提供完整的数据。此外，为了提高业务配置的灵活性，系统设计中经常会广泛使用元数据。这导致很多数据需要进行转译和整理才能变得可理解和可查询。这些工作都需要一个平台能集中整合和整理数据，同时不改变数据的原始结构。数据平台的 ODS 显然非常适用于这个工作。因此，在进行数据中台建设时，应该重点考虑如何面向业务应用构建 ODS。

3. 保持技术层面的灵活性

在数据管理和数据应用方面，技术和工具都在不断进化。为了能够不断适应这些变化，数据中台应该避免形成"一体化"架构，而是在技术层面适当解耦，从而每个部分都可以替换，而不会对其他部分造成太大的影响。

此外，提高数据模型的可扩展性也非常重要。例如，可以增加一些适配性中间层，使模型映射有足够的缓冲，不至于因数据源的变动而导致上层服务的变化。由于模型的查询性能和可扩展性很难兼顾，因此需要对哪些方面更需要性能、哪些方面更可能扩展进行前瞻性的分析。

4. 提供多种形式的服务

作为企业级的数据基础设施，数据中台应该提供综合性的数据服务。不一定完全加工过的数据才是应用需要的，模型存储体系的每一层都可以开放，以满足不同粒度的数据需求。例如，贴源层数据对于业务应用开发者更友好，很适合用于业务报表；主题层数据按领域归集且实现了标准化，非常适合在监管报送等领域应用。数据服务形式不限于 API，可以是一个数据同步服务，将需要的数据直接同步到指定应用的数据库中；也可以是数据与 BI 工具结合的报表，将页面链接作为一种服务，嵌入到任何指定的应用中；还可以是直接的数据表或数据视图，通过数据查询引擎对外开放。

笔者认为，无论是什么形式的数据或服务，只要是应用所需的，就都有其价值。对数据中台来说，最重要的是确保这些服务可管理，并加强对这些服务的管理，使得服务好用、易用。

5. 立足当下、面向未来

前文提到了一些保险企业数据应用的场景和模式，这些应用的技术难度和数据要求各不相同，它们在企业应用的成熟度也不尽相同。企业建设数据中台的目标不仅在于满足当前应用的要求，还要为未来的潜在应用进行积累和铺垫，以便更好地应对未来的挑战。

数据报表和监管报送应用已经非常成熟，数据中台必须给予全面的支持；精细化渠道管理、运营管理在数据积累和技术积累上有一定的基础，数据中台应该重点突破，通过降低应用复杂度，促进应用快速落地；精准营销、产品开发、数据风控在技术上的障碍实际并不大，关键是如何获得更丰富的数据；舆情监控可以作为一种探索，数据中台只要考虑如何积累这方面的数据即可；技术基础设施云化后有完备的底层监控机制，数据中台更多的是通过分析应用日志来监控应用层面的运行，不用封装标准服务，只要提供数据存储及处理能力即可。

6. 关于发展的几点思考

笔者认为，数据中台在接下来的发展中应该重点关注以下几个方面：

1）发展实时数据能力。目前，数据应用基本上是离线与实时相结合，数据同步多采用 T+1 的方式。这种方式可以满足趋势分析、客户画像、对时效要求不高的报表等需求。但对于系统监控、在线推荐等应用，仍然需要使用实时数据和数据处理。随着云计算、流式计算等技术的不断发展，未来应该重点发展实时数据能力，甚至可以完全用实时替代离线。尤其是在 ODS，至少要做成准实时，甚至直接作为业务应用的查询库使用。

2）发展隐私计算能力。保险企业自有的数据在维度和数量上都有局限，因此需要广泛整合和使用外部数据。对于任何组织来说，数据都是核心资产，数据安全非常重要。如何跨组织共享和应用数据，同时又能保证数据的隐私和安全，这就需要用到隐私计算技术。未来，数据中台应该发展对隐私计算的支持，让隐私计算成为一种通用技术能力，在内外部数据交换和应用多方数据进行模型构建等方面广泛发挥作用。

3）低代码、可视化开发。当前，数据开发通常需要编写大量的代码来实现处理逻辑，相关的工作也主要集中在技术人员身上。如果数据中台能够提供一些低代码、可视化的开发工具，不仅可以提高数据开发本身的效率，还可以让业务人员参与到数据开发工作中，促进数据的深度应用。这类工具包括高度配置化的数据管理工具、数据展现工具、可视化的数据建模工具等。

7. 一套参考架构

按照笔者的理解，下面提出一套保险数据中台的参考架构，如图 13-2 所示。

图 13-2　保险数据中台的参考架构

1）数据接入。这部分需要具备数据同步能力、数据转换能力、文本解析能力和消息传输能力。数据同步能力指的是能够在各种异构数据源之间进行数据同步，有许多开源软件可供选择，例如 Apache 的开源 Sqoop、阿里开源的 DataX，以及一些具备类似能力的 ETL 工具，如 Kettle 等。数据转换能力用于在数据同步时进行去重、清洗、填充等数据标准化操作，大多数数据传输工具都具备此能力。文本解析能力指的是将非结构化文本信息解析成结构化的数据，并存储在关系型数据库中。由于文本的结构复杂多样，很难有通用工具，一般都是通过开发可运行的程序来实现固定的非结构化文本解析。消息传输能力指的是支持以消息的形式传输数据，也就是消息中间件，常见的有 Kafka、RabbitMQ 等。

2）数据计算。这部分需要离线计算能力、实时计算能力和隐私计算能力。离线计算能力主要用于处理已知输入、数量较大且对时效性不敏感的数据，常用的工具有 MapReduce、Spark 等。实时计算能力侧重于对数据的实时监控和处理，更注重时效性和交互性，常用的工具有 Flink、SparkStream、Storm 等。隐私计算能力主要用于解决数据跨机构交换、共享时的安全和隐私保护问题，目前主要有 3 类实现技术，包括基于密码学的多方安全计算、人工智能与隐私保护技术融合的联邦学习、基于可信硬件的可信执行环境。

3）中台核心。这部分负责落实模型和存储数据，并按逻辑将其分为 3 层：贴源层、主题层和应用层。贴源层承担传统 ODS 的功能。在数据仓库体系结构中，贴源层是可选的，但在这里是必需的，因为需要通过贴源层解决业务系统横向大跨度数据查询的问题。利用贴源层的历史分层数据可以进行准备金计算、薪资和考核计算等。主题层根据业务设定主题范围，从主题维度对贴源层的数据进行抽取，形成不同的主题域数据。主题域可以理解为一个小型数据仓库。在此基础上，可以基于传统数据仓库技术，对主题域的数据进行数据分层处理，如 DWD、DWS 等。应用层面向数据应用，包括 OneID 体系、指标体系、标签体系等。OneID 体系通过一些重要的实体 ID，如客户 ID、车辆 ID 等，将各主题域的数据关联在一起，形成全局性数据关系。指标体系围绕监管报送、企业经营决策等指标，基于主题域的数据提取出不同维度的指标数据，用于上层的数据报表类、监管报送类应用。标签体系即通常所说的各种画像，基于主题数据或贴源数据，围绕 OneID 形成标签数据集。

4）数据开发和数据治理。数据开发能力为数据开发人员、运维人员和业务人员提供一系列工具，这些工具可用于编写代码、操作配置、数据展现等。数据治理能力则可以将企业中零散的数据整理成结构化的形式，从而让数据变得可量化和可管理。许多云厂商都提供了这两种能力的相关产品，如阿里的 DataWorks 和华为的 DataArts。

5）服务整合。作为数据中台服务能力的统一出口，这一部分践行 OneService 方法论，归集管理数据中台的服务，并对外统一呈现，具体包括服务网关、查询引擎、数据同步和服务管理。服务网关代理数据中台的 API 服务，是外部调用中台 API 的唯一入口，具备协议适配、身份验证、服务编排、数据加解密等能力。查询引擎类似于数据库中间件，代理 SQL 级查询。对于确实需要的、直接的数据中台库表查询，能够屏蔽数据库差异、审计查询 SQL，管理并植入数据权限等。数据同步主要是利用工具将数据直接同步到外部应用指定的数据库中。服务管理统一注册和管理前三类服务，维护数据服务的使用者及管理其身份和权限等，同时具备服务审计能力，包括记录访问日志、统计服务使用情况等。

第 14 章
敏捷的前台系统

前文介绍了几个中台，本章将重点介绍前台。中台建设的出发点是使前台系统更加敏捷，所以本章重点围绕"敏捷"展开。首先，我们将介绍保险企业前台系统的特点以及普遍存在的问题。接着，结合现状和问题，提出前台系统面向用户整合、基于中台能力重塑的观点。前台系统之间有很多通用的能力，如何进一步抽象这些能力，形成领域共享的组件是讨论的重点。最后，从技术管理角度谈论如何最大限度地实现前台敏捷。

14.1 保险前台系统介绍

前台系统是指面向代理人、团体客户、个人客户、合作伙伴、企业员工、监管机构等直接被用户使用或直接产生应用结果的系统。这些系统经常会受到内外部因素的影响而发生变化。

1. 保险企业有哪些前台系统

在考虑前台系统的理想建设模式之前，我们先列举一下保险企业现有的系统中哪些属于前台系统。

第一类是渠道展业类系统，包括移动展业系统、电销系统、经代系统、银邮保通系统、员工福利系统、电子商务系统、车险报价平台、非车险报价平台、快速出单平台、商户合作平台，以及其他具有营销职能的公众号、小程序和App等。

第二类是客户服务类系统，包括电话中心系统、在线客服系统、智能客服系统、自助服务系统、CRM系统，以及其他具有服务职能的公众号、小程序和App等。

第三类是行业监管类系统，包括统信报送系统、保单登记系统、准备金系统、反洗钱系统、偿付能力报送系统、稽核系统，负责与行业车险平台以及地方意健险、中介平台对接的系统等。

第四类是宣传推广类系统，主要是官方网站，还有一些公众号、小程序和App等。

以上系统可能在不同的企业中有不同的名称，有些可能被进一步分解，有些则可能是多个系统的集成。此外，传统的核心系统面向柜面的功能也属于渠道展业或客户服务类，因此也应归类到前台系统。

2. 存在的主要问题

保险企业前台系统建设是一个逐步推进的过程。这种逐步建设的过程导致前台系统形成了典型的烟囱式结构。每个系统都具有独立的业务逻辑和技术体系，是企业烟囱式架构的重灾区。除了前文提到的烟囱系统普遍存在的缺点外，前台系统的烟囱化还导致以下问题：

1）建设和维护成本高。特别是宣传推广类和营销服务类系统，它们的职能定位和功能逻辑类似，建设各个系统将会让成本倍增，而且系统一旦建成，还需要长期的运维。

2）使用体验提升困难。一个用户可能需要在办理业务时切换登录不同的系统。但是，不同系统的操作方式不同，视觉风格也不同，这给使用者增加了困扰。

3）系统之间数据不一致。这种情况主要出现在行业监管类系统中，因为这类系统是分别建设的，逻辑相互独立。这可能导致在不同的系统中报送的指标统计口径不一致，甚至出现较大的数据差异。

14.2 如何重塑前台系统

在理想的情况下,前台系统应基于中台能力,按照中台架构模式进行构建。同时,需要面向用户进行整合,并按使用人群进行分类。

14.2.1 基于中台能力构建

企业一旦拥有了强大的中台体系,前台系统就不能再用传统的方式构建了。前台系统不再像之前那样拥有自己独立而完整的业务逻辑,自行实现所有能力。相反,大部分能力都源自中台,前台系统只需轻量级封装和部分个性化实现即可。

1. 乐高式系统建设

乐高式系统建设是一种模块化的设计和建造方法,可应用于建筑、软件、机器人等领域。该方法基于乐高玩具的设计原则,将系统分解成许多小部件,利用已有的服务和组件来构建,从而提高系统构建速度并降低成本。技术中台汇集了技术领域的服务和组件,业务中台聚合了业务领域的服务和组件,数据中台存储和管理企业的各类数据,提供多种类型的服务。有了这些基础,前台系统建设完全可以采用"乐高"模式。

当然,传统的系统设计思路也需要改变,因为基于零件的组装和完全定制化开发是不同的。在这里,最重要的是面向能力设计。在逻辑上将系统分解成一个个能力单元,然后适配中台的能力,识别哪些能够直接复用、哪些需要改进、哪些需要自己实现。在允许的情况下,尽量直接复用中台能力,或者由中台调整支持。

2. 复用中台能力

在前台系统复用中台能力时,需要根据具体情况选择不同的复用方式。

1)复用中台接口。通过使用相同的接口实现不同能力的复用。这种模式下,前台系统需要有自己完整的前后端,只是在部分环节调用中台服务。这也是当下最常见的复用方式,但在中台模式下这种方式属于价值比较低的复用。

2)复用中台后端。在现今的软件开发中,前后端分离已经成为非常流行的一种开发方式。前端专注于UI逻辑渲染,后端专注于数据和业务逻辑,前后端通过API进行交互。前台系统应采用前后端分离的开发方式。在某些情况下，前台系统可以把中台视作自己的后端，自己只实现个性化的页面，由中台提供后端的服务。

3）复用中台功能。在前台系统中，有些功能可能已经在中台中存在且完全满足需求。这种情况下，可以直接复用中台的功能，将其整合到系统中，这应该是最理想的复用形式，但只能在一些通用业务功能和数据报表上实现。

4）复用中台页面。这就需要用到"微前端"——一种类似于微服务的架构。通过将微服务的理念应用于浏览器端，将Web应用由单体应用转变为多个小型前端应用聚合为一的应用。也就是说，前台系统的某个页面或页面的片段很可能直接来自中台。

5）复用中台数据。这种方式仅适用于数据中台，即通过查询引擎或数据同步直接获取数据。理论上，技术中台和业务中台只能进行前4种方式的复用，不允许直接使用数据。

14.2.2　面向用户整合

中台本身是对前台系统的一种整合，是一种围绕能力共享进行的整合。此外，为了提升用户体验，还需要面向用户进行整合。例如，面向A端代理人、B端团体客户、C端个人客户、D端分销商、E端内部员工，分别整合相关的前台系统。

这里的"整合"指的是系统使用层面的整合，而不是应用层面的整合。前台系统的整合首先要统一系统用户，包括客户管理平台统一C端用户、销售管理中台统一A端用户等。其次，前台系统的展现形式要多样化，全方位触达用户，而不能局限于Web系统、公众号或App，尤其是对于C端用户。

1. 构建一套整合框架

在技术层面，为了便于整合，需要为每类用户构建一个框架，它可以装入各种基于中台能力实现的面向该类用户的功能。通过这个框架，可以快速地将任意功能集打包成Web系统、公众号、App等应用，并且这些应用可以自然地实现"一账通"。图14-1所示是一个前台系统整合框架的完整示例。

图 14-1　前台系统整合框架示例

注：图中带 * 号部分需要结合中台能力。

- 微信开放平台和微信网关主要在技术上打通企业同时运营的多个公众号，公众号管理系统则能够统一管理这些公众号，简化公众号运营工作。
- 前台系统采用前后端分离的开发方式。微前端可以自行开发，也可以集成中台页面；轻后端轻量化构建，主要是整合中台服务和实现个性化。
- 主页管理系统的主要功能是将前台功能整合到一起，形成一个"应用"，并结合技术中台的内容管理，共同完成"建站"。例如，配置站点、站点主页和各个频道的主页，在主页中嵌入功能链接，打通用户管理和微信平台。这样，就可以将任意功能打包成一个站点，将任意站点包装成一个 Web 系统或微信应用。
- 用户管理主要是管理系统的用户及其权限，在逻辑上对 A、B、C、D、E 五类用户分别进行管理。消息管理和内容管理分别管理前台系统的消息分发、推送和静态图文内容展现。

2. 不同端的落地策略

对于 A 端、B 端、C 端、D 端、E 端，由于用户管理方式、应用场景和用户特点不同，应用整合落地的策略也会有所差异。

1）A 端系统：系统不仅面向个人代理人，而且面向所有渠道的业务人员。用户管理在销售管理中台实现，通常以 App 的形式出现。客户运营、渠道维护、增员管理等方面可能结合微信公众号使用。

2）B端系统：系统使用者主要为企业客户，用户管理在客户管理平台上实现，并与C端用户关联。除了支持B端的查询、保全批改、理赔等操作，还要支持像"团体自购"这样的B端与C端共同参与的业务。系统以PC端的Web应用为主，部分环节可以结合微信公众号。在实际应用中，既可以打包成独立的系统，又可以嵌入企业的办公系统中。

3）C端系统：系统使用者是个人客户，用户管理在客户管理平台上实现。C端系统最为多样化，要求能够支持Web系统、公众号、App等多种形式。C端系统对于使用体验的要求也最高，甚至需要单独设计和适配UI。

4）D端系统：系统使用者主要是合作的中介机构，用户管理在销售管理中台实现。系统按照SaaS模式设计，每个机构都被视为一个租户。系统不仅整合渠道管理的中介端，还能结合传统人力资源管理及A端的营销服务能力对外输出。

5）E端系统：目标是建立企业统一的员工门户，包括统一的操作入口、用户和权限。通过封装业务中台和管理中台的能力以及整合其他系统，建立企业内部统一的办公平台。除了传统的财务、投资和精算系统外，应该将所有与内部运营管理相关的系统能力都整合到该平台上。用户和权限管理可以在技术中台或管理中台实现。此外，不仅应该支持传统的PC端Web应用，还应该考虑支持移动端，以实现真正的移动办公。同时，利用移动设备的便携特性以及拍照、定位和语音等能力，可以进一步提高办公效率。

3. 监管报送系统整合

在银行领域，很早就开始建设统一的监管报送平台。近年来，一些保险企业也开始探索和尝试这方面的工作。保险企业大都有多个监管报送相关的系统，这些系统都是独立建设的，分别用于提取数据、处理数据和报送数据。这不仅增加了系统运维成本，还容易导致各方数据不一致。

监管报送系统的整合可以从几个方面进行：

1）统一数据来源。数据中台维护统一的监管指标体系，并建立监管报送数据集市，以实现报送数据来源和口径的一致性，从而实现各报送条线的数据同源同质。对于那些有严格数据时间要求的报送数据，可以直接使用数据中台中的时间切片数据，从而提高数据准备效率。

2）统一过程管理。全流程数据采集、加工、检验、报文生成和审核统一管理；根据数据报送周期和依赖关系进行统一批量调度；使用统一的校验引擎和规则定义，实现数据质量的统一管控。

3）统一技术支持。统一管理数据报送企业与监管机构连接的通道，以及数据加密、压缩、打包等工具。

14.3 沉淀领域共享组件

在介绍前台整合框架时，我们发现有一些模块不涉及具体业务，它们通常被许多前台系统所使用。如果这些模块能够被沉淀下来，形成共享的能力组件，无疑会提高前台的敏捷性。

1. 统一主页管理

前文介绍了一个前台整合框架，希望能够利用中台能力快速封装成前台功能，并将一些功能快速打包成应用。打包的逻辑即为前文所述逻辑。我们可以基于这个逻辑建立一个管理系统，即所谓的"主页管理系统"。

主页管理系统可以配置站点，包括配置站点 URL、登录页面和身份管理方式，以及配置站点主页和各级频道的主页。该系统可以与用户管理结合，根据配置的身份管理方式进行用户身份验证和权限控制；还可以与技术中台的 CMS 结合，嵌入其页面，让站点的静态内容管理融入企业级内容管理体系中。

千人千面的个性化展示可通过个性化的主页来实现。笔者认为，可以从 3 个方面考虑：首先，结合用户管理，根据不同的权限展现不同的内容；其次，让用户自定义，如收藏常用的功能、感兴趣的产品等；最后，与数据中台结合，根据数据分析和用户画像真正实现不同的内容展示。

2. 统一公众号管理

微信提供了公众平台配置和管理系统"微信公众平台"，并且公众平台开放了管理 API。如果企业只有一个微信公众号，那么操作公众平台就能满足菜单配置、留言管理、内容发布、数据统计等需求。然而，企业往往有多个微信公众号，这样管理起来就会比较麻烦。例如：发布消息需要分别登录每个公众号对应的公众平台账号进行操作，而多次发布的内容可能是一样的；客户的留言只能分散管理，无法形成轨迹沉淀，回复的质量也很难把控；所有的配置、变更都要登录公众平台手工进行操作，难以有效地管理过程。

既然微信公众平台开放了管理 API，那么我们就可以建设一个名为"公众号管理系统"的系统，通过 API 统一管理企业的微信公众号。该系统的主要功能包括批量设置自定义菜单、批量或个性化发送消息、批量或个性化设置自动回复、批量或自定义设置关键词回复、统一查询并回复私信（聚合回复或分别回复）、统一查看统计数据（如粉丝总数、新增粉丝数、取关粉丝）等。

系统可以与技术中台 CMS 结合，从而将公众号图文消息纳入企业统一的内容管理体系；可以与客服系统结合，从而将公众号留言纳入客服体系；可以与 IT 配置管理工具结合，从而将微信公众号菜单纳入 IT 统一的版本管理体系。

3. 统一微信网关

按照前台系统的建设逻辑，企业很可能同时拥有多个微信应用。这些应用对应的程序是同一套，并采用微服务架构进行分布式部署。在这种模式下，微信应用开发会遇到一些问题。首先，程序由多个独立部署的微服务组成，将嵌入多个公众号中，这就涉及多个部署服务与多个公众号进行通信的问题，包括令牌获取、网页授权等。其次，所有与微信平台的交互都需要通过互联网，这显然会增加系统的不安全性。因此，我们需要构建一个平台，作为应用程序与微信平台之间交互的桥梁，就像在应用程序和微信平台之间设置了一个"网关"一样，称为"微信网关"。

微信网关需要具备几方面的能力：一是管理微信公众号及开发所需的身份标识，以及应用程序部署、身份标识和路径标识；二是统一出口，通过代理转发请求，实现对微信平台 API 的调用；三是统一入口，能够将微信平台的回调解析到对应的应用程序部署上；四是维护 Token、OpenID 等凭据，能够自动获取、自动刷新；五是提供权限控制、日志记录、流量监控等功能。

4. App 消息推送

企业 App 通常需要推送消息，比如企业新闻、新产品推广、各种活动公告、任务事项通知等。从架构的角度看，这种消息推送与具体业务无关，是一种通用型技术能力。与微信推送消息不同，微信只需调用微信公众平台的相关接口，消息推送的技术细节由平台实现，而企业开发的 App 需要自己实现消息推送的技术细节。因此，我们可以构建一个公共的技术平台或组件来实现 App 消息推送的技术细节，同时提供简易标准的服务接口。这个组件可以与技术中台的消息管理结合，作为消息管理面向 App 的实现。

实施方案主要有两种：一种是自建一个消息推送平台，另一种是集成第三方的消息推送组件。自建平台需要较高的技术能力，并需考虑 iOS 和安卓两个生态。iOS 系统需要基于苹果消息推送服务（APNS）开发；安卓系统可以选择客户端轮询、基于 MQTT 协议或基于 XMPP 协议等开发。对于保险企业，自建平台过于复杂，建议采用第二种方式。

14.4 追求极致敏捷

我们已经建立了强大的中台，并积累了领域共享的能力组件。现在，我们需要追求前台的极致敏捷。除了前面提到的提升敏捷的因素外，我们还要尽可能挖掘更多的措施，以达到最大限度的敏捷。这些措施包括建设统一的服务网关、管理中台服务、统一使用标准的 H5 技术、统一前台系统的 UI 风格，以及在开发中应用低代码技术。

1. 复合型服务网关

前文介绍了中台服务的 5 种复用方式，分别为复用接口、复用后端、复用功能、复用页面和复用数据。对于复用数据，数据中台有统一的服务平台。对于复用接口、后端、功能和页面，同样需要进行统一管理，以方便前台系统使用。通常情况下，接口服务管理使用 ESB。在微服务模式下，无论是前后端分离、微前端还是功能集成，都需要服务网关进行身份识别、状态信息注入等。为了简化前台系统的使用，我们可以构建一个复合型服务网关。它既有传统微服务网关的跨域、缓存等能力，又有类似 ESB 或注册中心的治理能力，同时还有服务编排、聚合等能力。

2. 服务系统化管理

微服务开发经常使用 Swagger 框架，该框架用于生成、描述、调用和可视化 RESTful 风格的 Web 服务。通过 Swagger 的管理，不同团队可以清晰地了解彼此的服务，而且还能通过它生成文档和模拟调用。

为了更好地使用中台服务，前台系统需要先了解中台提供了哪些服务以及如何使用这些服务。如果有一个类似 Swagger 的系统工具，能够可视化地管理中台的所有服务，而不仅限于 RESTful 服务，那么对于前台系统的使用一定会有很大帮助。这个工具的功能应包括维护服务目录、监控服务变化和模拟服务调用等。

3. 使用标准 H5 技术

H5 技术的最大优势在于跨平台。一个 H5 页面既可以在手机上打开，也可以在电脑上打开。同时，在 App 上也没有限制，可以在微信中打开，也可以在浏览器中打开。企业前台系统的前端开发应该采用 H5 技术。当然，不一定采用原生 H5 开发，可以使用基于标准 H5 技术的前端框架。这样，开发的前端页面就可以在 Web、微信、App 之间复用。

4. 统一前台 UI 风格

前台系统的 UI 风格应该进行统一，并保持与中台一致，这样能够最大限度地实现功能级和页面级复用。例如，将系统的视觉风格作为企业 VI 标准体系的一部分，制定统一的标准来规定页面布局和操作模式。在前端开发中，将"样式"和"结构"分离已经是成熟的技术，企业应该统一前端样式，并进行集中管理。这样可以简化开发，同时也便于样式统一做调整。

5. 应用低代码技术

低代码作为一种软件开发技术，源于软件开发中的高级语言。它允许使用者以可视化的方式，通过更少的编码和更快的速度构建与交付应用软件。曾经有一种观点认为，低代码和中台要解决的问题类似，两者之间是"零和"关系。然而，笔者认为，在短期内采用低代码构建大型业务应用仍然存在较大的困难。此外，中台的核心作用是能力整合和打通，而这对于低代码来说非常困难。在实际应用中，低代码可以与中台结合，将低代码应用于前台系统的开发，利用它的特点来提高前台系统的开发效率。

第 15 章
用技术连接保险生态

未来,世界将被一个个数字化网络覆盖,整个社会将形成一个大网,每个行业是一个子网,每个企业是一个小网。无论哪个网络,节点的运转能力和网络节点之间的协作效率都将直接决定网络对应的物理世界的运转效率。保险企业是保险生态网络的重要节点。本章将重点讨论如何利用技术促进生态网络连接,让节点之间、节点与外部网络之间高效协作,包括通过开放平台和 SaaS 赋能促进连接,以及利用隐私计算平台推动数据流通。

15.1 保险开放平台

保险生态由消费者和许多企业构成,企业之间要想紧密协作就需要进行系统对接。企业的 IT 能力有强有弱,为了实现同频高效协作,强者往往要为弱者赋能,帮助其提升业务效率。互联网领域在很早之前就遇到了此类问题,并且针对企业间如何快速对接、如何开放能力、如何能力共建,探索出了一套技术解决方案——开放平台。

15.1.1 什么是开放平台

2004 年，Web 2.0 概念诞生，互联网应用开始向去中心化、开放、共享转变。以 Google 为代表，硅谷企业率先掀起了一股开放 API 的热潮，从 Google 的地图 API 开始，很多企业陆续推出了自己的开放平台。2010 年，国内互联网企业率先在社交领域建设开放平台，利用平台的用户资源和数据应用能力帮助中小企业获客。随后，地图、新闻、电商等领域也逐渐出现开放平台。

目前，开放平台已成为互联网企业 IT 架构中不可或缺的重要组成部分。它表明企业的业务能力、技术能力和数据规模已达到一定程度，可以通过开放平台对外赋能，或通过多方共建服务体系实现合作共赢。

根据服务主体的不同，开放平台分为两类：一类是中心化开放平台，其作用是依托平台内的用户群，由第三方提供增强功能，如百度、小米等；另一类是分布式开放平台，其作用是将自身的业务能力输出，完善并增强第三方系统的业务能力，如支付宝、淘宝等。

1. 小米 IoT 平台

小米在物联网领域拥有丰富的应用场景，IoT 平台是小米面向消费类智能硬件的开放平台。开发者可以借助小米 IoT 平台提供的资源、能力和产品智能化解决方案，以极低的成本快速提升自己产品的智能化水平。

小米 IoT 平台提供开放能力，帮助开发者提升产品智能度，并连接使用智能硬件的用户。接入小米 IoT 平台的产品可以通过米家 App 进行集中管理和控制，也可以通过小米音箱进行控制。这样，接入平台的产品就可以形成联动，共同帮助用户实现智慧化生活。

2. 淘宝开放平台

为了输出电子商务服务能力，淘宝网建设了淘宝开放平台（Taobao Open Platform，TOP）。TOP 的使命是向有需要的商家、开发者、社区媒体和各行各业提供淘宝网的商品、交易、用户、物流等电子商务基础服务。TOP 将电子商务产业链上下游的主体连接起来，输出技术能力给商家、买家、工厂、批发商、物流等，降低了各主体间的交易成本，提高了产业链的整体效率。

15.1.2 保险开放平台缘起

近年来,保险开放平台不断涌现,几乎成为具有科技属性的保险企业的标配。然而,目前大部分保险开放平台的定位并不是能力开放或多方共建,而是为了提高与外部系统对接的效率和降低成本。

1. 起源于机构间的系统对接

保险企业很早就开始与外部机构进行技术对接,包括保单打印服务商、体检机构、监管机构等。最初,对接主要采用文件共享传输的方式。一个主体生成包含需要提供信息的文件,另一个主体通过访问文件获取信息,处理之后再以同样的方式回传结果。例如,使用 FTP/SFTP 做中转交换,XML 作为格式标准,通过定时任务监控和处理文件。

随着中介和 TPA 业务的发展,保险企业与外部系统实时交互的需求越来越多。使用文件共享传输的方式已经不能满足需求,因此各家企业都开放了业务系统接口,通过 RPC 方式进行远程调用。由于同质化的对接需求不断增加,为提高效率和降低成本,保险企业逐步将内部接口标准化,并建设外部对接平台,通过配置来适应不同对接主体的差异。

通过与大型互联网平台的网销对接,保险企业真正体验到了开放平台的便利。因此,一些保险企业开始建设自己的开放平台,以便合作伙伴以自助的方式与其对接。以大地保险开放平台为例,它支持多种产品类型、多种营销场景,并提供 API、H5 和 PC 端页面链接三种对接方式。合作方只需注册账户并申请接入,经过后台审核和分配权限后,根据平台上的接入文档进行开发和测试,完成后即可申请生产接入并完成系统上线。

2. 保险科技促进平台发展

保险开放平台主要面向分销商,强调连接而非赋能,且为单向连接。随着保险科技的发展,一批具备 MGA 属性的保险科技平台出现了。它们处于保险产业链的中游,连接着多种主体。经过多年的发展,部分企业已经积累了一定的业务实力和技术实力,开始寻求通过开放平台将自身积累的能力与行业内分享,以技术手段提高产业链效率。此类平台以水滴、慧泽为代表,开始回归开放平台的本质,即"做能力开放、整合和传递"。

以水滴开放平台为例。该平台为合作伙伴提供两种解决方案：第一种是销售支撑，帮助传统保险机构提升线上获客能力和服务能力，建立线上用户与线下代理人之间的匹配、信任和连接通道，实现更高效的供需平衡；第二种是行业赋能，将自身的产品、营销、运营、风控、理赔、大数据等能力打包输出给有需要的合作伙伴。

15.1.3　向生态连接演进

随着社会和行业的数字化，未来保险行业可能会围绕一些核心企业形成若干个数字化的产业生态网络。这些核心企业能够聚合生态，一方面依靠自身的业务能力和资源，另一方面则依托开放平台连接各方。保险开放平台也将回归开放平台的本质，侧重于跨组织能力的共享和共建，通过生态连接来降低产业链各环节的交易和流通成本，提高整个生态网络的运转效率。

1. 保险产业链日益壮大

20年前，保险产业链基本上只有保险公司和再保险公司。但是现在，由于保险产品类型日益丰富，营销渠道不断拓展，互联网和科技日益发展，尤其是保险和服务深度结合，保险产业链的主体越来越多，关系越来越复杂，协作越来越紧密。

1）主体越来越多。目前，保险产业链的主体至少包括保险公司，再保险公司，专业代理、兼业代理、保险经纪等中介机构，健康、养老、医疗、科技等服务机构，互联网和汽车制造等上下游企业。产业链主体数量不断增加，更确切地说是越来越多的非保险企业开始重视与保险的结合。例如，随着保险与服务的结合越来越紧密，人们对健康和养老的关注度也越来越高。越来越多的医疗和养老机构开始与保险机构深入合作，真正融入了保险产业链。

2）关系越来越复杂。保险产业链通常是一个从上游到下游的单向线性结构，但现在越来越多地呈现出多向连接的网状形态。例如，一些企业不仅是保险公司的上游分销商，还是下游服务提供者，如拥有兼业代理资质的汽车4S店；一些保险科技平台具有MGA属性，它们连接着多种类型的主体，并且非常开放；一些拥有资源的企业涉足保险业，如汽车企业、互联网平台；一些再保险机构开始走向前台，与保险中介机构和大型渠道平台合作研发保险产品。

3）协作越来越紧密。保险企业越来越注重客户体验，例如推出直赔服务，倒逼后端产业链高效衔接。保险和服务的结合要求保险机构和服务机构加强协作，例如健康险附带绿色通道服务，车险附带救援服务。《保险中介机构信息化工作监管办法》要求保险中介机构通过技术手段实现与合作保险公司的系统互通、业务互联、数据对接。未来，保险公司与中介机构的广泛技术对接势在必行。

2. 开放平台作为生态连接器

保险企业需要与许多产业链主体进行技术连接，这可能涉及多种类型的业务和多种连接技术。此外，还需要考虑安全性、如何快速对接、对业务的管控以及接口的治理等问题。如果采用分散的独立对接方式，按连接对象、业务类型和技术方式分别对接，不仅效率低、难以维护，而且成本很高。从架构设计角度看，我们需要一个平台来集中解决这些问题，统一实现与外部的连接。显然，保险开放平台是最佳选择。为了满足数字生态快速开放连接的需求，平台至少需要具备以下能力：

1）支持多种技术对接方式。平台需要支持多种服务形式（如 H5、API、SDK 等）、多种服务协议（如 Web Service、RESTful 等），同时提供多种身份识别和加解密机制。只有这样才能满足不同业务、不同场景、不同对接方以及不同技术环境下的对接需求。

2）提供自助对接闭环管理。合作伙伴可以自助申请对接，线上完成全部流程。平台提供完整且清晰的文档，其中包括指导技术对接的文档、业务服务或接口文档。此外，还提供开发、测试、预生产等环境，让开发者能够在沙箱环境中完成测试工作。开发者可以自助申请上线，上线后可以通过平台监控交互状态，并统计各类指标。

3）能够快速开发应对变化。并非所有的对接都可以通过配置完成，或者仅仅由接入方自助完成。在这种情况下，平台需要进行二次开发。因此，平台需要具备服务接口聚合和编排的能力，以便快速封装企业内部系统的服务，并对外提供服务接口。同时，还应该采用平台化的设计思想，沉淀平台基础能力，为可能的变化预留扩展，采用低代码等技术提高开发效率。

3. 中心化和分布式兼具

前文提到开放平台有两种类型：中心化开放平台和分布式开放平台。中心化开放平台是一个容器，整合各类服务，由第三方提供增强功能，共同服务于平台客户。分布式开放平台是一个能力出口，封装了企业自身的能力，可以是技术、业务或数据能力，统一提供给第三方使用。在保险生态网络中，多数主体有自己的开放平台。由于不同主体在网络中的定位不同，有的平台是中心化的，有的平台是开放式的，还有的平台两者兼具。

企业需要哪种类型的开放平台，应根据企业的业务属性来决定。我们将保险生态内的企业主体业务属性分为三类：服务供给平台、客户流量平台、服务整合平台。服务供给平台是指生产服务并向外提供的主体，如保险公司提供保障服务、医疗机构提供健康服务等；客户流量平台是指在平台上客户有获得保险相关服务的需求，如各类保险展业平台、互联网电商平台、医疗机构等；服务整合平台是指自己不生产服务也不使用服务，纯粹就是一个整合者，如保险公司整合增值服务、中介机构整合保险服务等。

显然，服务供给平台需要分布式开放平台，客户流量平台需要中心化开放平台，服务整合平台两者都需要。这里有一个特殊情况，部分企业会拥有多重属性。例如：保险公司既是保险服务供给方，又是增值服务的整合方，其直营渠道还具有流量属性；汽车经销商可能是车险增值服务的供给方，还可能是保险服务的整合方和流量平台。对于这些企业，建设什么样的开放平台，要由企业自身的战略规划和业务定位决定。

4. 业务能力共建与共享

产品开发和风险管理是保险企业的核心能力。这两种能力需要大量的数据和经验积累，不可能一蹴而就。对大部分保险企业而言，这两种能力都是短板。笔者认为，一些行业组织或生态网络内的核心企业应该站出来，通过建设开放平台、集合多方资源，推动这两种能力在生态体系内共建与共享。

15.2 保险 SaaS 平台

通过保险开放平台，保险生态企业之间能够彼此连接、相互赋能，共建和共享业务能力。要接入开放平台并利用平台资源，企业需要具备一定的信息化基础和技术开发能力。然而，许多中小企业并不具备这样的能力，或者企业的业务重心不在于此，不希望有过多的技术投入。这些企业往往更倾向于使用成本较小或无成本的现成软件产品，即 SaaS。

软件即服务（Software as a Service，SaaS）是 21 世纪初兴起的一种互联网软件服务模式。在这种模式下，供应商将应用软件部署在自己的服务器上，客户根据自己的需求向供应商订购所需的应用软件服务。客户按照订购的服务量和时间长短支付费用，并通过互联网使用软件服务。这种模式下，客户不再需要购买软件，而是选择向供应商租用基于 Web 的软件。除此之外，客户也无须对软件进行维护，供应商会全权管理和维护软件。

15.2.1 保险企业 SaaS 应用现状

SaaS 是保险科技领域一个非常重要的赛道。截至 2021 年 8 月，全球已经出现了 30 家保险科技独角兽企业，其中有 3 家是 SaaS 供应商。2020 年全球保险科技融资排名前十的企业中，有 2 家是 SaaS 供应商。在国外，SaaS 已经渗透到保险 IT 应用的各个方面，甚至一些保险企业的核心系统也使用 SaaS 软件。在国内，保险企业应用 SaaS 还比较保守，目前主要集中在以下 4 个领域。

1. 保险中介业务系统

为了加强保险中介监管，提高保险中介机构的信息化工作和经营管理水平，银保监会于 2021 年年初印发了《保险中介机构信息化工作监管办法》。该办法提出了信息系统建设的要求，明确保险中介机构的信息系统需具备业管、人管、财管等基本功能，可以采取自主开发、合作开发、定制开发、外包开发、购买云服务等多种建设形式。

对于已经有一定信息化基础的大型保险中介机构来说，可以选择自主开发、合作开发、定制开发或外包开发。但对于中小型保险中介机构，特别是兼业代理机构来说，难以承担自主建设信息系统的资金、人力和时间成本。使用经过检验的成熟保险中介 SaaS 系统，无疑是成本最低也是最现实的选择。

2. 通用型企业信息化软件

通用型企业信息化软件市场空间大且相对标准化，非常适合采用 SaaS 模式。这是目前最普遍的 SaaS 软件类型，如协同办公软件、财务管理软件、培训管理软件等。在保险企业中，这类 SaaS 软件主要应用于以下几个方面：

1）财务管理。企业级财务管理软件采购和实施费用动辄数十万元，每年还需要支付数万元的运营维护费用，对于中小型保险中介机构来说是沉重的负担。市场上有一些面向中小企业的财务管理 SaaS 系统，大部分中小型保险中介机构会选择租用这样的系统来满足自己的财务信息化需求。例如，专业中介机构会租用金蝶云星空系统，兼业代理机构则会租用金蝶云会计软件。

2）差旅报销。市场上有一些专注于差旅管理和费用报销的 SaaS 系统。这些系统与主要的商旅平台、出行平台无缝衔接，可以大幅提高差旅过程和费用报销的便利性。对于保险企业，显然没有必要自建这样的系统，多数会选择租用 SaaS 系统来满足需求。

3）协同办公。保险公司很少会使用 SaaS 来实现 OA 系统，而中小型保险中介机构会使用云 OA 系统来提高办公自动化水平。很多保险企业利用企业微信或钉钉来集成自己的协同办公体系，除了集成传统 OA 系统外，还会使用一些平台自带的 SaaS 应用。

3. 面向团体客户的管理软件

一些重视团体业务的保险企业会开发面向企业客户的自助服务平台或弹性自购系统。一些保险科技平台会为企业提供管理保险的 SaaS 系统。例如，海绵保开发了一套供企业客户选购、投保、查询、下载电子保单的智能化工具；保险极客为企业客户提供云团险 SaaS 系统，通过这个系统企业 HR 可以自助进行投保、保全、理赔、数据统计等。此外，还有一些科技平台会为企业提供非保险类 SaaS 系统，并且将这些系统与保险企业的系统连通，或者设置保险服务的快捷入口，一方面能够将系统流量向保险转化，另一方面能够提升保险服务体验。

4. 赋能业务环节的领域软件

一些保险企业或科技平台在某个保险业务环节有深厚积累或者技术领先优势，会以 SaaS 的形式向外输出自己的能力。例如，保险科技独角兽企业 Shift Technology 为全球保险业提供人工智能驱动的决策自动化和优化解决方案，以 SaaS 的形式提供；而保险科技领域 SaaS 风控黑马"中研智科"通过物流运输和安全生产领域的大数据采集、处理、分析和可视化，为保险行业提供基于用户数据分析的风险识别和安全风险控制服务。

15.2.2　SaaS 应用的发展趋势

SaaS 本质上是信息行业的共享经济。相比传统的软件交付方式，SaaS 大大提升了资源利用效率，节省了成本。据工商统计，我国小微企业占比超过 80%。随着社会数字化的发展，企业都面临数字化转型的问题。对于这些占比最大的小微企业，利用 SaaS 进行数字化转型无疑是最经济可行的方式。信通院数据显示，过去几年国内 SaaS 市场一直保持 30% 以上的增长，预计未来十年会继续保持平均 30% 的增速，规模增长 10 倍以上。

在社会数字化、企业数字化和 SaaS 应用快速发展的背景下，未来保险行业应该如何定位和使用 SaaS 呢？笔者认为，未来保险行业应用 SaaS，除了使用通用信息化软件降低技术成本外，更重要的是通过 SaaS 搭配开放平台来连接和赋能生态企业，以及通过 SaaS 触达客户和服务客户。在具体应用上，可以重点考虑以下两个方向。

1. 提前布局 SaaS

随着社会数字化的发展，现实世界向虚拟世界迁移，未来企业与客户之间的交互将主要集中在数字世界中。依托消费互联网，如自营网站、第三方网购平台，保险企业可以在线触达 C 端客户，线上营销产品和提供服务。随着产业互联网的发展，企业大规模使用 SaaS，未来 SaaS 平台会成为企业触达 B 端客户的重要渠道，就像通过天猫、京东等电商平台触达 C 端客户一样。而且，这种方式不仅能触达企业，还能触达企业内部使用系统的员工。笔者认为，保险企业应该将 SaaS 定位为潜力渠道，并提前规划和布局。

1）与平台服务商合作。一些规模较大的 SaaS 服务商已经嗅到了商机，开始有保险资质的诉求。保险企业可以加强与这些 SaaS 平台的合作，就像互联网保险初兴时与天猫、京东等电商平台合作一样。

2）投资嫁接科技平台。对于与保险产业链紧密相关的产业领域，如医疗、养老、汽车后市场等，保险企业可以嫁接科技平台，面向这些领域推出 SaaS 服务。例如：保险机构投资科技公司，面向汽车后市场推出 SaaS 服务；在医疗信息化领域有一定市场地位的 SaaS 企业参与设立保险机构等。

2. 生态整合与连接

由于经营范围和监管政策的制约，保险企业很难以自身为主体通过 SaaS 平台连接生态。相反，一些有保险基因的科技平台具有得天独厚的优势来完成这些工作。这些平台不仅要连接，还要整合生态内企业的不同类型服务，将保险与服务结合，服务与服务衔接，为 SaaS 使用者或其服务的客户提供全周期的综合性保障和服务。

一些围绕保险和汽车后市场的科技平台就是既做连接又做整合。它们为保险中介机构、融资租赁机构、汽车经销商、汽修门店、二手车商等提供 SaaS 服务，同时连接保险公司、金融机构、出行平台、商旅平台等产品和服务供应商。无论是小型门店还是大型机构，在平台上都是商户。它们既是平台服务的提供者，又是平台服务的消费者。在平台上，服务被虚拟成资源，可以任意地组合、包装，并通过某个商户终端触达客户。

15.2.3　SaaS 平台的设计要点

相比传统软件产品，SaaS 平台的设计要点如下。

1. 多租户设计

在构建 SaaS 模式的平台时，我们需要考虑如何将一套相同的功能提供给不同的企业或组织使用，并且不同的企业或组织只能使用或操作所属范围内的数据。通常我们把这些使用 SaaS 平台的企业或组织称为"租户"。SaaS 本质上是一种多租户管理技术，不同的租户共享系统或程序组件，同时各自的数据保持"独立"。SaaS 做租户数据隔离通常有三种模式：独立数据库模式、共享数据库但独立 Schema 模式、共享数据库和数据表模式。

1）独立数据库模式。这种模式需要业务层支持多数据源的配置，每个租户创建时都初始化一个新的数据库。这种模式下应用和数据库是独立的实例，只为一个租户服务，不与任何其他实例交互，所以数据隔离级别最高，安全性最好，但成本也最高。

2）共享数据库但独立 Schema 模式。这种模式将多个租户的数据放在一个数据库中，但会为每个租户建立一个独立的 Schema，以保证租户之间的数据彼此逻辑不可见。这种模式提供了一定程度的逻辑数据隔离，虽然并非完全隔离，但每个数据库可以支持更多的租户数量，成本相对较低。

3）共享数据库和数据表模式。在这种模式下，所有租户共享同一个数据库，所有租户的数据都存储在同一套表中，用租户 ID 等租户标志字段来标明哪些记录属于哪个租户。这种模式的数据隔离级别最低，对应用开发的安全考量要求很高。但是所有租户使用同一个数据库，所以成本最低。

2. 处理个性化需求

SaaS 平台主要提供通用化、标准化的解决方案。然而，SaaS 平台发展到一定阶段，随着租户数量的增加和业务的发展，必然会产生一些个性化的需求。SaaS 服务商一般不太愿意接受这些需求，因为许多个性化需求是特定客户的需要，投入产出比很低。但对于愿意为个性化需求单独付费的客户或者重要客户，平台还是会尽量满足其需求。

从 SaaS 平台设计的角度来看，常规的个性化应该考虑让租户通过自助配置来解决，如个性化的主页、Logo、产品方案、表单、流程等。对于必须由平台进行开发的个性化需求，应考虑如何快速、低成本地开发实现。目前，这些问题主要是通过组件化设计以及独立的配置引擎（如流程引擎、规则引擎、页面引擎等）来解决的。

3. 平台能力组件化

SaaS 平台的租户可能来自各行各业，不同行业的租户对平台的能力要求是不同的。然而，SaaS 产品不可能为每个租户单独定制。因此，可以将 SaaS 平台的能力封装成一个个组件化的应用，租户根据自己的需求订阅相关的应用，组合成自己的个性化平台。

对于这种组件化应用集成的架构模式，一些大的云平台已经实现，但基本都比较封闭，设计逻辑外界知之甚少。如果我们自己的 SaaS 平台要做成这种模式，可以参考开源软件 OFBiz。OFBiz 是一个非常著名的电子商务平台，提供了一整套用于开发基于 Java 的 Web 应用程序的组件和工具，包括模板引擎、实体引擎、服务引擎、消息引擎、流程引擎、规则引擎等。同时，OFBiz 还是一个组件化的开发框架，可以方便地添加、定制自己的应用组件。

4. 与中台相结合

按照本书的技术规划和架构设计思路，无论 SaaS 是不是核心业务，企业都要建设中台，包括技术中台、业务中台和数据中台。如果 SaaS 是核心业务，中台就是 SaaS 的中台；如果 SaaS 不是核心业务，中台就是企业级中台，SaaS 只是中台能力的一个使用者。

1）以中台为基础构建 SaaS。对于中台而言，SaaS 平台或平台内的组件都是前台应用。利用中台能力构建这些应用，无疑能够大幅提高效率、降低成本。而且，SaaS 的组件之间通过中台构建更容易实现互联互通，组合起来更像一个有机的整体。

2）利用 SaaS 开放中台能力。SaaS 作为前台应用，相当于将中台的能力进行多租户封装，这也是对外开放企业中台能力的一种方式。

15.3　数据流通

数据是数字时代的战略资源和核心生产要素，对保险产品的设计、营销、风控等起关键作用。保险企业自有的数据在维度和数量上都有限，需要广泛整合和使用生态伙伴的数据。国家已经出台了一系列举措，鼓励组织之间的数据要素市场化流通。保险企业作为保险生态中主要的数据使用者，应在促进生态数据流通方面发挥重要作用。

1. 数据流通对保险的意义

保险运营的各个环节几乎都与数据有关。例如，产品设计和定价需要基于大量的数据统计；投保、核保、理赔等环节需要基于大量的规则进行风险判断，而这些规则往往是基于大量的数据统计和经验得出的。保险企业自有的数据有限，这在一定程度上制约了保险对数据的应用。如果能够实现保险企业之间、保险企业与政府机关、保险产业链上下游组织之间的数据流通，无疑能够促进数据的深度应用，对保险企业提升运营效率、降低成本、提升客户体验、风控和产品创新都大有裨益。

以健康保险为例。在投保阶段，保险人需要了解被保险人的健康状况。通常通过健康告知或要求体检来获得信息。理赔时需要提供医疗机构的诊断报告、费用支出凭证等。如果保险企业能够与社保机构、医疗机构、体检机构等实现数据流通，许多过程就可以自动化，如商业医疗险直赔。此外，有了足够的信息支撑，保险企业也不会对非标准体保险那么抗拒。

以累计风险为例。在承保人身险时，保险企业会分类型累计风险保额。由于保险企业之间数据不通，风险保额累计通常局限于企业内部。这为包含死亡责任的寿险和意外险埋下了隐患。

以产品创新为例。前文提到的按需保险只依靠保险企业自己的数据是很难实现的，必须整合相关方的数据。例如，整合汽车主机厂的数据做 UBI 车险，整合可穿戴设备厂商的数据做动态健康险，整合智能家居厂商的数据做智能家财险等。

2. 运用技术促进数据流通

在实际应用中，数据流通和数据交易仍面临许多困难。首先，数据确权体系不明确，数据持有方难以获得数据资产的授权，从而难以推动多方合作的数据应用。其次，数据要素价值评估体系不清晰，导致数据合作中对数据的公允价值难以评估，影响了数据共享的意愿。最后，数据交易机制不完善，难以保护数据隐私并难以保证数据被安全使用，导致数据合作方不敢轻易开放数据。

（1）使用区块链技术可以解决数据确权和数据价值评估的问题

区块链技术具有去中心化、不可篡改、可追溯、匿名性等特点。它能对数据资产做出唯一标识，并在全网获得共识，从而确保资产的唯一性，为每个数据资产确权。在数据资产的流转过程中，涉及数据生产者、管理者、储存者、分享者、使用者等多个角色，同时数据集可能发生合并、拆分利用等过程，利用区块链技术可以实现数据"上链即确权"，确保权属的连续性和可追溯性。

区块链的可追溯、不可篡改特性有助于形成完整的数据交易信息流。通过对照区块链上的同类型数据及交易历史，再结合现行的数据价值评估方法，就能合理地对新登记的数据资产进行估价，确保数据实现价值的最大化。

（2）隐私计算技术结合区块链技术可以保护数据隐私并确保安全使用

隐私计算技术可以在原始数据不出域的前提下，为业务场景提供基于数据价值的赋能。它实现了数据使用权和所有权的分离，并为数据要素交易提供了安全有效的方法。此外，借助基于区块链的智能合约技术，它能够为数据要素的交易方提供行之有效的技术管理工具。在每个交易主体布设隐私计算和区块链节点后，可以在保护数据隐私的前提下，实现基于数据价值的交易，并监管和审计交易全流程。

目前,"基于安全屋的数据流通解决方案"是应用范围最广的数据安全流通解决方案之一。该方案主要运用数据沙箱、安全多方计算、区块链、数据加密等技术,实现数据"可用不可见""可用不可拿"的目标。

3. 保险行业的数据流通实践

在跨领域、跨机构的数据流通方面,一些行业组织和保险机构已经进行了很多探索和实践。下面介绍三个典型案例。

1)中银保信"医联平台"。在健康险的发展过程中,与医疗机构的数据对接是必不可少的。因此,中银保信搭建了行业级医疗信息互联应用平台"医联平台"。据了解,该平台已经对接了多个省市的医疗数据。在处理理赔业务时,保险企业可以通过医联平台获取已授权的保险消费者的电子医疗数据,为保险消费者提供非接触式的理赔服务。

2)中国人寿隐私计算平台。中国人寿隐私计算平台入选《金融电子化》杂志社评选的"2021年金融信息化10件大事"。该平台旨在探索三个问题:第一,如何在数据管理越来越严格的情况下,仍然能够深入挖掘数据价值,同时严格防止数据的误用和滥用,切实保障金融数据和个人隐私的安全;第二,如何通过技术手段真正实现数据"可用不可见",保护数据价值,避免合规风险;第三,如何利用平台建设,由点到面构建保险领域的数据生态,以隐私计算为重点,为内外部机构和各公司之间的数据流通提供便利,逐步培育保险领域的数据流通体系。

3)泰康在线"反飞蛾"平台。泰康在线于2017年8月开始搭建基于Fabric区块链技术的"反飞蛾"联盟平台。据了解,该平台已经投入使用,并与大特保、泛华保险等多个渠道进行了数据同步和数据共享操作。"反飞蛾"平台在数据共享的基础上,根据智能合约界定用户在投保时是否具有投保资格和可购买的保单金额。这既保护了用户隐私,又能在源头上杜绝一系列欺诈行为的发生。

4. 打造保险数据生态网络

产业生态网络中的企业相互连接,一方面是业务过程的衔接,通过业务交易实现生态连接;另一方面是数据的流通和共享,通过数据融合实现生态连接。数据对于保险企业的重要性毋庸置疑。对于保险生态而言,数据的连接与业务的连接同等重要。在发展业务生态的同时,也应该着力打造数据生态。

除了保险企业之间的数据流通和共享外，相比其他行业，保险行业对外部数据的渴求更为迫切。不同行业的数据都有各自的主题业务逻辑，同样的数据在不同行业的应用领域也不同，对数据的维度要求也不同。保险行业应该根据自己的业务需要和数据需求特点，围绕保险数据应用推动跨行业的数据流通，例如与医疗机构、汽车企业等进行数据互通。

笔者认为，数据要素将建立起自己的流通和交易体系，与土地要素、劳动力要素、资本要素、技术要素一样，未来会形成一个立体的数据流通和交易生态网络。首先是横向的区域型数据要素流通平台，如各地的大数据交易所/中心、长三角数据要素流通服务平台、合肥数据要素流通平台等；然后是纵向的行业级数据共享平台，如保险行业的中银保信及其推出的各类数据平台。这些将构成数据流通的主干网络。除此之外，还会围绕某些细分领域、重点应用场景、核心企业或平台，如大型企业集团、拥有海量数据的互联网平台、围绕大型企业的供应链网络等，形成一个个微型的数据流通和共享生态。

笔者认为，未来保险行业会出现一批应用区块链和隐私计算技术的数据流通平台。这些平台由行业组织、保险企业、科技平台共同建设和运营，每个平台连接一批保险产业链主体，支撑一个数据流通和共享的微型生态，平台之间通过数据交换协议相互连接，组成一个围绕保险产业的数据流通生态网络。

推荐阅读

推荐阅读

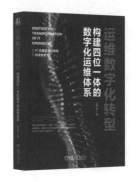

推荐阅读